Cine global, televisión transnacional y literatura universal

ESTUDIOS HISPÁNICOS EN EL CONTEXTO GLO-BAL
HISPANIC STUDIES IN THE GLOBAL CONTEXT
HISPANISTIK IM GLOBALEN KONTEXT

Edited by Ulrich Winter, Christian von Tschilschke
and Germán Labrador Méndez

VOLUME 20

PETER LANG

Matthias Hausmann
Jörg Türschmann

Cine global, televisión transnacional y literatura universal

Estéticas hispánicas en el contexto de la globalización

PETER LANG

Bibliographic Information published by the Deutsche Nationalbibliothek
The Deutsche Nationalbibliothek lists this publication in the Deutsche
Nationalbibliografie; detailed bibliographic data is available online at
http://dnb.d-nb.de.

Library of Congress Cataloging-in-Publication Data
A CIP catalog record for this book has been applied for at the Library of
Congress.

© J. Türschmann

El 13 de noviembre de 2013
El viejo faro – Puerto de Olivos (Buenos Aires, Argentina)

ISSN 2364-8112
ISBN 978-3-631-77627-8 (Print)
E-ISBN 978-3-631-88708-0 (E-PDF)
E-ISBN 978-3-631-88709-7 (EPUB)
DOI 10.3726/b20370

© Peter Lang GmbH
Internationaler Verlag der Wissenschaften
Berlin 2022
Alle Rechte vorbehalten.

Peter Lang – Berlin · Bern · Bruxelles · New York ·
Oxford · Warszawa · Wien

This publication has been peer reviewed.

www.peterlang.com

Contenido

Matthias Hausmann / Jörg Türschmann

Introducción

En 1827 Goethe enunció, por primera vez, la necesidad de pensar la literatura en términos supranacionales. Su propuesta de literatura mundial (*Weltliteratur*), basada en el valor universal de la creación artística, ha sido en las últimas décadas revisada por autores como René Étiemble (*Faut-il réviser la notion de* Weltliteratur?, 1966) o Susan Stanford Friedman (*World Modernisms, World Literature and Comparativity*, 2012) quienes ponen en cuestión el criterio eurocéntrico que a menudo ha caracterizado la selección de las obras que resultan de interés general. La literatura latinoamericana ha sido estudiada particularmente en este contexto por Gesine Müller el año pasado (*How Is World Literature Made? The Global Circulations of Latin American Literatures*, 2021).

El concepto *Weltliteratur*, visto desde una perspectiva comparatista, no canónica ni jerárquica, sigue siendo, no obstante, vigente. En un mundo globalizado, medialmente interconectado, la relación entre literatura y cultura resulta policéntrica y polilógica. El alcance global de las comunicaciones, la expansión de internet y la capacidad generalizada de movilidad internacional han contribuido al surgimiento de nuevas formas de narración literaria y audiovisual. Estas, vinculadas al sistema de coproducción y los encuentros transculturales, suponen la permanente reivindicación de aquellas manifestaciones artísticas más minoritarias que buscan recuperar una voz propia y original en un mercado global, colmado por formas de expresión de éxito masivo y hegemónico.

La estética, en tanto que elemento constitutivo de la expresión artística, está en el centro de la reflexión sobre el carácter universal de la obra de arte y sus subsiguientes manifestaciones, según las especificidades de cada autor y/o región. Focalizando nuestra atención en el ámbito de habla hispana, proponemos repensar la relación entre las categorías de lo global/transnacional, la estética y las formas artísticas de creación literaria, cinematográfica y televisiva. ¿Qué estéticas predominan en el ámbito transnacional hispano? ¿Cuáles son los modelos estéticos subalternos o alternativos? ¿Se pueden establecer nexos de comunicación estéticos entre distintos creadores de la región? ¿En qué medida la geopolítica influye en la conceptualización estética?

En una primera parte se aborda teóricamente la transnacionalidad, antes de ser explorada en el ámbito hispánico, primero en el cine, a continuación en la televisión y finalmente en la literatura. Por lo tanto, el volumen comienza con una contribución en la cual se discute el empleo del término "transnacional". En su artículo "Lo transnacional como 'travelling concept' y como nuevo paradigma en los estudios del cine" **Nadia Lie** ofrece, en primer lugar, una vista panorámica de la genealogía del término, antes de centrarse en Paulo Antonio Paranaguá. Este puede ser considerado como un científico quien actúa de intermediario entre el mundo académico europeo y latinoamericano. Es, así, un ejemplo contundente de la "hibridización" de la palabra "transnacional", cuando esta se mueve entre culturas científicas diferentes. **Deborah Shaw** examina los actuales panoramas de financiación para los cineastas latinoamericanos, con el fin de cuestionar si estos han resultado en nuevas formas de dependencia o colaboración. También propone una nueva tipología de "la película de festival" –un término bastante reductivo para las diversas formas fílmicas que se subsumen bajo esta etiqueta– y distingue entre cine lento, cine de arte popular y cine social-realista. Así, aborda un tema de importancia capital pues las ayudas de los organismos de financiación europeos, junto a la de los festivales de cine, han sido fundamentales para el desarrollo de las carreras de algunos de los más destacados cineastas del actual cine de autor latinoamericano.

Estas observaciones generales sobre el cine latinoamericano se ven corroboradas por los estudios particulares sobre películas y directores influyentes de los últimos años. **Christian Wehr** se concentra en los seis episodios de los *Relatos salvajes* (2014), de Damián Szifron, que se caracterizan por una estética global que combina de manera ecléctica varios géneros fílmicos. El fundamento de la estructura genérica es la burla, una "forma simple", según el filólogo André Jolles, que se caracteriza por una constelación y una trama competitivas que ponen de relieve la ley del más fuerte y del más astuto. Se trata de un género que se presta de manera ideal para poner en escena un clima social donde reina la lucha por los propios intereses y beneficios. **Pietsie Feenstra** propone analizar cómo la estética del paisaje cinematográfico puede ser leída como un símbolo de cuestiones geopolíticas. Analiza la presencia del horizonte en *El viaje* (1992) de Fernando Solanas, *Historias mínimas* (2002) de Carlos Sorín y *La mujer sin cabeza* (2008) de Lucrecia Martel. Tres cineastas argentinos, que muestran en momentos claves de su obra unos paisajes típicos, que cuestionan el contexto geopolítico en que se crearon las películas respectivas. **Gabriela Vigil** examina el film *Luz silenciosa* (2007) de Carlos Reygadas, quien se ha convertido en uno de los directores más aclamados de México. Vigil describe su estética como "posnacional", conectando así con un discurso sobre el cine centroamericano como actual cine poético hispánico, que triunfa en los principales festivales de cine del mundo. Explica el carácter posnacional de la película de Reygadas, entre otros, con la política neoliberal de México, lo que corrobora en otro contexto geográfico las hipótesis que Christan Wehr formula sobre *Relatos salvajes* y el cine argentino contemporáneo. **Alfredo Martínez-Expósito**, a su vez, investiga el carácter transnacional de *Spain in a Day* de Isabel Coixet (2016). Siguiendo el modelo de Kevin Macdonald en *Life in a Day* (2011), el film de Coixet se presenta como el autorretrato de un país hecho por su propia gente. Este artículo interroga a la película utilizando el par conceptual pueblo/gente de Hardt y Negri, que el tratamiento de los hábitos culinarios de la película contribuye a perfeccionar. Los dos siguientes artículos están dedicados a Albert Serra. **Àngel Quintana** describe "El mito en el cine sustractivo" de Serra; analiza la proyección de Serra como cineasta que ha puesto en crisis los valores del cine tradicional mediante un discurso humanista, basado en una sabia utilización del formato digital. Serra se consagró como director con largometrajes sobre personajes míticos como Don Quijote, los Reyes Magos, Casanova, el Conde Drácula y Luis XIV, y es también una referencia decisiva para **Júlia González de Canales** quien se propone explorar las relaciones intermediales entre cine y pintura. Se centra en la obra de Serra en la que el arte pictórico ha tenido una influencia constatable, aunque poco estudiada. Una comparación detallada entre ciertas tomas de los largometrajes de Serra y cuadros de Rembrandt y Velázquez pone de manifiesto la fuerte relación del arte fílmico del cineasta bañolense con la pintura barroca. El artículo de **Jörg Türschmann** se ocupa de tres obras literarias canonizadas que han hecho de la repetición un tema (anti)metafísico: la *Biblia*, la *Divina Comedia* y *Así habló Zaratustra*. La Antigüedad, la Edad Media y la Edad Moderna son los diferentes contextos históricos que subyacen a tres narraciones audiovisuales cíclicas (dos largometrajes y una serie de televisión): *Todo sobre mi madre*, *O sabor das margaridas* y *El árbol de la sangre*.

En algunos casos, los ejemplos de cine global examinados ya muestran un vínculo con las series de televisión o incluso lo son. Los estudios posteriores sobre la televisión se dedican principalmente a su función cultural de transmisión de obras literarias conocidas. **Francisco Rodríguez Pastoriza** explica que, después de la muerte de Franco en 1975, "se trataba de restituir las obras y los autores ocultados o censurados por el régimen franquista". Este momento histórico hace patente que la televisión fue un sismógrafo de los cambios culturales e ideológicos durante la Transición. Pastoriza se refiere a esta apertura de la política cultural para mostrar cómo un gran número de obras literarias internacionalmente conocidas y canonizadas se dan a conocer a un amplio público con la ayuda de la televisión. **Virginia Guarinos** analiza la programación teatral televisiva en España y constata que la tradicional amistad entre ambas artes escenográficas iba terminando cuando la televisión española se orientaba hacia el espacio europeo. Describe este cambio como "un progresivo abandono y sustitución de la cultura 'oficial', ideológicamente programada, por una cultura de consenso, más moderna y europea'. **Manuel Palacio y Ana Mejón** se refieren a un intercambio mutuo entre el cine y la literatura que hace patente el caso de la llamada 'novela social', presentada en los ejemplos de *Entre visillos*, de Carmen Martín Gaite, y *Los jinetes del alba*, de Jesús Fernández Santos. Palacio y Mejón han elegido dos adaptaciones de momentos diferentes en la historia de la producción televisiva, los años 1974 y 1991, que "iluminan aspectos decisivos de la política cultural de una época transicional" y revelan dos lógicas claramente diferentes, las cuales reflejan los cambios durante este periodo. **Luis Miguel Fernández** nos da una idea de las adaptaciones de obras literarias 'clásicas' y de su presencia en la televisión comentando que "[f]ue en 1974 cuando se iniciaron dos de las series más importantes del tardofranquismo y la Transición, *Los libros* y *El pícaro*". Fernández presenta el caso de la adaptación televisiva de *Los milagros de nuestra Señora* del siglo XIII, emitida en 1976 como "la contestación frente a los valores de un nacional-catolicismo sustentado en gran medida por la Iglesia Católica". **Manuel Palacio** analiza la relación entre televisión y literatura en España a partir de tres bloques. El primero está centrado en los aspectos informativos, en la información que sobre el mundo de la literatura se da desde la pequeña pantalla. En un segundo lugar trata la presencia de los escritores delante y detrás de la cámara –las series escritas por autores y las entrevistas con ellos o *biopics* sobre ellos–. Y, finalmente aborda las adaptaciones literarias, un fenómeno central ya presente desde los mismos orígenes de la televisión, pero que está en llamativa expansión en lo que va de los últimos años. Una expansión que también ha llevado a "la irrupción de un nuevo 'género' audiovisual que combina las estrategias televisivas con los procesos de la convergencia mediática y del nuevo ecosistema comunicativo".

Desde la televisión española actual nos acercamos a la literatura española contemporánea, en la cual Javier Marías es uno de los ejemplos más destacados de la dimensión transnacional que nos interesa en este libro. Su trabajo como traductor, actividad transnacional por excelencia, influye de manera manifiesta en sus obras literarias en las cuales son notorias las alusiones continuas a las obras de Shakespeare. Sin embargo, en su novela *Los enamoramientos* son más importantes aún las referencias a dos textos franceses: *Le Colonel Chabert* de Balzac y *Les trois mousquetaires* de Dumas. **Matthias Hausmann** analiza porqué el autor madrileño escoge justamente estas obras del siglo XIX que sirven como decisivas *mises en abyme* en su novela. **Romina Palacios** se adentra en la escenificación literaria de la ciudad a partir del ejemplo de México D.C. en obras seleccionadas de las autoras Rosario Castellanos y Guadalupe Nettel. El *coming of age* de las protagonistas se cruza con las culturas divergentes, representando la diversidad

Imagen 1: Buenos Aires, Avenida de Mayo, 2018 (© J. Türschmann)

de la metrópoli. El volumen se cierra con la contribución de **Sabine Schlickers,** quien trata un tema central de la dimensión transnacional en la literatura: la reescritura. Presenta ejemplos de Abelardo Castillo, Patricio Pron, Pablo Katchadjian, Ronaldo Menéndez y Reinaldo Arenas, que corresponden a distintas estéticas y vertientes en el ámbito transnacional hispano, y reflexiona sobre las diferentes formas de la reescritura, que incluyen, entre otras, la "reescritura-*pastiche*" y la "reescritura carnavalesca".

Este libro sobre las estéticas hispánicas tan polifacéticas en el contexto de una globalización no menos diversa no hubiera sido posible sin el respaldo de muchas personas. Agradecemos a la Facultad de Estudios Filológicos y Culturales de la Universidad de Viena por su generoso apoyo financiero para la publicación del volumen. Además quisiéramos agradecer a Christian von Tschilschke, Germán Labrador Méndez y Ulrich Winter por haber aceptado integrar el libro en su prestigiosa colección *Estudios hispánicos en el contexto global*, cuyos volúmenes han sido una importante inspiración para nuestro trabajo. Asimismo damos las gracias a la editorial Peter Lang por la escrupulosa producción del libro. Agradecemos a Nicolas Johannes Küfner y Santiago Contardo por su atenta corrección de los textos y a Júlia González de Canales por su traducción del artículo de Deborah Shaw, así como por su apoyo continuo. Finalmente, nos gustaría agradecer a todos los autores que han contribuido a este panorama sobre las culturas hispánicas del cine, la televisión y la literatura en un mundo cada vez más globalizado.

Viena, el 15 de junio de 2022

Matthias Hausmann y Jörg Türschmann

I. La transnacionalidad: Enfoques teóricos

Nadia Lie

Lo transnacional como 'travelling concept' y como nuevo paradigma en los estudios del cine

1. Lo transnacional como 'travelling concept'

Desde hace un par de años, el concepto de lo 'transnacional' se está imponiendo con una particular fuerza en las academias europeas y norteamericanas. También en España y América Latina han aparecido importantes publicaciones que reivindican este concepto. Pero ¿qué significa exactamente 'lo transnacional'? ¿Cómo se usa este concepto? Y ¿qué rendimiento analítico tiene? En cuanto nos adentramos en el mundo de los estudios transnacionales, no solamente nos topamos con un gran número de publicaciones de muy diversa índole, sino también con una gran imprecisión semántica en cuanto al término 'transnacional' mismo.[1] Esta imprecisión se debe en primer lugar a la procedencia multidisciplinaria de la palabra. De hecho, el concepto 'transnacional' aparece, por primera vez, en las ciencias políticas en los años setenta, donde se presenta como un correctivo frente a otro concepto: 'lo internacional' (Iriye / Saunier 2009). Mientras lo 'internacional' refería al estudio de los contactos oficiales entre diferentes Estados nación, como los pactos y convenios internacionales o las declaraciones de guerra, 'lo transnacional' dirigía la atención hacia todo aquello que pasara entre diferentes países sin que estuviera directamente regulado por ellos (Vertovec 2009). Así, por ejemplo, la aparición de organismos no gubernamentales, como Amnesty International, empezó a clasificarse bajo 'lo transnacional', al igual que los flujos migratorios entre los distintos países y la formación de comunidades diaspóricas. Con este sentido específico, el potencial rendimiento analítico para los fenómenos del arte y de la cultura era muy limitado: los artistas y cineastas siempre se han buscado y encontrado más allá de las fronteras de sus países sin que esto fuera dirigido por ningún Estado, de manera que el uso del nuevo concepto de 'lo transnacional' en las ciencias políticas parecía referir, en el dominio del arte, a fenómenos bastante evidentes, conocidos desde siempre. En la década de los 70, entonces, no se produce ningún traslado del concepto 'transnacional' hacia el dominio del arte. Más bien se prefiere usar el término de 'estudios comparados o comparatistas' para referir a la disciplina de quienes

---

1 Para un repaso detallado de la bibliografía sobre el tema, véase Lie (2016).

se dedican al estudio de los fenómenos que trascienden las fronteras nacionales, como las corrientes literarias o los géneros artísticos.

A partir de los años noventa, sin embargo, la noción misma de 'frontera nacional' cambia bajo el efecto del nuevo discurso de la globalización acelerada. La desaparición del bloque comunista, con la propagación mundial de la ideología del (neo)liberalismo, y la emergencia del internet, que en pocos segundos conecta a cualquier ser humano con cualquier otro del planeta, son dos de un conjunto de factores que hacen que aparezca la sensación de una conexión universal ('universal connectedness') que pone en entredicho el funcionamiento de los Estados nación. El influyente libro *Die postnationale Konstellation* de Jürgen Habermas (1998) introduce la idea de que, de ahora en adelante, los investigadores en ciencias humanas tendrán que ocuparse de los problemas que se sitúen en el plano global: problemas de representación de la ciudadanía, como los comenta Habermas en su libro, pero también la emergencia de nuevos proyectos artísticos que ayudan a pensar el mundo y nuestra pertenencia al mismo en términos planetarios. La palabra clave de estos años es 'globalización', noción que no equivale a 'norteamericanización' (como hubiera sido el caso en los años setenta, bajo la influencia de las teorías de la dependencia), sino que remite a una nueva situación en la que fluyen libremente y de manera desordenada diferentes formas de 'capital' (el financiero, el humano, el simbólico). La imagen de un flujo no dirigido sino natural, que contradice la existencia de fronteras nacionales y cuyo movimiento tiene un carácter internamente caótico o 'disyuntivo', según un término de Appadurai, fue introducida en el libro *Modernity at Large: the cultural dimensions of globalization*, por ese mismo autor, en 1996. Con este libro empieza el interés de los investigadores en ciencias humanas, inclusive los especialistas en arte y literatura, por el fenómeno de la globalización. En este contexto surge también, por primera vez, la palabra 'transnacional' en su vocabulario científico, pero se lo usa principalmente como sinónimo de 'globalización', sin otro sentido particular. Véase como ilustración el uso de la palabra 'transnacionalismo' en la siguiente cita de un libro de Steven Vertovec, en que el autor introduce el nuevo paradigma para una serie de Routledge.

> ... el transnacionalismo es una condición en la que, a pesar de las grandes distancias y de la presencia de fronteras internacionales (y todas las leyes, regulaciones y narrativas nacionales que representan), ciertos tipos de relaciones se han intensificado globalmente y ahora tienen lugar en un mundo de actividades que, paradójicamente, se extiende sobre todo el planeta al tiempo que es compartido (incluso si sólo virtualmente). (Vertovec 2009: 3; trad. mía)

En realidad, es más frecuente en estos años la palabra 'posnacional', ya que este concepto traduce todavía mejor la impresión que reina en este período: la de que el concepto del Estado nación ha caducado y que estamos evolucionando hacia otro orden político, social, y hasta artístico.

El tercer momento, que se inicia alrededor del año 2000, es en el que nos encontramos ahora: el auge de la palabra 'transnacional'. El contexto aquí lo forma la constatación de que, si bien los Estados nación han perdido mucho de su impacto político, siguen teniendo una gran fuerza simbólica, por lo cual el mundo ha visto nacer, en vez de desaparecer, muchos estados nuevos después de la desaparición del bloque comunista. Es en este contexto específico, de una agudización de la conciencia acerca de la persistencia de los Estados nación, en el que la palabra 'transnacional' se impone como sucesora del anterior concepto de lo 'posnacional'. Dentro de esta configuración semántica, que es la actual en las academias europeas y norteamericanas, lo 'transnacional' remite pues precisamente al retorno del interés por la nación en el contexto de la globalización. O mejor dicho, si bien la globalización del mundo político, social y artístico ya es un hecho asumido, los estudios transnacionales dirigen la atención al impacto que tiene este fenómeno a nivel local, y especialmente nacional: el concepto de la nación se redefine, se transforma, o reaparece bajo otras formas del imaginario social. Esta trayectoria semántica, marcada por apropiaciones varias desde disciplinas diferentes, evidencia que la palabra 'transnacional' funciona como un 'travelling concept' en el sentido que le otorga Mieke Bal, cuando afirma que "[…] concepts are not fixed. They travel – between disciplines, between individual scholars, between historical periods and between geographically dispersed academic communities. Between disciplines, their meaning, reach and operational value differ. These processes of differing need to be assessed before, during and after each 'trip'" (Bal 2009: 20).

2. Lo transnacional como 'travelling concept' en América Latina

En el primer apartado hemos esbozado la evolución histórica del término 'transnacional'. Es hora de detenernos en la manera en que el concepto funciona y se transforma entre comunidades geográficamente dispersas (Bal: "geographically dispersed academic communities") y de preguntarnos cómo se usa la palabra 'transnacional' en publicaciones vinculadas directamente a centros editoriales en América Latina. Una primera observación es que el auge de la palabra 'transnacional' es menos prominente en América Latina que en las academias europeas y norteamericanas, igual si desde hace un par de años también se abre camino en publicaciones y coloquios. Pueden alegarse dos factores para explicar esta discrepancia. Primero, la palabra 'transnacional' tiene a menudo una connotación negativa en América Latina por su asociación con agendas neoliberales; esta connotación no la tiene en las academias europeas y norteamericanas donde se usa en un sentido más neutro y hasta puramente académico.[2] Por otro lado –y allí aparece el segundo factor–, notamos una recepción selectiva de las connotaciones específicas del término. Así, en el volumen *Transnacionalismo y fotografía en América Latina* (2018) –edición de lujo de la UNAM–, los coordinadores Enrique Camacho y Alejandro Cruz adoptan la distinción entre 'transnacional' e 'internacional' de Steven Vertovec, pero no se detienen en la connotación de "descentramiento geográfico del mapa cultural" que también acarrea el término (Newman 2010, cf. infra). En cambio, inyectan en el debate una preocupación 'ética' por la fiabilidad de la imagen, que está ausente de las publicaciones originalmente vinculadas al paradigma (cf. Camacho / Cruz 2018: 18). Un caso específico lo proporciona el ámbito de los estudios del cine clásico. En las décadas de los años cuarenta y cincuenta, las jóvenes industrias cinematográficas del continente fomentaron la coproducción cinematográfica en un intento de ampliar el mercado para sus películas. Las publicaciones sobre estas coproducciones internacionales (entre México y Cuba, entre México y España, y entre Argentina y México) se caracterizan por un fuerte interés en abrazar el paradigma de lo transnacional, ya que este acuerda un lugar privilegiado al estudio de coproducciones. Es significativo al respecto el rápido cambio de vocabularios que se está operando en este momento en estas publicaciones: si el volumen de Castro Ricalde y McKee Irwin sobre el cine mexicano de la época dorada, publicado en el 2011, todavía recurre al término de 'internacionalización' en la cubierta, la más reciente contribución a este campo, desde el cine argentino, ya invoca el nuevo paradigma de manera explícita: *Pantallas transnacionales* es el título del volumen coordinado por Ana Laura Lusnich, de la Universidad de Buenos Aires, y publicado en el 2017.

El centro de investigación que dirige Lusnich, el CIyNE destaca un claro interés por recibir a investigadores europeos y norteamericanos especializados en la transnacionalidad (como se nota por el hecho de que, para la presentación del libro *Pantallas transnacionales* fuera invitada Kathleen Newman, coeditora de

---

2   Tal carga política explica que en varios coloquios organizados por el proyecto internacional TRANSIT, que coordiné del 2013 al 2017, surgieran vehementes debates cuando se reivindicaba el enfoque 'transnacional' para estudiar el cine en América Latina, especialmente en Argentina.

World Cinemas. Transnational Perspectives). No obstante, llama la atención –y esto sería mi segunda observación– que el libro de referencia para los investigadores latinoamericanos, cuando de cine y transnacionalidad se trata, siga siendo, antes que cualquier libro en inglés, *Tradición y modernidad en el cine de América Latina* –un libro publicado en 2003 por el investigador brasileño Paulo Antonio Paranaguá–. Su libro es también el único estudio sustancial que, si bien a cuentagotas, empieza a ser citado en las publicaciones mayoritariamente anglófonas que existen hasta la fecha sobre el tema de la transnacionalidad (cf. Schroeder 2016: 1 y sigs). Razón para detenernos brevemente en este libro, y especialmente en la manera en cómo se relaciona con el concepto que nos interesa.

El libro de Paranaguá recoge una serie de ensayos que juntos ofrecen una historia comparada del cine latinoamericano desde sus inicios. Si bien 'lo transnacional' no figura en el título del libro, Paranaguá subraya desde el capítulo introductorio la importancia de lo transnacional para el cine latinoamericano. Lo interesante es que, al hacerlo, afirma la existencia de 'corrientes transnacionales' al lado de 'estrategias continentales', lo cual implica que para él, 'transnacional' no equivale a 'continental' o 'latinoamericano'. Efectivamente, como Paranaguá explica especialmente en el capítulo 5 de su libro, la transnacionalidad se concibe para él idealmente como una relación entre América Latina y otros dos polos: Europa y EE. UU. La dominancia entre estos polos varía con el tiempo pero nunca desaparece. Lo transnacional refiere aquí pues a una relación triangular, sin que ninguno de los tres polos pueda verse como un conjunto homogéneo. Además, observa Paranaguá que "[l]a circulación transatlántica o entre Norte y Sur no corresponde a esquemas binarios, ni a una dirección única" (2003: 93). Tales afirmaciones son muy parecidas a las que encontramos en la bibliografía en inglés sobre el tema: comparten la misma insistencia en la complejidad de las unidades de comparación, y en el carácter imprevisible y multidireccional de los flujos entre los polos. Sin embargo, en otros pasajes de su libro, Paranaguá sigue confiriendo a América Latina un lugar periférico en el mapa mundial, y no vacila en afirmar que "[l]as cinematografías de América Latina pueden ser caracterizadas todas ellas como dependientes" (2003: 28); en otra página usa, sin la mayor vacilación, la palabra 'subdesarrollo': "rescatemos la idea de que las cinematografías latinoamericanas se caracterizan por el subdesarrollo, que no es una etapa anterior del desarrollo, sino un estado, un círculo vicioso al que parecen condenadas, sin que los momentos de bonanza logren instaurar un círculo virtuoso" (2003: 30). Esto implica que existe una tensión en el libro de Paranaguá entre la afirmación de un modelo de circulación compleja y ternaria por un lado, y, por otro lado, un modelo que descansa todavía sobre un pensamiento binario, que distingue entre el centro y la periferia, o el mundo

desarrollado, y el mal llamado mundo subdesarrollado. Esta última idea, si bien
se identifica fácilmente con ciertos discursos de inspiración latinoamericanista,
está en clara oposición con la manera en cómo Kathleen Newman presenta el
mapa descentrado del cine mundial en la introducción al volumen colectivo
World Cinemas: Transnational Perspectives:

> La bibliografía actual sobre la escala transnacional de la circulación cinemática des-
> cansa sobre el presupuesto de un descentramiento geopolítico de la disciplina. Las áreas
> que antes se consideraban como periféricas (a saber, los países menos desarrollados, el
> llamado 'Tercer Mundo') se ven hoy como partes integrantes de la historia del cine. El
> que la exportación del cine europeo y norteamericano hacia el resto del mundo, desde
> la época del cine mudo, sólo hubiera generado culturas mediáticas de derivación es una
> idea hoy superada y reemplazada por la de un modelo dinámico de intercambio cine-
> mático, que insiste sobre el diálogo entre cineastas de todas partes del mundo así como
> sobre la presencia de otros intercambios culturales y políticos en el trasfondo dinámico
> de estas obras. (2010: 4; trad. mía)

Por la presencia de estos dos discursos muy diferentes dentro del libro de Paranaguá –uno que insiste sobre la complejidad de las unidades con que trabajan los
investigadores del cine, y otro que indirectamente lo homogeniza desde un discurso de la marginalidad–, el estudio de Paranaguá destaca una forma de ambi-
valencia que lo hace apto para recepciones contrarias y hasta opuestas en torno
al mismo vocablo de lo transnacional.

Se observa el mismo fenómeno en los pasajes que tratan del 'acercamiento
nacional' al cine latinoamericano. La insistencia de Paranaguá en el aspecto
estratificado de los cines supuestamente 'nacionales', y especialmente el énfasis que pone en la no coincidencia de los circuitos de producción, distribución
y exhibición, resuena bien con las teorías transnacionalistas en Europa y EE.
UU. En cambio, su presentación del enfoque transnacional como algo diferente
y complementario con respecto a los acercamientos nacionales del cine, juzga-
dos demasiado limitados, niega otro postulado básico de los transnacionalistas: que –como lo afirman Higbee y Lim (2010) en el ensayo de apertura de la
revista *Transnational Cinemas*– 'lo nacional' y 'lo transnacional' no constituyen
una pareja binaria de términos excluyentes, sino que se presuponen mutuamente
y están en proceso permanente de reconfiguración. Para ilustrar esta idea, podemos referir al 'Nuevo Cine Argentino', que –si bien invoca la idea de nación– solo
fue hecho posible gracias al apoyo de nuevos organismos de financiación que se
situaban en el plano internacional; o al revés, en cómo muchas coproducciones
internacionales, lejos de borrar lo nacional, lo enfatizan bajo forma de estereoti-
pos de lo nacional.

Ahora bien, hay un punto en el libro de Paranaguá que cabe resaltar como único con respecto a todas las demás publicaciones. Nos referimos a su manera de posicionarse, como defensor del transnacionalismo, frente a dos modelos que, en su opinión, caracterizan el acercamiento al cine en América Latina: no solamente rechaza el modelo 'nacional', sino también –y citamos– "un segundo modelo, que queda a menudo implícito" (2003: 17). Este modelo lo constituye para él, "una variante de 'la política de los autores', ya que sobrevalora el papel de los directores en detrimento de los demás protagonistas que intervienen en el quehacer cinematográfico" (2003: 17). Inspirándonos en esta referencia de Paranaguá, volveremos en un tercero y último apartado al paradigma de lo transnacional, pero ahora desde la perspectiva de Paranaguá. ¿Qué es lo que el paradigma de lo transnacional tiene que decir sobre la cuestión de la 'política de los autores'? Si Paranaguá opina que es tan importante en América Latina como punto de referencia para los acercamientos a su cine, ¿podemos esperar del paradigma transnacional también un aporte a este debate? ¿Tiene algo que decir sobre la 'política de los autores' o la pasa por alto?

3. Lo transnacional desde América Latina

Antes de contestar estas preguntas, tenemos que aclarar que los estudios transnacionales se manifiestan actualmente bajo diferentes formas. Basándonos en un extenso repaso de libros y artículos sobre lo transnacional en la literatura y el cine hispánicos, podemos decir que existen actualmente cuatro tendencias en las investigaciones en curso (cf. Lie 2016). Una primera tendencia se centra en 'la dimensión material' de las películas: consiste en examinar los mecanismos de subvención, financiación, distribución y circulación de las obras cinematográficas. Es ilustrativa de esta tendencia la emergencia de una nueva disciplina dedicada al impacto que tiene el circuito de los festivales sobre el cine contemporáneo –los llamados 'festival film studies'[3]–. La figura de pila a nivel internacional es Marijke De Valck, pero la disciplina cuenta también con varios representantes especializados en cine español y latinoamericano, como Tamara Falicov (2017), Minerva Campos (2018) o Libia Villazana (2009). Estos trabajos incluyen también el interés por instancias de subvención como la fundación Hubert Bals, en Holanda, o Ibermedia, en España. Una segunda tendencia se especializa en cuestiones relacionadas con la cuestión identitaria: ¿qué nuevas propuestas proponen las películas transnacionales para pensar la comunidad en

---

3   Cf. también el artículo de Deborah Shaw en este libro.

el contexto de la globalización acelerada? ¿Cómo se redefine la nación en las películas del Nuevo Cine Argentino, por ejemplo? La figura de referencia aquí es Marvin D'Lugo (2009), quien acuñó nuevos conceptos para pensar la cuestión, como los de 'transnacionalismo de afinidades', o 'la Atlántida hispánica'. La tercera línea dedica atención a la dimensión política de las películas transnacionales. La figura clave para este debate es Deborah Shaw (2013), quien en su ya clásico estudio *The three amigos*, dedicado a Alejandro González Iñárritu, Alfonso Cuarón y Guillermo del Toro, advierte la presencia de un discurso de 'izquierdismo liberal' en las películas de estos directores, el cual formaría parte de sus estrategias transnacionales para ganar acceso a un mercado de audiencia masiva. Finalmente, se observa una cuarta línea que se ocupa de lo estético, y es allí donde podemos volver a la cuestión suscitada por el libro de Paranaguá. Efectivamente, la llamada 'politique des auteurs' favorece el acercamiento estético a la película, la cual se concibe como obra de expresión del genio artístico de su director.

Ahora bien, los investigadores que pertenecen al paradigma de lo transnacional no carecen de interés por cuestiones de autoría (cf. nociones como 'autores globales y directores transnacionales'), pero la cuestión estética se concibe de una manera radicalmente diferente en este paradigma de cómo lo hacían los propagadores de la 'política de los autores'. De hecho, los estudios transnacionales se acercan principalmente a las opciones estéticas como estrategias de autoinscripción de parte de los directores y sus productores en el mercado internacional. Es decir, se acercan a estas estéticas como lenguajes performativos al servicio de determinados juegos de comunicación, y no los conciben como expresiones puramente artísticas de imaginarios y obsesiones individuales. Además, critican la idea de que el director sea dueño de los lenguajes utilizados en tal o cual obra: más bien destacan la recurrencia de ciertas fórmulas narrativas y estilísticas en el lenguaje cinematográfico de los autores globales. Se entiende así el renovado interés que muestran los investigadores transnacionales por la cuestión de los géneros. Si antes los 'géneros' se concebían como grupos de películas más bien abstractos y hasta universales, los géneros aparecen en los estudios transnacionales bajo una nueva luz: como mediadores por excelencia entre los públicos internacionales y los locales, que captan –además del formato universalmente reconocible– valores y sentidos muy específicos. Es sobre todo en el circuito del cine independiente, tan importante para el cine latinoamericano de festival, donde los estudios transnacionales van al acecho de procedimientos recurrentes que rebasan la imagen del director como creador único e independiente (imagen fomentada –sea dicho entre paréntesis– por este mismo circuito). Así, Paul Julian Smith (2012) ha acuñado el concepto de 'película de festival' para realzar la afinidad estilística entre directores aparentemente tan idiosincráticos como Alonso, Reygadas, Eimbcke, que todos practican un cine lento, con historias elusivas y elípticas, mientras otras películas sugieren economías afectivas basadas en el sentimiento de desafecto (cf. Podalsky 2016, Lie 2018). Por cierto, estas estéticas compartidas recuerdan a veces las de otros directores europeos que estrenaron en circuitos de cine independiente, y especialmente las que David Bordwell (2009) ha asociado con la emergencia del 'art cinema' o cine de arte, en los festivales europeos de los años sesenta y setenta. Pero si es cierto, como afirma Paranaguá, que el cine latinoamericano se caracteriza por su relación triangular con Europa y EE. UU., no es sorprendente que la diferenciación que presuponen estas películas latinoamericanas, con respecto al cine *mainstream* de Hollywood, pase por una identificación parcial con estas estéticas anteriores. Más en concreto, son apropiadas por estos directores latinoamericanos para tender un puente hacia el público europeo y global, el cual ahora también consume cine latinoamericano en un grado mucho más significativo que en los sesenta.

Para concluir: este viaje de ida y vuelta, entre Europa y EE. UU. por un lado, y América Latina por el otro, muestra que el concepto de lo transnacional no solamente es un 'traveling concept', sino también, como lo afirma Bal, "a site of debate, awareness of difference, and tentative exchange" (2002: 13: "un sitio de debate, de toma de conciencia acerca de diferencias, y de intercambio prudente"). El 'exchange' o intercambio entre Paranaguá y el paradigma transnacional en su versión digamos 'europea y norteamericana' muestra además que, incluso si los sentidos no siempre son los mismos, es posible utilizar un concepto viajero como 'lo transnacional' para entenderse e iluminarse mutuamente.

Bibliografía

Appadurai, A. (1996) *Modernity at Large: Cultural Dimensions of Globalization.* Minneapolis: University of Minnesota.

Bal, M. (2002) *Travelling Concepts in the Humanities: A Rough Guide.* Toronto: University of Toronto Press.

Bal, M. (2009) "Working with Concepts", *European Journal of English Studies* 13 (1), 13–23.

Bordwell, D. (2009) "The Art Cinema as a Mode of Film Practice", en Braudy, L. / Cohen, M. (eds.) *Film Theory and Criticism. Introductory Readings*, 649–657. Nueva York: Oxford University Press.

Camacho Navarro, E. / Cruz Domínguez, J. (eds.) (2018) *Transnacionalismo y fotografía en América Latina.* México: UNAM-CIALC.

Campos, M. (2018) "Lo (trans)nacional como eje del circuito de festivales de cine. Una aproximación histórica al diálogo Europa-América Latina", *Imagofagia* 17, 11–40.

Crang, Ph. / Jackson, P. / Dwyer, C. (2004) *Transnational Spaces*. London, New York: Routledge.

D'Lugo, M. (2009) "Across the Hispanic Atlantic: Cinema and its Symbolic Relocations", *Studies in Hispanic Cinemas* 5 (1–2), 3–7.

Ďurovičová, N. / Newman, K. (eds.) (2010) *World Cinemas, Transnational Perspectives*. New York: Routledge.

Falicov, T. (2017) "Film Funding Opportunities for Latin American Filmmakers: A Case for Further North-South Collaboration in Training and Film Festival Initiatives", en Delgado, M. / Hart, S. (eds.) *A Companion to Latin American Cinema*, 85–98. New York: Blackwell-Wiley.

Habermas, J. / Pensky, M. (2004) *The Postnational Constellation: Political Essays*. Cambridge: Polity Press.

Higbee, W. / Lim, S. (2010) "Concepts of transnational cinema: towards a critical transnationalism in film studies", *Transnational Cinemas* 1 (1), 7–21.

Iriye, A. / Saunier, P.-Y. (2009) *The Palgrave Dictionary of Transnational History*. Basingstoke: Palgrave.

Lefere, R. / Lie, N. (eds.) (2016) *Nuevas perspectivas sobre la transnacionalidad del cine hispánico*. Amsterdam/New York: Brill.

Lie, N. (2016) "Lo transnacional en los cines hispánicos: deslindes de un concepto", en Lefere, R. / Lie, N. (eds.) *Nuevas perspectivas sobre la transnacionalidad del cine hispánico*, 17–35. Amsterdam/New York: Brill.

Lie, N. (2018) "La estética del desapego en el cine de festival latinoamericano", *L'Atalante. Revista de estudios cinematográficos* 26, 13–25.

Lusnich, A. / Aisemberg, A. / Cuarterolo, A. (eds.) (2017) *Pantallas transnacionales. El cine argentino y mexicano del período clásico*. Buenos Aires: Ediciones Imago Mundi.

Newman, K. (2010) "Notes on transnational film theory. Decentered subjectivity, decentered capitalism", en Ďurovičová, N. / Newman, K. (eds.) *World Cinemas, Transnational Perspectives*, 3–11. Nueva York: Routledge.

Paranaguá, P. A. (2003) *Tradición y modernidad en el cine de América Latina*. México: Fondo de Cultura Económica.

Podalsky, L. (2016) "The Aesthetics of Detachment", *Arizona Journal of Hispanic Cultural Studies* 20, 237–254.

Schroeder, P. A. (2016) *Latin American Cinema: A Comparative History*. Berkeley: University of California Press.

Shaw, D. (2013) *The three amigos. The transnational filmmaking of Guillermo del Toro, Alejandro González Iñárritu and Alfonso Cuarón.* Manchester/ New York: Manchester University Press.

Smith, P.-J. (2012) "Transnational Cinemas; The Cases of Mexico, Argentina and Brazil", en Nagib, L. / Perriam, C. / Dudrah, R. (eds.) *Theorizing World Cinema*, 63–76. London/New York: Tauris.

Vertovec, S. (2009) *Transnationalism.* Abingdon/New York: Routledge.

Villazana, L. (2009) *Transnational Financial Structures in the Cinema of Latin America: Programa Ibermedia in Study.* Saarbrücken: Verlag Dr. Müller.

Deborah Shaw

El cine latinoamericano más allá de la película de festival: financiación, estéticas y debates[1]

Cualquier aficionado atento al cine latinoamericano, viendo la última película de festival (*festival film*) en su cine de arte y ensayo local (sea en Buenos Aires, Nueva York, Sídney, París o Portsmouth), observará un patrón recurrente al leer los créditos de apertura. Verá que la celebrada película argentina, mexicana, brasileña, chilena, colombiana o peruana ha hecho casi lo imposible para asegurarse un estreno en elegidos cines de los centros urbanos más cercanos y ha sido realizada gracias a una variedad de fondos públicos transnacionales y fondos privados de producción. Estas coproducciones fílmicas es probable que hayan recibido ayudas de diversos organismos de financiación en Alemania, Holanda, Francia, España y, quizás, Noruega –o una combinación de ellos– con algunos fondos estatales procedentes del país de origen del cineasta.[2] A pesar de ello, muchos espectadores permanecerán felizmente impasibles ante estos elementos de producción y estarán satisfechos por haber visto una interesante película latinoamericana, convencidos por su específica "autenticidad" nacional. Asimismo, muchos estudiantes viendo obedientemente semejantes películas en sus cursos sobre cine mundial o latinoamericano tomarán los textos de lectura seleccionados por sus docentes como artefactos culturales nacionales, sin considerar mecanismos de producción y distribución transnacionales (si bien ello, por supuesto, dependerá de cómo dichos cursos hayan sido planteados). ¿Y por qué tendría que ser distinto? Los créditos de apertura y cierre no son la parte más interesante de una película; de hecho mucha gente empieza a prestar atención cuando estos terminan y salen de la sala cuando detectan que la narración justo ha terminado. No obstante, los créditos esconden una gran historia no contada. La inextricable relación entre el texto fílmico y el contexto de producción presenta interesantes cuestiones que este capítulo busca explorar.

---

1 Texto traducido del inglés por Júlia González de Canales. Título original: "Latin American Cinema, Beyond the Festival Film: Funding, Aesthetics and Debates".

2 El objeto de estudio de este capítulo es el cine latinoamericano, no obstante, varias de las observaciones aquí realizadas pueden ser aplicadas a muchas otras regiones/países apoyados por organismos de financiación europeos y norteamericanos.

La aparición de nuevos modelos de coproducción para películas de festival latinoamericanas de bajo presupuesto ha conllevado la reconfiguración del cine regional, así como un auge de nuevas voces –algunas de las cuales han devenido clásicos del cine mundial–, produciendo, a inicios del siglo veintiuno, un nuevo canon del cine latinoamericano. Las películas latinoamericanas que conforman este modelo de producción a menudo tienen un presupuesto inferior a un millón de dólares –el impacto de la financiación y el éxito de dichas películas no acostumbran a ser proporcionales a las cantidades aseguradas–. Ello se ve en algunos de los más conocidos miembros de una nueva generación de cineastas. Cineastas como Pablo Trapero, Lisandro Alonso, Julia Solomonoff, Carlos Reygadas, Amat Escalante, Paz Encina, Lucrecia Martel, Lucía Puenzo, Pablo Larraín, Claudia Llosa, Anna Muylaert, Yulene Olaizola, Paz Fábrega y Natalia Almada han obtenido dinero de los organismos de financiación europeos, lo que ha facilitado que sus obras se exhiban en los principales festivales de cine y consigan contratos de distribución internacionales. Sus películas han sido multigalardonadas con prestigiosos premios y han sido incorporadas en el canon académico, haciéndose un lugar en los cursos sobre cine latinoamericano y estudios culturales en universidades de todo el mundo.

Teniendo en cuenta la relación entre el texto fílmico y las corrientes de financiación, cabe preguntarse si el contexto de producción y la exhibición han influido en el tiempo de los lenguajes cinematográficos empleados en las películas contemporáneas latinoamericanas. Si bien es habitual entre los críticos académicos y de la prensa emplear el término película de festival, o sacar conclusiones de carácter generalista sobre los lenguajes fílmicos a partir de un tipo de cine mundial, es necesario aproximarse a las así llamadas películas de festival de forma detallada. Por ello, propongo identificar los distintos tipos de películas latinoamericanas producidas en el marco de las coproducciones transnacionales según sea su encaje en las siguientes categorías: cine lento/cine poético; cine de arte popular; cine social-realista; cine de autor industrial.[3] Las lecturas críticas acostumbran a dividirse entre las aproximaciones que tratan cuestiones sobre la industria fílmica y las que se ocupan del análisis textual y temático, sin combinar dichas aproximaciones. Este capítulo sostiene que involucrarse en ambas temáticas es necesario si se quiere comprender las relaciones entre las identidades culturales nacionales y transnacionales, así como sus relaciones con el arte, la política, el entretenimiento y el comercio.

---

3   Este término ha sido anteriormente empleado por Tamara Falicov (2007: 142).

El cine transnacional latinoamericano: la financiación de coproducciones

Los organismos sociales de financiación europea han resultado fundamentales en el apoyo al desarrollo de las carreras de los más destacados directores de cine de autor contemporáneo de todo el mundo, incluyendo los más renombrados cineastas latinoamericanos. Dichos organismos han tenido un papel predominante en la creación de nuevas voces de autor en el circuito de cine de arte y han dado notoriedad a un número de directores a quienes han sido otorgados premios en festivales y contratos de distribución para sus películas –apreciadas por cinéfilos y estudiadas en cursos universitarios en todo el mundo–.

El impacto de los organismos de financiación ha sido considerable en relación con las relativas pequeñas aportaciones de las que dichas películas disponen, de tal manera que estos organismos de financiación han contribuido a apoyar un gran número de películas de todo el mundo. Para poner un ejemplo, el fondo Hubert Bals contó, en 2015, con un presupuesto aproximado de 800 000 euros y su página web anuncia que "since the founding of the Fund in 1989, more than a 1.000 projects of independent filmmakers from Asia, the Middle East, Eastern Europe, Africa and Latin America have received support" (Hubert Bals Fund Profile).[4] Como resultado de esta limitación presupuestaria, una película financiada por esta organización raramente superará los 50 000 euros de ayuda recibidos (así se aprecia al observar el conjunto de películas mundiales financiadas durante el periodo 2004–2012). Si bien resulta sencillo adoptar un tono festivo ante la existencia de apoyos disponibles para cineastas procedentes de países con recursos limitados, resulta aleccionador comparar los presupuestos de los agentes financiadores del cine mundial con el apoyo que los organismos europeos dedican a su propia industria. *Creative Europe* tiene un impresionante presupuesto de 1,46 billones de euros, una cantidad que apoya diversos proyectos procedentes de las industrias culturales, incluyendo el desarrollo de dos mil cines y la producción de ochocientas películas (About Creative Europe).

Cabe también mencionar que el énfasis de este trabajo en cineastas latinoamericanos forma parte de un marco más amplio en el que los organismos de financiación europeos han apoyado algunos de los más reconocidos cineastas de todo el mundo. Para dar unos pocos ejemplos: Rafi Pitts y Asghar Farhadi, de Irán, Hany Abu-Assad, de Palestina, el tailandés Apichatpong Weerasethakul, el

---

4   El fondo Word Cinema cuenta con un presupuesto anual más pequeño, de aproximadamente 350 000 euros.

senegalés Ousmane Sembène, Abderrahmane Sissako, de Mali y Yesim Ustaoglu, de Turquía. A pesar de ello, financiadores europeos han favorecido de forma desproporcionada a los países latinoamericanos. Marike de Valck (2014: 52) ha señalado que en la década de los ochenta Hubert Bals, el fundador del fondo que lleva su nombre, "believed the most interesting cinema was made in Latin America and not in the West". De Valck también observó en su artículo de 2014 que "about 45 percent of all projects supported by the Hubert Bals Fund are from Latin America where the fund enjoys a strong reputation" (2014: 52).[5]

Directores latinoamericanos se han beneficiado de diversos programas de financiación europeos incluyendo el fondo holandés Hubert Bals, el alemán *World Cinema*, del festival del cine de Berlín, y *Cinéfondation*, vinculado al Festival de Cine de Cannes. Otras fuentes recurrentes de financiación que los espectadores atentos a los créditos detectarán incluyen el *Fonds Sud*, ahora el *Aides aux Cinéma du Monde* y dirigido por el francés CNC (*Centre National du Cinéma et de l'Image Animée*) y el *Institut Français*, el hispánico Programa *Ibermedia* y *Cine en Construcción*, el fondo de San Sebastián/Toulouse para cine latinoamericano que apoyan los costos de posproducción de las películas.[6] Tamara Falicov (2010: 4) señala también el aumento de becas que proporcionan algunos festivales de cine, como las becas artísticas y talleres del *Sundance Institute*, y el programa de residencia del Festival de Cine de Cannes. Este último, junto a la estrategia *Atelier*, han contribuido a apoyar una nueva generación de cineastas latinoamericanos a terminar sus guiones para películas de cine de autor, así como a conectarlos con los profesionales de la industria del cine (Cinéfondation: The Residence).

Lucrecia Martel, Amat Escalante, Lucía Puenzo, Karin Aïnouz y Diego Quemada Díez han sido receptores del programa de escritura de guiones del programa *Résidence* de Cannes.[7] Junto a estos destacados nombres, diversos nuevos y fascinantes directores latinoamericanos se han beneficiado de los programas *L'Atelier* desarrollados en 2005 y que permiten a los cineastas "to gain access to international financing and speed up the production process" (Cinéfondation: The Atelier). Un grupo de destacadas películas latinoamericanas han sido seleccionadas para tal efecto incluyendo, en 2005, (un buen año para el cine

---

5   Para más información sobre el fondo Hubert Bals, véase de Valck (2007: 171–181).
6   Para una descripción detallada del programa Cine en Construcción, véase Nuria Triana Toribio (2013) y Falicov (2013).
7   Para más información sobre las condiciones de los premios *Résidence*, véase *Cinéfondation: The Residence*.

latinoamericano) *Dioses* (Josué Méndez), *Hamaca paraguaya* (Paz Encina), *Voy a explotar* (Gerardo Naranjo) y *Liverpool* (Lisandro Alonso). Entre otros, cabe destacar también *Los viajes del viento* (Ciro Guerra), en 2007, y *La jaula de oro* (Diego Quemada-Díez), en 2010.

A pesar de que Francia no es necesariamente el primer país en el que uno piensa cuando se considera el surgimiento de una nueva generación de cineastas artísticos latinoamericanos, la evidencia del éxito de los directores arriba mencionados es indicadora de la influencia de los programas culturales franceses. Al evaluar las películas latinoamericanas que recibieron apoyo del fondo Hubert Bals, Ibermedia y el fondo *Word Cinema* uno podría llegar a una conclusión similar. Si bien los fondos europeos sirven para apoyar distintas culturas cinematográficas mundiales, el cine latinoamericano ha conseguido sacar un buen partido de ellos al combinar el modelo de coproducción con dinero procedente de una combinación de instituciones de financiación europeas, financiación nacional procedente de los países de origen de los propios cineastas y financiación privada de empresas productoras.

Los programas de financiación también han beneficiado a cineastas procedentes de otros países ajenos a los principales centros de producción (México, Argentina y Brasil). Así, recientemente, el cine colombiano ha recibido un incentivo: César Acevedo, quien ganó la Cámara de oro para su ópera prima *La tierra y la sombra*, en 2015, obtuvo el apoyo de la española Fundación Carolina y del programa Ibermedia, así como del Fondo Hubert Bals, el Fondo para el Desarrollo Cinematográfico y el fondo holandés para la cinematografía (*The Netherlands Film Fund*). Asimismo, Ciro Guerra, quien ganó el premio de arte en Cannes, en 2015, para *El abrazo de la serpiente*, había recibido significante apoyo por parte de las organizaciones europeas, que también financiaron su ópera prima *Los viajes del Viento* (2009). *Hamaca paraguaya* fue la primera película paraguaya en tener un impacto en el circuito internacional de festivales. Esta es una película artística de bajo presupuesto en cuyos extensos créditos aparecen las diversas instituciones europeas que cofinanciaron la obra, junto con el fondo nacional para el cine (FONDEC).[8] Esta película lleva a la pantalla muchas de los costumbres del cine lento y, en tanto que obra artística no comercial, fue solo posible por el amplio espectro de apoyos económicos que recibió.

---

8   Para un excelente análisis del cine paraguayo, con un énfasis en *Hamaca Paraguaya*, véase Catherine Leen (2013).

Los debates

El conjunto de teóricos y críticos que se ha interesado por la reconfiguración del actual panorama de cine mundial –realzado por el circuito de festivales– puede diferenciarse en dos grupos, según sea su posicionamiento ético con respecto a las dinámicas de dicho circuito. Como resulta previsible, mientras algunos teóricos celebran las vías por las que nuevas corrientes de financiación generan nuevas posibilidades fílmicas para los países menos desarrollados, otros sospechan de las intervenciones culturales y posibles formas de dinámicas de poder neocoloniales. Para estos, las desiguales relaciones de poder entre países explican los resultantes procesos de exotización y otredad (cf. Halle 2010 / Ross 2011). Randall Halle (2010) sostiene que los organismos de financiación europeos han generado un ciclo de neocolonialismo con películas no europeas pensadas para agradar las expectativas de los entes de financiación europeos, produciendo identidades exóticas y estereotipadas. Asimismo, Halle vincula este fenómeno a las desiguales estructuras económicas inherentes en el marco de los programas de ayuda procedentes del primer mundo.

Dorota Ostrowska (2010) resulta otra voz crítica. Centrándose en los programas de financiación de Cannes, sostiene que los europeos desarrollan una forma de apropiación cultural. En concreto escribe que organizaciones francesas, tales como *Cinéfondation*, se apropian y claman autoría de películas producidas en todo el mundo: "Cannes is promoting a particularly French kind of world cinema which could be called 'French-global cinema' or French global art house film" (2010: 146). Acorde con esta línea de pensamiento, los entes europeos de financiación emplean los programas de apoyo y sus vínculos con los festivales, fomentan los productos culturales desde otros territorios y los exhiben en el suyo siguiendo practicas museísticas –basadas en la exhibición de obras de arte o productos antropológicos de todo el mundo–.

Otros arguyen que dichos fondos han permitido a directores llevar a cabo sus propias propuestas autoriales, llevándolos a la esfera internacional –sin que ello haya supuesto la pérdida de su propia voluntad y voz crítica–. Dichos críticos sostienen que los programas de financiación deben ser valorados por permitir la producción de películas de alta calidad a cineastas que disponen de pocos recursos (Göktürk 2002 / Steinhart 2006).[9] Tamara Falicov (2013) toma argumentos de ambas posiciones para reflexionar sobre el programa Cine en Construcción. Falicov elogia las oportunidades que este programa supone para cineastas

---

9   Para más información acerca de estos debates, véase Shaw (2013) and (2016).

procedentes de países con ínfimo apoyo nacional, como por ejemplo Paraguay. A pesar de ello, subraya también las desiguales relaciones de poder entre España, Francia y Latinoamérica, así como el papel que tienen los proveedores de fondos en la creación fílmica al privilegiar una "globalized art house aesthetic" (Falicov 2013: 256).

Una de las dificultades en alcanzar un consenso en los debates sobre los efectos, los beneficios y los peligros de la financiación europea mundial son los intentos de los teóricos por juzgar los efectos de los organismos de financiación –cuya área de influencia cubre un amplio terreno–, con apoyo a películas procedentes de Asia, el Medio Este, Europea del este, África y Latinoamérica. Por ello sostengo que hay que partir del estudio de casos específicos, a partir de los cuales sacar conclusiones mas sin intentar extrapolar de ellos el estado de las dinámicas de financiación. Por ejemplo, Friedman (2015) afirma que las intervenciones específicas europeas en el cine israelí y palestino han adoptado una perspectiva intervencionista, intentando moldear las iniciativas fílmicas, por lo que las voces palestinas han sido distorsionadas.[10] Ello, sin embargo, no significa que las mismas conclusiones puedan ser aplicadas a todas las regiones, agentes de financiación y películas concretas.

Acorde con este posicionamiento, los argumentos del presente trabajo tienen en consideración el punto de vista de ambos y parten de los estudios de caso en los que he estado trabajando. En un artículo de 2013, arguyo que fondos como el *Hubert Bals*, el *Word Cinema* y el *Cinéfondation* han creado espacios para las películas artísticas argentinas *queer*, dirigidas por mujeres que abordan cuestiones de sexualidad y familias no tradicionales. *XXY* (Puenzo 2007) y *La niña santa* (Martel 2004) son ejemplos de películas en las que resuenan cuestiones de la construcción de la identidad en Europa, sin someterse a distorsiones negativas, y en las que las directoras desarrollan sus propias concepciones autoriales del arte fílmico. En otro artículo de 2016, adopto un posicionamiento más crítico y exploro las críticas dirigidas a Claudia Llosa, quien ha sido acusada de explotar la imagen de los peruanos andinos para crear obras al gusto del público espectador, así como de sus benefactores europeos. En dicho artículo defiendo, acorde con los debates arriba mencionados, la necesidad de centrarse en las propias películas y sus historias específicas de producción.

Dado que el beneficio mutuo entre beneficiarios y benefactores está restringido por las limitaciones anuales presupuestarias, la competitividad que envuelve

---

10 Friedman (2015) basa sus conclusiones en el análisis de la producción de *5 Broken Cameras*, dirigida por el palestino Emad Burnat y el israelí Guy Davidi.

las condiciones de financiación de una determinada película es cada vez más alta. Los exitosos programas europeos de financiación pueden, simultáneamente, resultar beneficiosos para los intereses de la organización financiadora, para los Estados nación y para el director –quien puede llevar a cabo su proyecto artístico, exhibirlo y distribuirlo, gracias a la financiación asegurada–. En lo referente a los beneficios obtenidos, los cineastas obtienen apoyo financiero –en el caso del fondo Hubert Bals puede materializarse en ayudas a la producción y al guion– a través de fondos de apoyo al desarrollo de proyectos, a la posproducción y a la distribución. Asimismo, los festivales ofrecen oportunidades de proyección para películas consideradas de alto perfil, así como conexiones profesionales para las películas seleccionadas a través de sus mercados. El CineMart, el mercado internacional de coproducción del Festival de Cine Internacional de Róterdam, el *Marché du film* de Cannes, y los mercados europeos de coproducción asociados a la Berlinale resultan un ejemplo al respecto. Todos ellos también suponen un sello de calidad que las películas pueden mostrar con orgullo en sus materiales promocionales.

Los festivales de cine, el lenguaje fílmico y las clasificaciones cinematográficas

Los cineastas que han conseguido financiación de los programas de fondos europeos cuentan con claras ventajas. A pesar de ello, solo cierto tipo de películas –aquellas que cumplen con los objetivos establecidos por los entes financiadores asociados a los festivales de cine– son escogidas y financiadas, haciendo el proceso de selección altamente competitivo.[11] Marijke De Valck señala que los términos asociados con la calidad y la autenticidad –presentes en el material promocional del festival Internacional de Róterdam, asociado al Hubert Bals Fund– han contribuido a crear la identidad de dicho festival:

> In Rotterdam, popular terms are "authentic", "personal voice", "talent", "auteur", "innovative", "original", "topical", "urgent", and "local root" [. . .]. With a discourse that foregrounds individual accomplishment – terms like auteur, talent, and personal voice – festivals position filmmakers in the art historical lineage of other great masters in fine arts, literature, theatre, dance and music. The terms announce that this cinema is not meant as divertissement, amusement or entertainment, but as "Art" with a capital A. (de Valck 2014: 43–44)

---

11 Véase el informe anual de Hubert Bals (2013–2014) para obtener un esbozo de los criterios específicos de selección. En él se verá que de las 700 solicitudes recibidas solo fueron financiados 25 proyectos (3,5 %).

Los términos "calidad" y "autenticidad" también se dan en otros organismos de financiación (Profile, The World Cinema Fund) mientras que *Aide Aux Cinéma Du Monde* se centra en los términos "calidad artística" y "nuevas visiones y sensibilidades" (Aide Aux Cinéma Du Monde). La única vía para determinar lo que realmente significan dichos indicadores subjetivos en el contexto de la financiación y los festivales pasa por establecer un amplio estudio colaborativo transnacional que incluya una enorme cantidad de películas. A pesar de ello, como observa de Valck, este contexto se erige sobre una larga tradición de filmes de arte canónicos, y cabe recordar que, anteriormente a la muerte de Bals, el fondo holandés llevaba por nombre el Fondo Tarkovsky (cf. Steinhart 2006).

El concepto película de festival es ampliamente empleado por académicos y críticos fílmicos. Si bien el término resulta útil para referirse a las tendencias en financiación, exhibición y distribución, deviene problemático para categorizar las películas en términos estéticos. Ello se debe al hecho de que el término implica un tipo de films exhibidos en los festivales y resulta reduccionista si se lo emplea con la finalidad de entender el lenguaje fílmico. Como observa Cindy Wong (2011: 65), la película de festival no es un género *per se* y distintos festivales muestran distintos tipos de películas. A pesar de ello, Wong proporciona algunas características y resume los puntos clave de dicho concepto:

> Overall, there is not a single formula for festival films or festival success. However, if we study the 'successful' festival films [. . .] we see that almost all are 'serious' films, films that require work and do not allow the audience to just sit back and be manipulated. Carefully constructed, rather than spectacular, austere and evocative, rather than pedestrian, lawful but referential, festival films may not constitute a genre per se, but do constitute a process of genrification'. (Wong 2011: 99)

Las películas de festival se caracterizan, según Wong (2011: 75), por "seriousness, austerity and minimalism"; tienen "open and demanding narrative structures" (68); privilegian lo "suggestive, evocative, spare and non-linear" (79); están compuestas de largas tomas y enfatizan lo cotidiano (cf. 75). Las acciones de los personajes no están motivadas psicológicamente (cf. 79), el sujeto de la trama es a menudo controvertido y las películas pueden contener numerosas escenas de extrema sexualidad y violencia (cf. 90).

El libro de Wong presenta un estudio completo y una amplia definición de lo que es la película de festival. A pesar de la variedad inherente al término, permanece una tendencia a privilegiar un tipo de películas que funciona bien en los festivales: las obras de cine lento/poético. Por ello los críticos se han referido a la película de festival o de arte mundial empleando la forma singular, pero estos términos pueden resultar etiquetas reductivas para categorizar una práctica que incluye diversas y creativas formas fílmicas. En consecuencia, una tipología se impone: cine lento/cine poético; cine de arte popular; cine social-realista; y cine de autor industrial.

Esta última categoría, si bien relevante, no resulta objeto de análisis de este estudio, ya que las películas que la conforman tienen un presupuesto más elevado y, pudiendo haber obtenido apoyo económico de algunos festivales, han asegurado más recursos económicos promocionales, por lo que a menudo consiguen una amplia exhibición en las salas de cine. Dichas películas desarrollan géneros fílmicos como el *road movie*, el *thriller* político o el de horror para asegurarse contratos de coproducción con las principales empresas norteamericanas y empresas privadas de producción; de esta manera consiguen acceder a más mercados comerciales. Películas híbridas de cine de arte comercial como *Los diarios de motocicleta* y *El secreto de sus ojos* siguen un modelo de negocio muy distinto y fueron apoyadas por empresas norteamericanas. Entre las empresas que invirtieron en coproducciones latinoamericanas destacan *Features, Fox, Disney Universal, Lionsgate*, y *Warner Bros.*, así como ricos programas de financiación cinematográficos, como el ofrecido por el *Sundance Institute*.

Los lenguajes fílmicos nunca son obviamente fijos y mi propósito no es establecer un conjunto de categorías herméticamente selladas, sino establecer un punto de partida a partir del cual otros puedan construir una visión más comprensiva de las películas latinoamericanas exhibidas en los festivales y coproducidas por los programas europeos de financiación fílmica. Por ello sostengo que las películas financiadas, clasificables en una u otra categoría, pueden compartir, y así lo hacen, rasgos propios de películas inicialmente clasificadas en otras categorías. Antes de pasar a examinar dichas categorías vale la pena destacar lo que estas no son; por ejemplo, con limitados recursos disponibles, los fondos están pensados para películas de bajo coste, pensadas para cinéfilos de todo el mundo. Ello claramente descarta películas comerciales que cuentan con actores mundialmente conocidos, no cuestionan las convenciones de género, contienen efectos especiales y contienen gastos de filmación en distintos países.

Cine lento / Cine poético

Uno de los propósitos que comparten los organismos de financiación y los festivales es la creación de espacios protegidos para películas de bajo presupuesto, hechas por cineastas de todo el mundo con el objetivo de enfrentar la hegemonía de Hollywood. El valor de mercado de dichos organismos de financiación y festivales depende del reconocimiento artístico de las películas seleccionadas y subvencionadas (reconociendo todos los retos que supone definir el valor artístico de las películas). Marijike de Valck también señala este aspecto en su análisis del Festival Internacional de Cine de Róterdam. En él sostiene que el festival "might lose credibility if it deviates too far from its original niche focus on art, avant-garde and auteurs. Credibility, it appears, continues to be the main currency the festival thrives on" (de Valck 2014: 57). Los organismos de financiación, en tanto que sostén cultural para los festivales, han apoyado de manera constante películas consideradas internacionalmente como cine lento o poético,[12] organismos a menudo asociados a este valor artístico. Esto significa que aunque dichos films requieren estar realizados en el contexto local asociado al país de origen del director, a menudo siguen y se apoyan en códigos globalmente reconocibles del cine de arte. Los recursos económicos limitados, combinados con la "autenticidad" requerida implican que los cineastas a menudo toman la particular belleza del paisaje de sus países de origen como material para sus cambas fílmicas.

En su completo ensayo "Realism of the Senses A Tendency in Contemporary World Cinema", Tiago de Luca (2012) destaca los principales rasgos señalados para caracterizar la mayoría de las producciones asociadas con los festivales de cine de arte –identificados, a su vez, por Wong–.[13] Mediante una exposición de destacados autores –incluyendo a Abbas Kiarostami, Apichatpong Weerasethakul, Carlos Reygadas, Béla Tarr, Tsai Ming-liang, Gus Van Sant, Pedro Costa y José Luis Guerin–, de Luca destaca las comunes prácticas estéticas compartidas por los directores de cine de autor transnacional. Estas incluyen "adherence to location shooting, the use of non-professional actors, and a preference for deep focus cinematography" (de Luca 2012: 183). El rasgo definitivo que de Luca identifica con lo que muchos han denominado *slow cinema*, o cine lento, es la "hyperbolic application of the long take, which promotes a contemplative viewing experience anchored in materiality and duration" (de Luca 2012: 183). De Luca también enfatiza la importancia de los paisajes (194), el enfoque en las caras como estrategia narrativa (195), así como la "materiality of both animate and inanimate beings" (197). Estamos ante un "de-dramatized cinema" (198) que concuerda con las nociones deleuzeanas de la imagen-tiempo con personajes que a menudo no persiguen ningún propósito en concreto más que "walking, strolling, wandering and eliciting a contemplative stance" (197).

---

12 De Luca (2014: 13) señala que el término 'cinema of slowness' fue acuñado por Michel Ciment en 2006.
13 De Luca desarrolla estas ideas de manera más completa en su libro *Realism of the Senses in World Cinema: The Experience of Physical Reality* (2014).

Otros críticos han remarcado un incremento en la importancia de este tipo de cine en los festivales, sin mencionar que estas son películas favorecidas por los organismos europeos de financiación. Jonathan Romney, en su artículo para la revista *Sight and Sound*, habla de "the varied strain of austere minimalist cinema that has thrived internationally over the past ten years [. . . and] an increasing demand among cinephiles for films that are slow, poetic, contemplative – cinema that downplays event in favour of mood, evocativeness and an intensified sense of temporality" (2010: 43–44).

De forma similar, pero algo más crítica, James Quandt advierte de aquellos films hechos adoptando un estilo repetitivo y familiar coincidente con el imaginario Tarkovskiano (2008: 76–77). Quandt se pregunta si lo que él llama una "uniform international aesthetic" ha sido naturalizado por los organismos de financiación tales como el Hubert Bals Fund (2008: 77). Steven Shaviro también adopta una postura crítica y argumenta que podemos hablar de un "Slow-Cinema-As-Default-International-Style" en tanto que "profoundly nostalgic and regressive [. . .] in its denial of Hollywood's current fast-edit, post-continuity, highly digital style" (2010). Sin pretender citar cada crítico que ha escrito sobre este material, vale la pena mencionar que Yvette Bíró (2006) ha adoptado un punto de vista contrario y celebra "the plenitude of minimalism" en esta forma de cine de arte, resaltando su belleza y originalidad, así como "the new angle that suddenly illuminates a genuine interpretation".[14]

Estos críticos han analizado eficazmente una nueva forma de cine de arte, posible por la existencia de los programas de financiación europeos –si bien el contexto de producción internacional y los vínculos con los organismos de financiación no obtienen un lugar privilegiado en sus análisis–. Modos críticos tales como los arriba citados tienden a ignorar las condiciones económicas que hacen posible las formas de cine lento y poético, así como aquellas apuestas por un cine económicamente asequible con amplias opciones de asegurarse acceso a los fondos a la creación y producción fílmica. Una razón por la que las audiencias globales están preparadas para aceptar la lentitud en la narrativa cinematográfica es la perspectiva local del imaginario fílmico: se da un grado de turismo cultural no reconocido en el consumo del imaginario artísticamente construido, a menudo rural y desconocido para la mayoría de asistentes a los festivales – por lo que, como ha sido ya apuntado, muchos de los films premiados en los

---

14 Bíró centra su estudio en el director taiwanés Hou Hsiao-hsien, cuyas obras han sido principalmente financiadas mediante ayudas francesas a la creación.

festivales de cine no tienen una amplia aceptación en sus mercados domésticos-.[15] Unos cuantos ejemplos de coproducciones latinoamericanas que encajan en esta caracterización llevan al público espectador a la belleza rural del México (*Japón, Stellet Licht* y *Post Tenebras Lux*, de Reygadas), al paisaje boscoso de Paraguay (*Hamaca paraguaya*) y a los panoramas desolados y nevados de Ushuaia, en el sur de Argentina (*Liverpool*, de Lisandro Alonso).

Se celebre o se lamente el cine lento, este finalmente se reduce a cuestiones de capital cultural, gusto y apuestas por lo que el cine debería ser; o bien próximo al arte y a la contemplación o al entretenimiento y a los placeres populares – habiendo películas lo suficientemente distintas como para corresponder a ambas opciones–. Coincido con de Luca (2014: 17) en que "the fact that many directors opt for comparable strategies and devices does not mean that their work can be treated as an undifferentiated and ossified corpus". Directores como Carlos Reygadas, Lisandro Alonso, Paz Encina, Karim Aïnouz, Amat Escalante y Lucrecia Martel pueden compartir muchas de las características arriba mencionadas, si bien todos ellos mantienen una posición individual y propia que les ha aportado un gran reconocimiento por parte de la crítica.

Cine de arte popular

Los organismos de financiación tienen una concepción del cine de arte que excluye las producciones comerciales que gozan de un amplio presupuesto y están genéricamente orientadas. Ello, sin embargo, no significa que los films seleccionados para obtener financiación no puedan tratar formas narrativas populares que aspiren a obtener cierto éxito comercial, así como reconocimiento crítico, a pesar de sus bajos presupuestos. Estas son obras que a menudo han sido coproducidas y proyectadas en festivales pero que han sido descuidadas en las discusiones definitorias acerca de las películas de festival. Este es el caso de muchas películas latinoamericanas, incluyendo las obras de Puenzo *XXY*, *El niño pez* (2007) y *Wakolda* (2013); de Claudia Llosa *Madeinusa* (2006) y *La teta asustada* (2009) –siendo Llosa favorita del fondo World Cinema y del Festival de Cine de Berlín–; y *No*, de Larraín (2012). Otros ejemplos de películas de arte populares incluyen *El baño del Papa* (Charlone, Fernández), coproducidas con empresas privadas y públicas en Uruguay y Brasil, con apoyo de Ibermedia, Cine en Construcción y *Fonds Sud*; la película de Julia Solomonoff *El último verano de*

---

15 Falicov (2007: 142) argumenta, por ejemplo, que el Nuevo Cine Argentino no fue popular entre el público mayoritario de dicho país, pues los espectadores argentinos tendían a preferir los blockbusters de Hollywood.

la boyita (2009), cuyos financiadores incluyen Ibermedia y El Deseo, así como *Pelo malo* (Rondón, 2013), la coproducción de Venezuela, Argentina, España y Alemania que incluye apoyo de Ibermedia, el fondo World Cinema, y el programa norteamericano *Global Film Initiative*.

¿Que caracteriza este tipo de películas y cómo se pueden distinguir de las películas lentas arriba mencionadas? Quizás la diferencia más clara entre dichos dos modos de cine es que el cine de arte popular busca atraer audiencias mediante elementos que el cine lento rehúye, como usos más convencionales del tiempo y la estructura narrativa, desarrollos claros de la psicología de los personajes, así como la identificación del público espectador con los personajes. Como se observa en *XXY*, *El último verano de la boyita*, *La teta asustada*, *Madeinusa* y *Pelo malo*, estas películas tratan el paso de la niñez a la vida adulta y se centran en el desarrollo de uno de los personajes, cuyo género e identidad sexual los determina como marginal con estrategias empáticas empleadas para solicitar la identificación con estos personajes.[16] En estas películas el paisaje a menudo se utiliza para dar color local, más que para suponer un foco de interés concreto. Para ilustrar esta diferencia en el modo cinemático cabe contrastar la película de Claudia Llosa *Madeinusa* con la de Lisandro Alonso, *Liverpool*. En el primero el énfasis reside en la progresión narrativa de su personaje femenino, sirviendo la localización en los Andes como telón de fondo filmogénico. En el segundo, es el extremo paisaje de Ushuaia el que protagoniza el film con un personaje principal poco desarrollado. El carácter popular de las películas a menudo conlleva un éxito más allá del circuito de festivales, así como contratos de distribución.

Rosalind Galt diferencia claramente este modo fílmico de los tropos estéticos del cine lento y lo identifica como un modo dominante en el cine mundial. Galt destaca también que el "frequent use of melodrama [del cine de arte popular] suggests formal strategies that emphasise mise-en-scène and sentiment, and its art cinematic style is closer to the pleasurable spectacles of heritage cinema than to austere and graphic modernism" (2011).[17] Thomas Elsaesser también argumenta que las formas narrativas de ese cine de arte popular pueden emplearse

---

16 Aunque no trata sobre el paso a la vida adulta la oscarizada *Una mujer fantástica* (Lelio 2017) puede ser clasificada como una película de arte popular en tanto que comparte muchas de sus características.

17 Las películas que ella cita como ejemplo incluyen la de Jean-Pierre Jeunet *Amelie* (2001), *I'm Not Scared* (Salvatores, 2003), *Machuca* (Wood, 2004), *City of God* and *Ajami* (2009). Ello lo expuso en el congreso Screen Studies (en julio de 2011). Le agradezco a Rosalind que me haya enviado una copia de su artículo aún no publicado.

para caracterizar el cine mundial –aunque su propuesta resulta más bien una generalización de un tipo de cine de arte popular transnacional–:

> [...] world cinema seems to be art cinema 'light.' Its treatment of time and space is closer to the mainstream than earlier experimental, avant-garde films or third cinema, and its narratives appropriate or cite conventional rhetorical strategies. (Elsaesser 2005: 209)

La buena acogida mundial que dicho cine de arte popular de bajo presupuesto ha tenido, ha resultado en la inclusión de dicho tipo de películas en cursos universitarios sobre cine latinoamericano y mundial, lo que supone su fijación dentro de un nuevo canon del cine latinoamericano.

Películas social-realistas

Otra categoría de películas en cuyos créditos se pueden observar el apoyo que han recibido de los organismos de financiación europeos son las películas social-realistas. Aunque muchas de las películas citadas en las dos categorías previas pueden contener convenciones realistas (de Luca 2012 / 2014), el cine lento está más interesado en presentar una visión poética que una realidad centrada en representar cuestiones socio-económicas. El cine lento se ocupa más de cuestiones existenciales centradas en una realidad subjetiva, como se puede observar en las películas de Carlos Reygadas. El cine de arte popular puede también confiar en un modo realista pero esos films abordan historias personales y presentan temáticas sociales mediante narrativas marcadas por personajes individuales que emplean estructuras empáticas para enfatizar temas sociales.

Numerosas películas social-realistas coproducidas por organismos de financiación europeos han sido creadas por directores argentinos y forman parte del así denominado "Nuevo Cine Argentino". El "neo-neo-realism" o "dirty realism" (Falicov 2007: 121, 122) del "Nuevo Cine Argentino" supone un cine de bajo presupuesto hecho por directores de escuela quienes desarrollaron un "new, gritty, urban style of filmmaking" (Falicov 2007: 115), con muchos de los marcadores del neorrealismo incluyendo el lugar de filmación, la inclusión de actores no profesionales, los diálogos realistas, así como un énfasis en las carencias económicas. Estos films encajan en el marco de las agendas de los entes de financiación europeos que apoyan el desarrollo de las culturas fílmicas, así como nuevas formas de producciones no comerciales que muestren una imagen aparentemente "auténtica" de las naciones latinoamericanas. Tal como argumenta Miriam Ross, algunas de estas películas han sido acusadas de pornomiseria, pues hay algunas películas que definitivamente cumplen con "certain expectations of third-world culture" basadas en aspectos de la criminalidad, la marginalidad y la pobreza

(2011: 263). A pesar de ello, dichas películas enfatizan hasta la fecha infrarrepresentadas imágenes de Argentina.

Ejemplos al respecto incluyen las películas de Israel Adrián Caetano con financiación que incluye el apoyo del fondo Hubert Bals y del Instituto Argentino de Cine (INCAA): *Pizza, birra, faso,* codirigida con Bruno Stagnaro, y *Bolivia* (2010); así como las primeras películas de Pablo Trapero, *Mundo grúa* (1999), *El bonaerense* (2002) y *Familia rodante* (2004) que también obtuvieron distintos apoyos europeos, –incluyendo el fondo Hubert Bals, el Programa Ibermedia y *Fonds Sud* entre otros– y fueron apoyados por el INCAA. Los asuntos temáticos de dichos films social-realistas son la pobreza, el crimen y con frecuencia la juventud marginalizada, con especial énfasis en la vida cuotidiana, los problemas diarios y las problemáticas del desempleo, así como los personajes que hablan en el lenguaje coloquial callejero de Buenos Aires.

A menudo se producen solapamientos entre el cine social-realista y el cine lento en lo que respecta al ritmo narrativo de las películas y la ausencia de argumentos sensacionalistas, con un aburrimiento experimentado por los personajes e integrado en la diégesis de las películas. No obstante, en ocasiones su estilo naturalista es representado mediante un montaje rápido, el empleo de la cámara a mano y un lenguaje cinematográfico cercano a un intensificado estilo de la continuidad (Bordwell 2002), que genera un entusiasmo rudo en oposición a la calidad meditativa y artística del cine lento. Como Jens Andermann (2012: 33) ha argumentado con respecto a *Pizza, birra, faso,* el tiempo es adaptado acorde a las circunstancias de los personajes: las vidas de los protagonistas se sitúan en un tiempo distinto más lento y exterior a los espacios neoliberales de los mercados con una "temporality oscillating between boredom and eruption" (2012: 34).

Conclusión

Este capítulo ha presentado una perspectiva de los distintos panoramas de financiación, los debates críticos que han emergido en respuesta a los mismos y las categorías de películas que han florecido en el contexto específico de las coproducciones. El capítulo ha presentado las oportunidades de los directores, las preocupaciones expresadas por los críticos sobre las dinámicas de poder neocoloniales y las formas dominantes de la producción que pueden existir en este nicho de mercado. Si bien he intentado evitar generalizaciones y advertido en contra del concepto de película de festival en término singular, la única manera de llevar a cabo una investigación completa, respecto a la relación entre el financiamiento fílmico y la recepción crítica, es llevar a cabo un análisis pormenorizado de los casos de estudio individuales, así como seguir el trayecto de las películas de referencia desde su inicio a su finalización y recepción.

Bibliografía

Andermann, J. (2012) *New Argentine Cinema*. London / New York: I.B. Tauris.

Bíró, Y. (2006) "The Fullness of Minimalism", *Rouge* 9, consultado en http://www.rouge.com.au/9/minimalism.html.

Bordwell, D. (2002) "Intensified Continuity: Visual Style in Contemporary, American Film", *Film Quarterly* 55 (3), 16–28.

Cinéfondation. "The Residence", consultado en https://www.cinefondation.com/en/residence/presentation.

Cinéfondation. "The Atelier", consultado en https://www.cinefondation.com/en/atelier/presentation.

De Luca, T. (2012) "Realism of the Senses. A Tendency in Contemporary World Cinema", en Nagib, L. / Perriam, C. / Dudrah, R. (eds.) *Theorising World Cinema*, 183–206. London: IB Tauris.

De Luca, T. (2014) *Realism of the Senses. A Tendency in Contemporary World Cinema: The Experience of Physical Reality*. London / New York: I. B. Tauris.

Dennison, S. / Hwee Lim, S. (eds.) (2006) *Remapping World Cinema: Identity, Culture and Politics in Film*. London: Wallflower.

De Valck, M. (2007) *Film Festivals: From European Geopolitics to Global Cinephilia*. Amsterdam: Amsterdam University Press.

De Valck, M. (2014) "Supporting Art Cinema at a Time of Commercialization: Principles and Practices, the Case of the International Film Festival Rotterdam", *Poetics* 42, 40–59.

Elsaesser, T. (2005) *European Cinema: Face to Face with Hollywood*. Amsterdam: Amsterdam University Press.

European Commission. "About Creative Europe", consultado en https://ec.europa.eu/programmes/creative-europe/about_en.

Falicov, T. (2010) "Migrating from South to North: The Role of Film Festivals in Funding and Shaping Global South Film and Video", en Elmer, G. / Davis, C. H. / Marchessault, J. / McCullough J. (eds.) *Locating Migrating Media*, 3–22. Lanham, MD: Rowman and Littlefield.

Falicov, T. (2013) "Cine en Construcción (Films in Progress): How Spanish and Latin American Filmmakers Negotiate the Construction of a Globalized Art House Aesthetic", *Transnational Cinemas* 4 (2), 253–271.

Friedman, Y. (2015) "Guises of Transnationalism in Israel/Palestine: A few notes on *5 Broken Cameras*", *Transnational Cinemas* 6 (1), 17–32.

Galt, R. / Schoonover, K. (2010) *Global Art Cinema*. Oxford / New York: Oxford University Press.

Göktürk, D. (2002) "Anyone at Home? Itinerant Identities in European Cinema of the 1990s", *Framework* 43 (2), 201–212.

Halle, R. (2010) "Offering Tales They Want to Hear: Transnational European Film Funding as Neo-Orientalism", en Galt, R. / Schoonover, K. (eds.) *Global Art Cinema*, 303–319. Oxford: Oxford University Press.

Hubert Bals Fund. "Annual Report (2013–2014)", consultado en https://cms.iffr.com/sites/default/files/content/jaarverslag_hbf_2013-2014.pdf.

Hubert Bals Fund. "Profile", consultado en https://www.iffr.com/professionals/hubert_bals_fund/hubert_bals_profile/.

Ibermedia. "El Programa", consultado en http://www.programaibermedia.com/el-programa/.

Institut Français. "Aide Aux Cinéma Du Monde", consultado en https://www.les-cinemasdumonde.com/fr/les-programmes/aides-cinemas-du-monde.

Internationale Filmfestspiele Berlin. "World Cinema Fund", consultado en https://www.berlinale.de/en/world-cinema-fund/home/profile.html.

Internationale Filmfestspiele Berlin. "World Cinema Fund. Frequently Asked Questions", consultado en https://www.berlinale.de/en/world-cinema-fund/faqs/faqs.html.

Leen, C. (2013) "The Silenced Screen: Fostering a Film Industry in Paraguay", en Dennison, S. (ed.) *Contemporary Hispanic Cinema: Interrogating the Transnational in Spanish and Latin American Film*, 155–179. Woodbridge: Tamesis

Nagib, L. / Perriam, C. / Dudrah, R. (2012) (eds.) *Theorising World Cinema*. London: IB Tauris.

Ostrowska, D. (2010) "International Film Festivals as Producers of World Cinema", *Cinéma & Cie* X (14–15), 145–150.

Quandt, J. (2009) "The Sandwich Process: Simon Field Talks About Polemics and Poetry at Film Festivals", en Porton, R. (ed.) *Dekalog 3: On Film Festivals*, 53–80. London: Wallflower.

Romney, J. (2010) "In Search of Lost Time", *Sight and Sound* 20 (2), 43–44.

Ross, M. (2011) "The Film Festival as Producer: Latin American Films and Rotterdam's Hubert Bals Fund", *Screen* 52 (2), 261–267.

Shaviro, S. (2010) "Slow Cinema Vs Fast Films", *The Pinocchio Theory blog*, consultado en http://www.shaviro.com/Blog/?p=891.

Shaw D. (2013) "Sex, Texts and Money, Funding and Latin American Queer Cinema: The Cases of Martel's *La niña santa* and Puenzo's *XXY*". *Transnational Cinemas* 4 (2), 165–184.

Shaw, D. (2016) "European Co-production Funds and Latin American Cinema: Processes of Othering and Bourgeois Cinephilia in Claudia Llosa's *La teta asustada*", *Diogenes* 62, 1, 88–99.

Steinhart, D. (2006) "Fostering International Cinema: The Rotterdam Film Festival, CineMart, and Hubert Bals Fund", *Mediascape* 2, 1–13.

Triana Toribio, N. (2013) "Building Latin American Cinema in Europe: Cine en Construcción / Cinema en construction", en Dennison, S. (ed.) *Contemporary Hispanic Cinema: Interrogating the Transnational in Spanish and Latin American Film*, 90–112. Woodbridge: Tamesis.

Wong Hing-Yuk, C. (2011) *Film Festivals: Culture, People, and Power on the Global Screen*. New Brunswick: Rutgers University Press.

II. El cine hispánico y/en el contexto global

Christian Wehr

Relatos salvajes de Damián Szifron: estética global, temática local y mito cultural

Hasta el año 2015, *Relatos salvajes*, escrita y dirigida por Damián Szifron y producida por K&S Films, fue la película más taquillera en la historia del cine argentino. Ya durante el primer fin de semana de su proyección la vieron casi medio millón de espectadores. *Relatos salvajes* fue seleccionada para la *Palma de Oro* en la principal sección de competición del Festival de Cannes de 2014, nominada en la 87.ª edición de los Premios Óscar en la categoría 'Mejor película de habla no inglesa' y también en los Premios Goya a 9 categorías. Solo en Argentina, la cinta cuenta ya con más de 3.4 millones de espectadores.

¿Cuáles son los motivos de un éxito tan espectacular y sorprendente, solo superado en la Argentina por *El clan*, de Pablo Trapero, también de 2015? La mayoría de las críticas escritas sobre *Relatos salvajes* no puede dar una respuesta específica a esta pregunta. En general, los comentarios convergen en una perspectiva metodológica que remite a la patología humoral, para emplear un concepto de la época humanista. En este sentido, los seis episodios de la película enfocan una disposición psicológica que se caracteriza por una pérdida de control sobre los afectos.[1] Los protagonistas están dominados por una violencia arcaica, por una agresividad casi animal que se aflora a la superficie civilizada: el piloto Pasternak, por ejemplo, tras haber sufrido una vida llena de humillaciones se venga de todos los que le dañaron, incluso de sus padres, con un plan monstruoso, provocando la caída de un avión. El conductor que viaja en su auto de lujo insulta en una carretera desierta a un obrero que no le deja adelantar –un suceso marginal y cotidiano que culmina en una lucha casi bestial y mortal–. En otros episodios vemos a un ingeniero experto en explosivos que se venga de manera espectacular porque la grúa remolca su vehículo repetidas veces; o a una novia que, durante la celebración de su boda, descubre que su marido la ha estado engañando: su revancha es cómica y trágica, burlesca y violenta a la vez. En todos los casos se trata, de acuerdo con la teoría de los cuatro temperamentos, de coléricos, puesto que no logran controlar sus afectos debido a un exceso de calor y de sequedad, como nos explica el antiguo sistema de la

---

1   Véase las críticas en la página http://www.todaslascriticas.com.ar/pelicula/relatos-salvajes.

patología humoral (se trata de características fisiológicas que aparecen repetidas veces en la película).[2]

Pocos estudios ven en los episodios de los *Relatos salvajes* más que una puesta en escena brillante y divertida de este tópico antropológico que tiene su fundamento en la caracterología antigua: la idea de la bestia que duerme oculta en cada hombre, el cliché de un núcleo salvaje, anacrónico y atávico que sobrevivió a la historia de la civilización y que sale irremediablemente en ciertas circunstancias.[3]

Sin embargo, para explicar el éxito tan inesperado y espectacular de la película, tales generalizaciones no me parecen suficientes. Con el propósito de llegar a una respuesta más específica, intentaré acercarme a los *Relatos salvajes* a la luz de dos hipótesis.

Primero, los episodios se caracterizan por una estética global que combina de manera ecléctica varios géneros fílmicos. El fundamento de la estructura genérica es la burla, una "forma simple" según el filólogo alemán André Jolles (2010 / Straßner 1968). La burla –o la farsa, para emplear un término alternativo– se caracteriza por una constelación y una trama competitivas que ponen de relieve la ley del más fuerte y del más astuto. Se trata de un género que se presta de manera ideal para poner en escena un clima social donde reina la lucha por los propios intereses y beneficios. Szifron combina esta tradición antigua de manera virtuosa con elementos de algunos géneros comerciales, sobre todo con el *thriller*, el melodrama, el policial y la comedia, pero también con el formato de las series de televisión.

Segundo, Szifron vincula esta estética sincretista y global con una problemática local. Como ya lo ha destacado María Rosa Olivera-Williams en un estudio reciente, los *Relatos salvajes* ponen en escena un proceso fundamental: el desvanecimiento de la clase media, del centro social, ético y político del país y, con eso, la fragmentación e inversión de los discursos identitarios y fundadores de la nación. Este mensaje político se esconde tras el escenario burlesco y tragicómico que caracteriza la mayoría de los episodios. Olivera-Williams (2018) habla de la clase media como fetiche: el centro de la sociedad está desapareciendo, transformándose en un concepto sin objeto real, que remite cada vez más a un vacío, a una ausencia.

---

2   Véase para el sistema de los humores en el Siglo de oro Huarte de San Juan (1989).
3   Gonzalo Aguilar (2017) analiza la película como una puesta en escena de la ira, en el contexto de una sociedad pospolítica de espectáculos.

La clase media perdió en la Argentina una gran parte de su relevancia política y social por dos motivos. Por una parte, el centro se corrompió por su cercanía con el terrorismo de Estado (cf. Vezzetti 2002). Casi al mismo tiempo, la política neoliberal causó la expropiación económica de la clase media. Este doble proceso produjo un vacío en el corazón de la sociedad que los *Relatos salvajes* ponen en escena de manera burlesca, con elementos de la comedia negra, mostrando una sociedad cada vez más salvaje, sin centro y sin ética colectiva, dominada por los extremos y por el derecho del más fuerte (cf. Olivera-Williams 2018). En el primer episodio el piloto Pasternak elimina en un solo acto violento a las personas que representan las estaciones y los contextos de una socialización típica de la clase media: la familia, la escuela, la universidad, la formación académica, el trabajo e, incluso, la salud psicológica. *Las ratas*, el segundo episodio, cambia de perspectiva mostrando a las víctimas de un capitalismo neoliberal y canibalesco causante del empobrecimiento de la clase media. El tercer cuento, titulado *El más fuerte*, cuenta la lucha mortal entre un obrero y un representante de la clase alta en las llanuras de la pampa, es decir, la confrontación violenta de los extremos sociales debido a la ausencia del centro. Como *Pasternak*, la siguiente historia, *Bombita*, nos confronta desde una perspectiva diferente con un proceso de desintegración social: el ingeniero pierde en poco tiempo todas las anclas que sostienen una existencia típica de la clase media: el trabajo, la pareja, la familia, la seguridad económica y la libertad. En *La propuesta*, un padre burgués soborna al jardinero para que este se declare culpable del crimen cometido por su hijo, y el último episodio, *Hasta que la muerte nos separe*, deconstruye y recodifica de manera carnavalesca el rito de paso por excelencia, la boda

Además, la narrativa competitiva de la burla se corresponde con el perfil psicológico de las figuras que, por su comportamiento, regresan a un estado salvaje. Ya el título de la película indica esta dimensión de forma programática: la suspensión de una ética colectiva causa luchas solipsistas que aspiran solamente al beneficio propio o, en los casos extremos, a una justicia por mano propia ante la falta de justicia institucional. En términos psicoanalíticos se trata de regresiones narcisistas, es decir, de perspectivas que ven el mundo como construcción de un *yo* todopoderoso.

Desde una perspectiva epistemológica, Szifron pone en escena tales regresiones como inversión de un mito fundador de la Argentina: cada episodio muestra de manera diferente la intrusión de la barbarie en el terreno civilizado, para recurrir a una oposición desarrollada por Sarmiento en su *Facundo* a mediados del siglo XIX. Este ensayo, que es para Roberto González Echevarría (1990: 93–141) *el* texto clave de la literatura latinoamericana, construye la utopía de una conquista progresiva de la pampa salvaje por parte de una civilización de origen europeo. Es evidente que los *Relatos salvajes* recurren a esta mitología cultural –lo que ya se indica en el título– invirtiéndola, sin embargo, en una serie de intrusiones burlescas de la barbarie en la vida cotidiana. Tales subversiones de la fórmula fundadora de la nación argentina vinculan pasado y presente, dando a la desaparición de la clase media una dimensión histórica, como si la ausencia del centro social correspondiera a una relativización de los inicios y fundamentos de la nación.

Desde esta perspectiva propongo una lectura de los *Relatos salvajes* que abarca su estructura genérica, el proceso de una disociación y polarización de la sociedad, el perfil psicológico de los protagonistas y la dimensión mitológico-histórica de los conflictos. Estos cuatro aspectos convergen en el tema de la desaparición del centro social, que es el verdadero hilo conductor que vincula los episodios (cf. Olivera-Williams 2018). Me concentraré en *Pasternak*, el primer relato, si bien no perderé de vista el resto de los episodios.

La trama del primer episodio se resume en pocas palabras. Un crítico de música clásica, pasajero de un avión, empieza a conversar con los demás viajeros. Poco a poco van descubriendo que todos conocen a un cierto Gabriel Pasternak. Cada uno confiesa haberlo dañado de diferentes maneras: el crítico le destrozó su carrera académica, una exnovia lo engañó con su mejor amigo, que se encuentra igualmente entre los viajeros, la maestra de escuela le obligó a repetir un curso, el jefe de una empresa lo echó de ella, el psiquiatra rechazó seguir con la terapia. La sorpresa se transforma en pánico colectivo cuando la azafata comunica a los pasajeros que el piloto, que se llama justamente Gabriel Pasternak, se ha encerrado en la cabina, no contesta y está haciendo descender el avión en picada. Pocos momentos antes de la catástrofe final, el psiquiatra intenta persuadirlo para que no lleve a cabo su monstruoso plan, explicándole en vano que todo fue culpa de sus padres. En la última toma, una imagen fija, vemos a los padres de Pasternak sentados en el jardín y el avión dirigiéndose hacia ellos justo antes del choque final.

Respecto a la estructura genérica del episodio, el plan de ejecutar una venganza gigantesca recurre al esquema dramático-narrativo de la burla, que es fundamental para la dramaturgia climácica de los *Relatos salvajes*. El etnólogo alemán Hermann Bausinger (1967) ha analizado con agudeza la morfología de este género arcaico que existe ya desde la Edad Media. La constelación básica es siempre la misma: de los dos contrincantes que se enfrentan, uno se impone sobre el otro gracias a una astucia o una acción concreta. Dependiendo de cómo se vaya desarrollando la situación inicial, se distinguen varios subgéneros de la burla. En el tipo compensatorio, la persona que ocupa la posición inferior logra invertir la jerarquía inicial y, finalmente, encumbrarse. En el tipo aumentativo, en cambio, la revancha fracasa y la distancia que los separa aumenta cada vez más. En *Pasternak* –como en otros episodios de la película– se pueden observar varias combinaciones de estos subtipos. Paulatinamente nos enteramos de que el protagonista sufrió una serie de humillaciones, daños y fracasos en su vida, en los que están implicadas varias personas: la novia le engañó con su mejor amigo, la maestra de escuela lo consideró un caso perdido, el jefe lo despidió, la comisión académica no aceptó su tesis, el psiquiatra rechazó seguir con la terapia. Se trata, pues, de una serialización de la constelación básica de la burla según el esquema aumentativo que produce una inferioridad creciente. El final del episodio, sin embargo, culmina según el tipo de la revancha o de la compensación final: Pasternak mata a todos sus contrincantes, incluso a sus padres (recordemos que la violencia física es un elemento constitutivo del género desde sus principios).

Damián Szifron combina esta narrativa competitiva y revanchista de la burla con otros géneros, sobre todo con dos subgéneros del *thriller*. El tema del primero sería el secuestro de un avión. Una escena típica, igualmente reproducida en *Pasternak*, es el pánico colectivo de los pasajeros pocos momentos antes del choque final. En el centro del segundo subgénero del *thriller*, muy popular en el cine hollywoodiense desde los años 90, están los asesinos en serie; un tema que se refleja en la monstruosa venganza de Pasternak. El episodio inicial, y este es el punto clave de mi lectura, evoca mediante tales combinaciones genéricas un relato biográfico elíptico y selectivo. Cada uno de los pasajeros remite a un episodio traumático de la vida del protagonista. Así, tras la serie de humillaciones y fracasos individuales, la vida de Pasternak se presenta como ejemplo de la insuficiencia o incapacidad de varias instituciones representadas de manera metonímica por los viajeros: la escuela, la universidad, la empresa, el servicio de salud, etc. Más allá de la tragedia privada, por lo tanto, la biografía remite a un aparato institucional y estatal que no cumple con su deber de formación e integración, a una infraestructura cuyos representantes actúan de manera irresponsable y poco profesional: casi todos expresan una satisfacción personal, incluso un placer sádico por haber rechazado a Pasternak. Desde esta perspectiva el sustrato biográfico adquiere una dimensión colectiva y política que va más allá de la tragedia individual. El fracaso personal del protagonista invisible –que no vemos nunca personalmente en la película– motiva una venganza cuyas víctimas no son solamente los individuos asesinados. El acto violento va dirigido también contra la incapacidad de las respectivas instituciones, que impiden los procesos de socialización e integración. En este punto podemos pensar en las estructuras de la subjetivación que Michel Foucault concibió como proceso doble: por una parte, el sujeto tiene que someterse a las instituciones de educación, de derecho

Imagen 1: Szifron, *Relatos salvajes*, 08:17.

o de salud; al mismo tiempo tales actos de sumisión le dan la posibilidad de constituirse en sujeto (cf. Foucault 1976: 81). Las experiencias de Pasternak, pues, ponen de relieve un sistema deformado y pervertido, reducido a la mera sumisión de los sujetos, a los que no se les ofrece la posibilidad de constituirse e integrarse en la sociedad.

Ahora bien, si el aparato institucional no cumple con sus funciones y con su responsabilidad –es decir, si sus representantes actúan de manera subjetiva y contingente– las relaciones intersubjetivas regresan a un nivel narcisista, dominado por los afectos individuales. Sabemos, desde una perspectiva psicoanalítica, que tales regresiones patológicas provocan una agresión destructiva e incluso mortal: si la ley colectiva y el control de los afectos, introducida por la figura y el "no" del padre, dejan de respetarse, regresa la agresividad infantil (cf. Freud 1982 / Lacan 1998). Por consiguiente, parece lógico, incluso inevitable, que el objetivo final de la orgía destructiva de Pasternak sean sus propios progenitores.

Así, en el primer *Relato salvaje* se establecen por lo menos dos niveles de sentido. Por una parte, se trata de una sátira o una farsa negra sobre un asesino en serie, por otra de una reflexión burlesca y trágica a la vez cuyo tema es un proceso de desintegración. Por eso, la matanza tiene su origen no solamente en un carácter patológico, sino que remite también al rechazo por parte de las instituciones y sus representantes de socializar a un individuo. Desde esta perspectiva, Pasternak es criminal y víctima al mismo tiempo. La historia elíptica de su desintegración cuenta también la pérdida sucesiva de los ritos de la clase media, de sus fetiches y de sus seguridades: la formación escolar y académica, la vida afectiva, sexual, familiar y laboral, e incluso la salud psicológica. Así, el episodio

Imagen 2: Szifron, *Relatos salvajes*, 18:38.

pone en escena con una fuerte dosis de humor negro el desvanecimiento de la clase media y de sus fuerzas cohesivas. Si se necesitara un argumento más para esta lectura, este sería la toma fija al final del episodio. En ella vemos a los padres de Pasternak, sentados en su jardín, en un idilio burgués destinado a la desaparición, y los espectadores son testigos del último momento de su vida antes de que el hijo extermine sus raíces, sus propios orígenes sociales.

Por eso, *Pasternak* tiene un valor programático, casi alegórico para el tema recurrente de los *Relatos salvajes*: la eliminación del centro social. Su mensaje sería que las fuerzas autodestructivas y mortales que duermen en el seno de la sociedad se despiertan y se manifiestan en actos que vienen a ser un regreso a la barbarie. Por la constitución de esta dialéctica, *Pasternak* sirve de obertura para los demás episodios.

En *Las ratas* asistimos, en un restaurante de carretera y durante una tormenta, al encuentro fortuito entre un especulador inmobiliario y la hija de una de sus víctimas. Paralizada de rabia y angustia, la camarera reconoce al único cliente de esa noche, el responsable del fracaso económico de su padre que, al quebrar, acabó suicidándose. La cocinera del restaurante, una exconvicta, le propone asesinarlo con un veneno para ratas, pero, finalmente, es ella misma la que lo mata clavándole un cuchillo de cocina.

Ya el breve resumen evidencia que el episodio pone en escena la eliminación de la clase media desde una perspectiva diferente: el padre de la protagonista es la víctima trágica de un capitalismo caníbal que arruina las existencias burguesas por puro lucro. Evidentemente el título –*Las ratas*– remite, a un nivel alegórico, a este tipo de parasitismo social y político. Además, el episodio retoma un tema obsesivo no solamente de los *Relatos salvajes*, sino del cine argentino y latinoamericano en general: la justicia por mano propia motivada por la incapacidad de la justicia institucional (representada paradójicamente por una exconvicta). El desvanecimiento del centro de la sociedad motiva también la confrontación directa de la clase alta con la clase media, una constelación que anticipa el escenario del tercer episodio, *El más fuerte*. En una carretera desierta de la provincia de Salta, Diego Iturralde insulta desde su auto de lujo a un obrero que conduce un coche viejo y no lo deja pasar. El breve encuentro se va agravando poco a poco en un conflicto burlesco y violento a la vez, que culmina en una lucha mortal: ambos contrincantes acaban calcinados en el coche de Diego. Como en *Las ratas*, aquí también somos testigos de una confrontación sangrienta de la clase alta con la baja y, como en los dos primeros episodios, la única ley vigente es la del más fuerte. Los conflictos se resuelven fuera de la legalidad institucionalizada, como en el *western*. Además, el esquema serial y culminante de la burla se combina con elementos del *thriller* de carretera, como la persecución entre dos contrincantes que, al final, luchan como gladiadores modernos:

De nuevo el regreso a un estado bárbaro culmina en la muerte, como en *La propuesta*, el episodio siguiente en el que un obrero se deja sobornar para ocultar el crimen cometido por la clase alta.

Si los cuatro primeros *Relatos salvajes* acaban mal, los dos últimos episodios ofrecen alternativas satíricas al desvanecimiento del centro de la sociedad. *Bombita*, por ejemplo, cuenta la historia de una desintegración sucesiva, como *Pasternak*: el protagonista Simon Fisher, lucha en vano contra una injusticia institucional (la grúa le remolca varias veces su vehículo). A continuación, por su temperamento colérico, pierde todo lo que constituye una existencia de clase media: la familia, el trabajo, el dinero e incluso su libertad. Como en *Pasternak*,

Imagen 3: Szifron, *Relatos salvajes*, 34:26.

la serie de tragedias se compensa con una venganza que se corresponde con el subtipo revanchista de la burla: Fisher hace explotar el depósito de vehículos y lo condenan a una pena de prisión. En este caso, sin embargo, la historia se termina con una última peripecia sorprendente. En los medios y redes sociales se elogia a Bombita por haberse vengado de las instituciones corruptas. El convicto cambia de rol y pasa a ser un héroe público, un modelo de resistencia, casi un revolucionario de la causa justa que celebra en la cárcel su cumpleaños con los convictos y su familia. El episodio se cierra, por lo tanto, con su integración en una comunidad fuera del Estado y de la legalidad, pero aprobada por el público.

Hasta que la muerte nos separe, el último episodio, deconstruye y recodifica de manera carnavalesca el rito de paso por excelencia, la boda. Una pareja destruye su propia fiesta en una serie de burlas cada vez más violentas para, al final, reconciliarse. Para ambos es el comienzo de una nueva relación sobre los escombros de antiguos matrimonios fracasados:

Todos los elementos de las historias anteriores convergen y culminan en este episodio: la constelación competitiva de la burla, las combinaciones eclécticas con otros géneros (aquí con la comedia), la subversión de los ritos iniciáticos de la clase media y la suspensión de sus normas. A un nivel psicológico domina la regresión narcisista de los protagonistas cuyos afectos oscilan entre el amor y el odio mortal. Finalmente tiene lugar la intrusión de un elemento salvaje en el centro de la civilización, intrusión que la podemos leer como inversión del mito fundador proveniente de Sarmiento y su *Facundo*. En los últimos *Relatos salvajes*, sin embargo, vimos que tales subversiones se convierten en utopías satíricas que se sitúan fuera de la legalidad y de la ética de la clase media. La dinámica destructiva del proceso social que se entrevé tras las narrativas burlescas desemboca

Imagen 4: Szifron, *Relatos salvajes*, 01:49:36.

finalmente en actos fundadores. En este sentido, las construcciones satíricas de un orden alternativo se construyen paradójicamente mediante una intrusión de la barbarie en el centro de la civilización; un centro, sin embargo, que los *Relatos salvajes* muestran como un lugar cada vez más abandonado y vacío.

Bibliografía

Aguilar, G. (2017) "La ira de Dios. Sobre *Relatos salvajes* de Damián Szifrón", en Nitsch, W. / Wehr, C. (ed.) *Cine de investigación. Paradigmas sobre revelaciones y ocultamientos en el cine argentino*, 307–326. München: AVM.

Bausinger, H. (1967) "Bemerkungen zum Schwank und seinen Formtypen", *Fabula. Zeitschrift für Erzählforschung* 9, 118–136.

Foucault, M. (1976) *La volonté de savoir. Histoire de la sexualité I*. Paris: Gallimard.

Freud, S. (1982) „Das Ich und das Es", en *Studienausgabe*, 273–330. Frankfurt: Fischer.

González Echevarría, R. (1998) *Myth and Archive. A Theory of Latin American Narrative*. Durham: Duke University Press.

Huarte de San Juan, J. (1989) *Examen de ingenios para las ciencias*, ed. Guillermo Serés. Madrid: Ediciones Cátedra.

Jolles, A. (1999) *Einfache Formen. Legende, Sage, Mythe, Rätsel, Spruch, Kasus, Memorabile, Märchen, Witz*. Berlin: de Gruyter.

Lacan, J. (1998) *Les formations de l'inconscient*. Paris: Gallimard (Le Séminaire V).

Olivera-Williams, M. R. (2018) "El surgimiento de comunidades volátiles: *Relatos salvajes* de Damián Szifrón," en Schlickers, S. / Türschmann, J. (eds.) *Cine y Literatura. Interferencias e intersecciones*, 95–105. Paris: de Signis.

Straßner, E. (1968) *Schwank*. Stuttgart: Metzler.

Vezetti, H. (2002) *Guerra, dictadura y sociedad en la Argentina*. Buenos Aires: Siglo XXI.

Filmografía

Szifron, D. (2015) *Relatos salvajes*. Warner Brothers.

Pietsie Feenstra

El horizonte geopolítico en los paisajes del cine argentino (de la obra de Fernando Solanas, Carlos Sorín y de Lucrecia Martel)

En este libro, cuestionaremos el concepto de estéticas hispánicas globales desde el punto de vista de la televisión, la literatura y el cine. En la descripción del tema del congreso, que tuvo lugar en junio de 2017 en la Universidad de Viena en Austria, se refiere al hecho que Goethe enunció en 1827, por primera vez, la necesidad de pensar la literatura en términos supranacionales, hablaba de *Weltliteratur*. El cuestionamiento de este libro gira en torno a cómo la estética, en tanto que elemento constitutivo de la expresión artística, está en el centro de la reflexión sobre el carácter universal de la obra de arte y sus subsiguientes manifestaciones, según las especificidades de cada autor y/o región.

Propongo estudiar la manera de presentar el paisaje en tres películas argentinas. Este es una imagen universal, pero, por su manera de ser filmado, puede indicar lecturas transnacionales y globales. Desde su nacimiento, el cine propone una nueva visión del mundo que se hace explícita por su manera de filmar el espacio, por su manera de filmar los paisajes. El paisaje es el elemento o concepto que ha acompañado toda la historia del arte a partir de la Edad Media, en el siglo XIV, el periodo del Renacimiento, hasta crear un género del mismo. Posteriormente, a partir de finales del siglo XIX, el cine, nueva herramienta artística, se apropió este género para mirar, captar y registrar el mundo exterior.

Desde esta perspectiva fílmica, en este artículo propongo analizar como la estética del paisaje cinematográfico puede ser leída como un símbolo de cuestiones geopolíticas. Voy a analizar la presencia del horizonte en los paisajes en la película *El viaje* (1992) de Fernando Solanas, *Historias mínimas* (2002) de Carlos Sorín, y *La mujer sin cabeza* (2008) de Lucrecia Martel. Tres cineastas argentinos que muestran en momentos claves de su obra, unos paisajes típicos que cuestionan el contexto geopolítico en que se creó la película. ¿Cómo, por la manera de filmar el paisaje, se propone un "horizonte geopolítico" que ilustra un momento preciso de la historia argentina? En la primera parte de este ensayo presento unas definiciones sobre el paisaje y el horizonte en relación con las cuestiones geopolíticas, para luego, en la segunda parte, analizar unas secuencias de las películas mencionadas.

El nacimiento de un género

La historia del género del paisaje nos enseña que ya desde el principio de su nacimiento este se presentó como un cambio de una visión sobre el mundo. En el siglo quince aparecieron los primeros paisajes, porque antes, por ejemplo durante la Edad Media, el paisaje no existía como género. La influencia de la religión fue muy importante y es interesante destacar que antes había solamente jardines pintados que hacían referencia al Jardín del Edén, al paraíso. La imagen de estos jardines mostró que tenían muchas veces un muro alrededor para indicar que esta parte estaba protegida de la influencia externa, protegida de las influencias terrestres. Empezar a crear imágenes del mundo terrestre fue un cambio cultural importante en la cultura europea.

Por esta razón, tratando la historia del paisaje, muchas veces se cita la anécdota de Petrarca, que escaló el Monte Ventoux en el siglo XIV y vivió una crisis existencial entre su adherencia a la religión y su deseo por descubrir el mundo y las experiencias terrestres (cf. Lemaire 1970: 16). Petrarca ha sido considerado como el padre del humanismo europeo. Leyendo los textos de *Las Confesiones*

Imagen I: Jan van Eyck. *La vierge du chancelier Rolin, dite la Vierge d'Autun*, 1434

agustinas, se vislumbra el intento por reconfortarse; intentaba encontrar respuestas en los textos religiosos, pero sentía el deseo profundo de descubrir el mundo terrestre exterior a las visiones religiosas. Esta crisis entre la introspección, lo que pedía la religión, y el deseo de descubrir el mundo exterior, siempre se cita cuando hablamos del nacimiento del género del paisaje.

Sin tener la pretensión de comentar la historia del paisaje sobre varios siglos, quiero solamente mencionar unas etapas fundacionales en la manera de pintarlos para luego analizar unos aspectos pictóricos en el cine. La primera etapa fue durante el periodo del Renacimiento. La influencia de la religión era todavía muy importante en la manera de crear una imagen de la naturaleza; por ejemplo, se notaba todavía en primer plano o un personaje religioso o se utilizaban en el interior del cuadro "la veduta": una ventanilla pequeña a través de la cual se podía ver el paisaje, como se observa en este cuadro, de Jan van Eyck de 1434.

Este cuadro (Imagen I) muestra la influencia de la religión y explica por qué se cita que Petrarca tuviera el deseo de descubrir los temas terrestres, mientras que las doctrinas de la religión de este periodo no estimulaban esta actitud. El primer periodo está también marcado por el deseo de descubrir nuevos territorios y de empezar a cartografiar el mundo: me refiero al descubrimiento de América en 1492, por Cristóbal Colón, y el hecho de que se empezaran a crear mapas del mundo: el primer atlas fue creado en 1570, en Bélgica, por Abraham Ortelius. Entonces, descubrir el mundo, descubrir nuevos horizontes, era una tendencia muy importante y la pintura muestra este deseo pintando la naturaleza del exterior, sin muro, pero con una mirada de la religión en primer plano.

La segunda etapa era pintar el paisaje de manera autónoma: por ejemplo los cuadros del pintor Joachim Patinir de los Países Bajos (*Paisaje con San Jerónimo* 1515-1519). Sus cuadros están hoy en día colocados en el museo del Prado y el Museo Thyssen en Madrid. La palabra *paisaje* todavía no existía: habría que esperar hasta finales del siglo XV para que lo definieran por primera vez: *Landschap* en los Países Bajos, *Landscape* en Inglaterra, y luego en Italia: *paessaggio,* y en francés: *paysage*. La tercera etapa del nacimiento del género fue en el siglo XVII, momento en el que el paisaje pasó a ser el tema principal de un cuadro, sin referencias directas a la religión (cf. Lemaire 1970: 59-72). En el siglo XX se habla ya de la muerte del paisaje en la pintura, y es interesante que el cine naciera en este periodo, lo que puede permitir dar nuevas visiones del mundo, por esa invención tecnológica del siglo XIX. También la invención de la fotografía a principios de ese siglo fue importante para captar la realidad de manera "objetiva" por una cámara.

Definir el espacio del paisaje

Las tres etapas que marcaron el nacimiento del género en la pintura muestran una manera artística de crear una imagen del mundo. En el cine, podemos fácilmente reconocer un paisaje, pero definirlo no es tan natural. Varias definiciones existen, y me baso en dos libros para presentar mi método de análisis. En su libro, *La pensée paysage* (2011), Michel Collot comenta que el paisaje propone una interacción entre tres términos: un lugar, una mirada, y una imagen (2011: 17). Poner la mirada sobre un paisaje es el punto de partida. El filósofo neerlandés, Ton Lemaire explica en su libro *Filosofía del paisaje* (*Filosofie van het landschap*, 1970) que la manera de visualizar el espacio por la pintura muestra unos valores fundacionales de una cultura (*explicatio culturae*, 1970: 18). En su definición, dos términos son fundamentales: el espacio y la naturaleza. Ton Lemaire utiliza el término *explicatio culturae*. El paisaje es una imagen creada sobre una cultura; en alemán se puede decir *Selbstdarstellung*: como una cultura se ve a sí misma. Lemaire explica que la naturaleza es la parte del paisaje que expresa los símbolos enigmáticos de una cultura como la religión, la magia, todos estos temas del imaginario que indican esta parte de la cultura que no se puede controlar. Analizando varios siglos de representación de paisajes en Europa, el filósofo holandés propone la siguiente definición: "La historia de la pintura del paisaje cuenta el entusiasmo del descubrimiento del espacio mundial [...]. Sobre todos los paisajes pintados, la cultura occidental se revela a sí misma por la manera de dar visibilidad al espacio en que [ella] toma forma, en el interior de la cultura en la que se orienta" (Lemaire 1970: 20). El contexto cultural e histórico de la publicación de los libros es, cuanto menos, revelador[1].

Ton Lemaire publicó su libro en los años setenta, un periodo en que Europa se concretizaba poco a poco incluyendo progresivamente nuevos países y preparando el futuro de la libre circulación de los habitantes con la apertura de las fronteras. Desde 1992, con el Tratado de Schengen, nos encontramos en esta realidad. Michel Collot publica su libro sobre *La Pensée Paysage* en 2011, indicando en el texto de la portada que, a partir del 2000, se observa una nueva atención para el paisaje. Michel Collot lo explica por las cuestiones europeas y el impacto de la mundialización, lo que estimula la atención para la localidad, y el paisaje es un buen ejemplo. La atención para el paisaje en el siglo XIV nació de un conflicto entre visiones (apertura hacia el mundo o la introspección por las visiones religiosas): la misma dinámica entre apertura o localidad se nota

---

1 En mi libro (cf. Feenstra 2012) tratamos el paisaje a partir de los teorías de Ton Lemaire analizando una microhistoria.

también en el libro de Ton Lemaire de 1970 y de Michel Collot en 2011. Los autores describen de manera convincente que el paisaje, aparte de proponer una visión estética del espacio, crea por su imagen una visión sobre su cultura (Ton Lemaire: *explicatio culturae, explicatio publicatio*). Descubrir nuevos territorios por la mirada implica que uno está buscando nuevos horizontes, que el límite del espacio visible está analizado. Esta dinámica entre el paisaje y su horizonte me interesa mucho para analizar las tres películas argentinas.

Paisajes y horizontes geopolíticos

Un paisaje siempre muestra un horizonte, a veces abierto, a veces cerrado. Michel Collot (2011: 26) explica la importancia del horizonte, como si fuera una cuestión enigmática sobre lo que es visible o lo que es invisible. Comenta que el horizonte existe siempre en relación con los otros elementos del paisaje: el horizonte muestra lo que vemos y lo que no vemos del espacio que estamos contemplando. Quiero demostrar para un análisis de las tres películas como el filme empieza muchas veces con unas imágenes del paisaje lo que demuestra entonces una mirada hacia el horizonte: sobre lo que se ve o lo que no se puede ver. Como si la película propusiera, por la manera de cartografiar el paisaje, una visión del mundo.

Esta dinámica entre el horizonte y el paisaje puede ilustrar una visión cultural. Dentro del contexto europeo, Michel Collot (2012: 114) comenta: "Porque todo paisaje comunica de horizonte a horizonte con el mundo entero y con el futuro. El paisaje es entonces para Europa, un origen donde alimentarse y un horizonte para superarse al mismo tiempo. Así, la identidad que esta pueda construir no es de suelo ni de sangre: se asemeja a un proyecto. Es una identidad-horizonte". Dentro del contexto europeo, la identidad del horizonte es interesante. La nueva atención para el tema de los paisajes a partir del 2000 está acompañada por nuevos temas de investigación. Un ejemplo de esta tendencia se llama el *spatial turn* en los países anglosajones donde las ciencias humanas tienen un interés por el espacio con enfoques geográficos, antropológicos o históricos (cf. Torre 2008: 1127–1144)[2]. En estos contextos de investigación, también el término geopolítica suscita de nuevo un interés importante, sabiendo que ya lo inventaron en 1906 (cf. Boniface 2014: 13–15)[3]. Analizar la manera de cartografiar el espacio por un estudio del

---

2   En su artículo Torre comenta la importancia de las publicaciones de Cosgrove (1984) para explicar la importancia del paisaje para el *spatial turn*.
3   Era el politólogo Rudolf Kjellén quien publicó el texto en 1906 en sueco: *Staten som Lifsform*, que se puede traducir en español como "El estado como forma de vida". Para

arte corresponde a estas tendencias. El cine, por su manera de filmar el espacio, puede proponer una lectura geopolítica y la dinámica entre el horizonte y la imagen general del paisaje, puede ayudarnos a hacer esta lectura[4].

¿Qué es la *veduta* geopolítica del cine argentino?

Para este texto, he elegido tres películas muy conocidas en las pantallas europeas de los años noventa y dos mil: *El viaje* (1992) de Fernando Solanas, *Historias mínimas* (2002) de Carlos Sorín, y *La mujer sin cabeza* (2008) de Lucrecia Martel. Tres cineastas argentinos que muestran en momentos claves de su obra unos paisajes típicos que cuestionan el contexto geopolítico en el que se creó la película. Después de haber definido algunos conceptos sobre el paisaje, puedo presentar la cuestión principal para analizar las películas: ¿Cómo, por la manera de filmar el paisaje, se propone un "horizonte geopolítico" que ilustra un momento preciso de la historia argentina?

Fernando Solanas

Empiezo con la obra de Fernando Solanas, un director de cine que en los años noventa ya tenía una larga carrera profesional. Nació en 1936, en Buenos Aires, y empezó a hacer cine en los años sesenta. Publicó el manifiesto, *Hacia un tercer cine* (1969), con Octavio Getino, como una reacción en contra del concepto del cine del tercer mundo, en el que trataba las cuestiones coloniales y de la dominación cultural (cf. Predal 2001). Una película muy conocida sobre estos temas es el documental *La hora de los hornos* de 1968. Durante la dictadura de Videla de 1976 hasta 1983 residió en exilio, en París, donde realizó *Tangos, el exilio de Gardel* (1985). Tiene una filmografía importante y hoy en día todavía sigue rodando. Su película *El viaje*, muestra de manera fascinante el viaje de un joven que está buscando a su padre. La película salió en 1992, exactamente cinco siglos después del descubrimiento de América Latina, lo que no pudo tratarse de una coincidencia. Fernando Solanas (2001: 124–126; 136–138) describe su película como si fueran tres tipos de viaje: un viaje geográfico, un viaje histórico y un viaje hacia la madurez. El protagonista viaja por el tiempo, por cinco países diferentes: Argentina,

---

este politólogo la geopolítica es uno de los cinco aspectos que componen el estado según su definición: es la influencia de los factores geográficos, en la más amplia acepción de la palabra, en el desarrollo político en la vida de los pueblos y Estados.

4   Gaudin (2015) examina cómo el espacio se presenta en el cine para cuestionar temas filosóficos y estéticos. Según este ensayo, el paisaje aborda por su horizonte temas existenciales y universales.

Imagen II: Solanas, *El viaje*, 2:04:00.

Chile, Perú, Brasil y México; a lo largo del trayecto-metraje escuchamos varios idiomas y descubrimos el papel importante de la nueva cartografía de los paisajes. Nadia Lie (2017: 43–49) comenta en su libro *The Latin American (Counter-) Road Movie and Ambivalent Modernity* que el protagonista viaja en la dirección opuesta de la conquista: se trata de un viaje simbólico, de cuestionar la identidad histórica a través de esta ruta. La autora explica que el desplazamiento no es un típico ejemplo de un *road movie*, pues el protagonista va a pie, en bicicleta, en barco, en camión... pero lo que sí es central en toda la narración es el tema del desplazamiento. Su viaje va por el tiempo, mirando los horizontes históricos, los impactos geopolíticos, de esta historia de América latina. El personaje comenta directamente lo que ve: "no sabía que iban a convertir nuestros paisajes, no sabía que iban a poner productos tóxicos", y luego muestran las personas que buscan petróleo gritando que van a ser ricos. Al final concluye sobre su viaje personal diciendo que ya no busca a su padre como antes porque lo ha encontrado en el camino; siempre estaba ausente y lo que esperaba de él, este viaje lo ha dado.

La última secuencia muestra esta imagen: la ventanilla del coche refleja el paisaje después de haber mostrado unas imágenes en que creyó haber encontrado, por fin, a su padre, aunque en realidad todo era su imaginación; lo que no vemos, nos lo imaginamos y es tan real como la realidad. Buscaba a su padre, lo encontró, o no; el espectador se queda con una duda. El padre representa el símbolo de la herencia, de la afiliación, desde el inicio de esta historia cuando descubrió que su novia había abortado sin consultarle. La transmisión y la búsqueda de la afiliación son un tema central en la narración.

Fílmicamente, esta última secuencia muestra lo que Jacques Aumont (1990: 116) llama un encuadro dentro de un encuadro (en francés: un *surcadrage*). Aumont explica que se trata de la materialización de un punto de vista dentro de la imagen. Sirve para llamar nuestra atención sobre el acto de mirar; subraya este detalle por la presencia de la ventana del camión que implica ya el hecho de mirar. En referencia a la historia del paisaje, se puede considerar esta ventanilla también como una *veduta*: la ventanilla del siglo XV de la historia del arte, desde la que el paisaje se observa en un segundo plano. Es un efecto de *surcadrage* y de sobreimpresión: el paisaje se muestra sobre su rostro, alrededor de su cabeza. Como hemos explicado, el paisaje hace intervenir tres elementos: un lugar, una imagen, y una mirada (M. Collot, 2011). El cineasta muestra a través de la mirada de este chico joven de 17 años, una mirada sobre los paisajes de este continente y muestra también así una mirada sobre la historia de América Latina, sobre su geografía, su historia, por unas historias personales, buscando sus orígenes. El paisaje reclama este acto de mirar para poder existir, y sus horizontes cuestionan la historia geopolítica de América Latina en diferentes países y épocas.

Carlos Sorín: La grandeza y belleza de Patagonia

El acto de mirar también es muy importante en la película *Historias mínimas*, de Carlos Sorín. El director nació en 1944 y empezó a hacer cine en los años ochenta. Películas suyas muy conocidas son las *road movies*: *Historias mínimas* de 2002, *Bombón, El perro* (2004) y *El camino de San Diego* (2006). Françoise Heitz (2012: 77–79) comenta la importancia de Patagonia para *Historias mínimas* como una manera de dar visibilidad en la pantalla a esta "geografía olvidada" del séptimo arte; muchas de las películas argentinas de mayor éxito a partir del 2000 se rodaron en la capital. La autora describe también estos horizontes abiertos que dan una libertad a la mirada, como si fueran infinitas, reflejando el estado de ánimo del alma de los personajes (cf. Heitz 2012: 78–79). El paisaje es un tema importante, y la siguiente imagen confirma los tres elementos propuestos por Michel Collot (2011): el lugar, la mirada y la imagen. El ejemplo siguiente es uno de los muchos que caracterizan esta película.

Imagen III: Sorín, *Historias mínimas*, 09:49.

La historia parece bastante sencilla: *Historias mínimas* de 2002 muestra un viaje de un protagonista que quiere encontrar a su perro, que se llama Malacara. El perro lo abandonó desde hace tres años y el protagonista se siente muy mal. La película se inicia directamente con un hombre que tiene dificultades para ver bien y que está con el oftalmólogo.

Imagen IV: Sorín, *Historias mínimas*, 00:31.

El protagonista quiere buscar a su perro, porque alguien lo había visto, en San Julián, muy lejos de su casa. Tiene que viajar, pero como le quitaron el permiso, no le dejan conducir y va a hacer autoestop para buscarlo, práctica durante la cual conoce a diferentes personas a las que les habla del animal. Se pregunta si los animales entienden las cosas, si entienden lo que está bien y lo que está mal y cuenta que su perro no se perdió sino que se fue. En un momento dado también explica lo que le perturba sobre toda esta historia (minutos 59–1.01): El animal lo abandonó porque se tropezó con alguien por culpa de un sol abrasador que le impedía ver bien. No bajó de su coche y finalmente el perro, que había estado llorando toda la noche, decidió marcharse al día siguiente. La culpabilidad que siente el protagonista hace que quiera reconciliarse con el animal y para ello va a realizar un viaje de conciencia, el de la reconciliación con su conciencia y su sentimiento de culpabilidad atravesando magníficos paisajes con horizontes abiertos.

En su viaje conoce a varias personas y estas le van a ayudar. En un momento dado, está convencido de reconocer a su perro y lo recupera; aunque como no ve bien, no consigue darse cuenta que en realidad no es el suyo. Su compañero y amigo de viaje termina por negociar un precio para que se lo pueda llevar sin darse cuenta de que no es realmente el suyo. Su propietario real lo llamó Rata, y nuestro protagonista, Malacara. Para ambos, a pesar de no ser muy elegantes, el animal es muy importante. Ya al final de la historia, se nos muestra a nuestro protagonista en un bus, y de nuevo se le ve con el paisaje detrás, a través de las ventanillas, la *veduta*, como si fuese una mirada sobre la belleza de la vida, la

Imagen V: Sorín, *Historias mínimas*, 1:25:08.

felicidad, y la conciencia de estas historias mínimas que cuestionan el destino humano.

En *Historias mínimas*, la dinámica entre su mirada floja y un horizonte abierto es muy interesante. Toda la película muestra horizontes abiertos en los paisajes. En su libro, *L'horizon*, Céline Flécheux (2014: 19), explica que el término horizonte ya representa una cierta esperanza. En general se aprecian menos horizontes cerrados, limitados, o incluso hasta negativos. La autora compara el horizonte con el infinito, describiéndolo como algo temporal y espacial; el horizonte lleva en sí muchas contradicciones (cf. Flécheux 2014: 20). *Historias mínimas* demuestra esta contradicción por el personaje: la conciencia tiene su vida propia por el tiempo, la conciencia es infinito y el personaje lo lleva en su alma cuando atraviesa durante horas largos trayectos de la Patagonia. La conciencia se proyecta sobre el perro: un animal sin importancia si uno lo llama Malacara o Rata, pues un perro es fiel a su propietario, tiene miradas impresionantes, y representa el mensaje moral sobre el accidente[5]. El perro es un personaje sin palabra, cuestiona la ausencia y lo invisible.

Lucrecia Martel: fragmentos de un paisaje de Salteña

Un tercer ejemplo es la película de Lucrecia Martel *La mujer sin cabeza* de 2008. La directora Lucrecia Martel nació en 1966 y empezó a hacer cine en los años ochenta y noventa. Entre sus películas más conocidas destacan, en 2001, *La ciénaga*, en 2003, *La niña santa*, en 2008, *La mujer sin cabeza*, y en 2017, *Zama*. En 1995 realizó el cortometraje *El Rey Muerto*, considerado como parte ya del nuevo cine argentino de los años noventa (cf. Martín Moran 2015: 119–128). La película *La mujer sin cabeza* nos presenta a Verónica (María Onetto), protagonista de la historia que sufre un accidente automovilístico. Tras el accidente ella piensa que puede haber matado a alguien pero aun así no se detiene; mantiene su rumbo en la ruta y en la vida, aunque se siente culpable por no haber prestado auxilio a los posibles heridos. Su marido y todo su entorno harán desaparecer luego las huellas del accidente. Sin embargo, ella intenta acudir a la policía, confesar, pero nadie le hará caso pues es una mujer sin voz, sin palabra.

---

5 Los perros del cuadro de Goya, o de Antonio Saura marcaron la historia del arte: muchos misterios existen sobre esta presencia del animal en el cuadro. Antonio Saura ha hecho posteriormente una seria sobre este tema, a partir de los años cincuenta.

Imagen VI: Martel, *La mujer sin cabeza*, 01:53.

La película empieza con unos chicos jugando con un perro. Vemos estas imágenes y luego pasamos a observar a Verónica con su familia. Ella se despide y se va sola en su coche. Mientras escucha la canción, *Soley, soley* de repente irrumpe el sonido de su celular[6]. No mira por unos segundos la carretera porque intenta tomar el teléfono. En ese lapso de tiempo se oyen dos choques violentos y luego, un silencio. Su cuerpo se mueve dos veces, con un movimiento brutal y fuerte; posteriormente se queda estático, paralizado por el violento golpe. El horizonte del paisaje está muy cerrado y no podemos ver mucho; la cámara filma desde un punto de vista subjetivo, la mirada de la persona que está en este lugar. El horizonte se muestra cerrado mientras que cuando ella conduce, al principio, todo parece abierto, pero tras el accidente, todo parece cerrado, parece que no hay salida. El punto de vista está pues muy limitado por lo que uno ve, o quiere ver.

Fragmentos de los paisajes se ven a partir del coche. El acto de mirar es el tema central porque estamos observando una mujer en un coche. Este vehículo transmite toda la idea de la mirada: conduciendo, hay que mirar, hacia delante, hacia atrás por el espejo retrovisor, a los lados, por los espejos y por las ventanillas; conducir significa, siempre, mirar. Es una obligación. Por el parabrisas vemos la carretera. La puesta en escena impone el hecho de mirar, pero cuando

---

6   En mi artículo (cf. Feenstra 2018) sobre las formas sonoras analizo esta importancia
     del sonido para esta secuencia.

Imagen VII: Martel, *La mujer sin cabeza*, 05:44.

Imagen VIII: Martel, *La mujer sin cabeza*, 05:56.

Imagen IX: Martel, *La mujer sin cabeza,* 07:17.

tras el choque la protagonista retoma su camino, detrás solamente se percibe un perro. Otra vez es un encuadre en un encuadre, una *veduta,* con el punto de vista del conductor, que ha dejado atrás a este perro y a otra víctima, tirada en el suelo. Y, pese a sentirse mal, se marcha.

Horizontes geopolíticos: una conclusión

Tres películas del cine argentino, tres imágenes de paisajes muy distintos, pero cada vez la mirada se hace a partir de un camión, un coche, un autobús. Desde el interior, hacia afuera. Como ya he comentado sobre la historia del arte, la manera de pintar una mirada sobre el paisaje era importante: la *veduta* mostraba un punto de vista, una visión sobre el mundo. Los tres ejemplos muestran también el acto de mirar y se destaca un punto de vista: la película de Solanas abre con el muchacho mirando por la ventana y termina con él, mirando por sus retrovisores. Sorín, *Historias Mínimas,* muestra al protagonista que ha perdido sus capacidades de ver, todo es flojo, no puede ver como antes y la película termina con los protagonistas en el autobús. La protagonista en *La mujer sin cabeza* está en un coche, no baja, no quiere ver. Vemos el paisaje por su ventanilla, y el perro en el suelo.

Estos enfoques sobre el paisaje determinan el horizonte. He puesto en mi título el concepto de horizonte geopolítico: la mirada del protagonista es una mirada que se puede interpretar en sus contextos históricos y políticos. Los protagonistas viajan, se desplazan, y por su mirada descubrimos una historia concreta de Argentina: del interior o del exterior. El viaje de Solanas muestra toda la historia del continente a través de la mirada de este joven: los paisajes transmiten la historia al revés de como lo explica Nadia Lie, así volvemos a los paisajes de la memoria, que por su arqueología, nos transmiten un pasado de invasiones foráneas. El paisaje muestra el horizonte geopolítico. *Historias mínimas* muestra unos horizontes abiertos, magníficos, la mirada es libre, parece una historia sencilla sobre un hombre que se siente perdido a causa de la ausencia de su perro: el horizonte está abierto, pero el peso de su conciencia pesa sobre él, sobre el bien y sobre el mal. Viajamos con el personaje por magníficos y gigantescos espacios de Patagonia: horizontes que parecen abiertos, que dan la impresión de que todo es visible, pero el pobre hombre no ve bien, ni se da cuenta, y recupera otro perro que no es el suyo. En la película *La mujer sin cabeza* también hay un perro en un paisaje perdido: decir que solamente era un perro no quitaba su mala conciencia. La mirada del interior del coche observaba un paisaje cerrado, sin salida, con una conciencia que pesa.

En la temática del congreso se formula la pregunta siguiente: ¿En qué medida la geopolítica influye en la conceptualización estética? Los tres ejemplos muestran la importancia de la mirada, también el tema de la ausencia es muy importante, y el hecho de buscar a alguien: un perro, un padre, una víctima de un accidente de coche. La búsqueda tiene un sentido importante. La película de Solanas salió en Argentina en los años noventa, con la llegada del gobierno neoliberal de Menem y un atentado al cineasta; la película de Sorín en 2002, el periodo de la crisis económica en Argentina y justo antes que el gobierno de Kirchner adaptase la ley de la memoria en 2003; y la película *La mujer sin cabeza* en la Argentina de 2008, paisajes cerrados, y un perro en el suelo, que vemos por el enfoque de un coche que intenta alejarse de este lugar. Dos películas con un perro, animal que tiene un papel importante en la narración, que tiene que dar las explicaciones sobre lo que pasó realmente: accidente o no accidente, una víctima, o no. Me hace pensar en el famoso cuadro de Goya, *El perro semihundido* o *El perro,* formando parte de la serie *Las pinturas negras,* del principio del siglo XIX: tantas interpretaciones y citas están hechas sobre este animal, con este animal abajo en el cuadro. En el cuadro de Goya, el perro mira a partir de abajo hacia arriba; una imagen de la conciencia: la conciencia nunca duerme, está siempre viva, también en los sueños. Estas dos películas invitan también a hacer muchas interpretaciones. Aunque las películas de Sorín y de Martel no dan referencias concretas a una historia política, el paisaje da una visión del mundo, sobre la apertura hacia afuera, sobre los horizontes que muestran lo invisible, sobre el impacto de la mirada. Las tres películas cuestionan la ausencia y lo invisible. Tres visiones universales sobre el ser humano, sobre el pasado que se vuelve presente, sobre el papel de la conciencia, son temas universales, es *Weltliteratur,* en que el ser humano viaja kilómetros y kilómetros para buscar respuestas y cuestionar las contradicciones de los horizontes de la vida.

Bibliografía

Aumont, J. (1990) *L'image*. Paris: Ed. Nathan.

Boniface, P. (2014) *La géopolitique. 40 fiches thématiques et documentées pour comprendre l'actualité*. Paris: Eyrolles.

Collot, M. (2011) *La pensée paysage*. Paris: Actes Sud Nature.

Collot, M. (2012) "Paysage et identité européenne", en Bergé, A. / Collot, M. / Mottet, J. (eds.), *Paysages européens et mondialisation*, 104–115. Paris: Champ Vallon.

Cosgrove, D. (1984) *Social Formation and Symbolic Landscape*. Wisconsin: Wisconsin Press.

Feenstra, P. (2018) "Canciones dialécticas y posmemoria: *Cría cuervos* y *La mujer sin cabeza*", en Dufays, S. / Piedras, P. (eds.) *Conozco la canción. Melodías populares en los cines posclásicos de América Latina y Europa*, 324–337. Buenos Aires: Libraria.

Feenstra, W. (et al.) (2012) *A Photographic Portrait of a Landscape. New Dimensions in Landscape Philosophy*. Heinigen: Jap Sam Books.

Flécheux, C. (2014) *L'Horizon*. Paris: Klincksieck.

Gaudin, A. (2015) *L'espace au cinéma. Esthétique et dramaturgie*. Paris: Armand Colin.

Heitz, F. (2012) *Carlos Sorin: filmer pour rêver*. Reims: Epur = Studia Remensia.

Lemaire, T. (1970) *Filosofia del paisaje*. Baarn: Ed. Ambon.

Lie, N. (2017) *The Latin American (Counter-) Road Movie and Ambivalent Modernity*. Cham: Palgrave Macmillan.

Martin Moran, A. (2015) "A propos de l'étrangeté. Brève approche de trois auteurs argentins: Lucrecia Martel, Lisandro Alonso, Mariano Llinas", en Feenstra, P. / Ortega M. L. (eds.) *Le Nouveau du cinéma argentin*, 119–128. Paris: Cinémaction = Ed. Corlet.

Predal, R. (ed.) (2001) *Fernando Solanas ou la rage de transformer le monde*. Paris: CinémAction = Ed. Corlet 101.

Solanas, F. (2001) "1977–2001: Argentine, Amérique latine. Un cinéma d'opposition. Entretien avec Fernando 'Pino'", en Predal, R. (ed.) *Fernando Solanas ou la rage de transformer le monde*, 122–144. Paris: CinémAction = Ed. Corlet 101.

Torre, A. (2008) "Un 'tournant spatial' en histoire?", *Annales* 5, 1127–1144.

Gabriela Vigil

Luz silenciosa: en los confines del cine posnacional y posnacionalista

Luz silenciosa (2007), el tercer largometraje de Carlos Reygadas, podría concebirse, en principio, como ajeno a México. Desde las primeras secuencias se observa a una familia de tipo caucásico que viste de manera particular, habla otro idioma y responde a otras costumbres. Sin embargo, la historia se sitúa en territorio mexicano en una comunidad menonita que reside en el estado de Chihuahua, al norte de México. Si tomamos en cuenta que una manera de delinear la conformación de un cine nacional se puede dar a partir de la gestación de la identidad, en donde cada nación o grupo social va componiendo las piezas que constituirán su identidad, la cual puede expresarse a través del paisaje o el idioma, por ejemplo y, a su vez, insertarse dentro del imaginario cinemático, la cinta de Reygadas parece distanciarse de este escenario. La película es una coproducción de México, Bélgica, Francia y Alemania que carece de fuertes referentes locales y que sin embargo forma parte del repertorio del cine mexicano, como constan los nueve premios Ariel que le otorgó la Academia Mexicana de Artes y Ciencias Cinematográficas, la cual reconoce "los valores más destacados del cine nacional" (Academia Mexicana de Artes y Ciencias Cinematográficas).

Retomo este filme para analizar cómo los confines estilísticos que definían lo nacional son desafiados por resoluciones formales que invitan a preguntarse si es posible hablar de una especificidad de "lo mexicano", o si la mexicanidad se ha diluido para dar lugar a representaciones más globales. De igual manera, examino cómo situar un producto en el que las particularidades nacionales del país que lo abandera se desdibujan y tiene resabios de una factura *made-for-export*.

Definir lo que es un cine nacional resulta bastante complejo. Hay variantes en las narrativas fílmicas, en las condiciones de producción y distribución, y también hay aspectos económicos y políticos que influyen en su conformación. Gabriela Copertari y Carolina Sitnisky (2015: 12) apuntan que la noción de cine nacional comúnmente se aplica a

> los filmes de producción local, ya sean filmados en una locación y lengua particulares a una nación, ya sean producidas a través de subvenciones estatales, o bien sean sus equipos de producción, dirección y actores pertenecientes a una determinada nación. [Y ...] para indicar la proveniencia del capital que permite la realización de los filmes.

A esta definición sumo la de Valentina Vitali y Paul Willemen (2007: 7), que enfatizan la adscripción a un territorio cuando mencionan que los cines nacionales son formas culturales históricamente específicas, cuyas modulaciones semánticas son orquestadas y defendidas por cada una de las fuerzas en juego en un territorio geográfico determinado. Estas concepciones de cine nacional no son suficientes cuando se trata de analizar la especificidad de lo nacional en un filme, es decir, cuando el objetivo es diseccionar la película para establecer la relación dialógica que guarda con sus referentes nacionales. Entonces, ¿cómo abordarlo? Para Pietari Kääpä (2011: 150), que ha estudiado el cine de Mika Kaurismäki, el término posnacional indica una forma sociocrítica de representación/producción que desafía las designaciones espaciales e históricas de la colectividad nacional. Es decir, desafía la propia relevancia de lo nacional al establecer una crítica desde el interior mismo del marco de las sociedades nacionales, buscando, dice Kappa, exhibir nuevos modos de entender las identidades individuales y su relación con la sociedad.

Luz silenciosa entra en los confines de un cine posnacional precisamente por ese desafío de mostrar personajes, rostros y paisajes que generalmente se han mantenido ausentes del imaginario fílmico nacional, no obstante que la comunidad menonita ha estado presente en el país desde 1920. Esta postura posnacional no es exclusiva de *Luz silenciosa*, cintas mexicanas contemporáneas como *Año bisiesto* de Michael Rowe (2010), *Toro negro* de Pedro González-Rubio y Carlos Armella (2005) o *Alamar* del mismo González-Rubio (2009) pueden analizarse bajo esta postura.

Ahora bien, la forma en cómo esta postura desafiante se muestra dentro del filme de Reygadas nos lleva hacia otra lectura más específica que concierne a la historia cultural y política de México: una lectura de carácter posnacionalista. Me explico: el filme desafía los cánones histórico-clásicos al presentar una respuesta al proceso de homogeneizar los rasgos definitorios de "lo mexicano" que inició en los años 20 del siglo pasado cuando, en aras de conformar la unificación nacional, se erigieron como símbolos identitarios de lo mexicano al charro, la china poblana y el jarabe tapatío, excluyendo de "lo mexicano" a una gran variedad de expresiones artísticas de otras regiones del país. Ese afán nacionalista germinó dentro de una fuerte estatización de la industria cinematográfica en el periodo conocido como la Época de oro, entre los años 30 y 50 del siglo pasado.

La asociación del campo mexicano con la idealización de la provincia vertida por el México de postal que fue retratado sobre todo por la mancuerna constituida por el director Emilio "El Indio" Fernández y el cinefotógrafo Gabriel Figueroa, aún pervive no solo en el imaginario nacional, sino también en el internacional a través de películas como *María Candelaria* de 1944, que obtuvo la Palma de Oro en el Festival de Cannes en 1946. La profusión de figuras y rostros estetizados configurados por la dupla Fernández-Figueroa consolidó un repertorio iconográfico que retomaba motivos habituales de algunas regiones de México como el maguey, el sombrero de charro o el rebozo.[1] En realidad, ese cine mexicano se apropió de ciertos tipos[2] y espectáculos populares que se habían gestado desde el siglo XIX, y que el discurso oficial del México posrevolucionario erigió como símbolos identitarios de "lo mexicano". De acuerdo con Julia Tuñón (2009: 83), en mucho, esta construcción imaginaria de la nación se realizó mediante lo que Eric Hobsbawm considera "la invención de la tradición".

Luz silenciosa expone otro rostro de lo mexicano y lo nacional que se distancia de "las invenciones de la tradición". No se distingue una añoranza por la imagen estereotípica del campo mexicano edificada por el cine de décadas pasadas. En su lugar se revela un entorno rural que ha mutado dando lugar a otro más allá de los propios del centro y Occidente de México que sobre todo ocuparon las pantallas en la Época de oro. El filme recupera fisonomías, costumbres y paisajes ciertamente locales, pero que han sido excluidos del escenario fílmico y del imaginario colectivo. Sabemos que la historia transcurre en México porque a lo largo de la película se marcan algunos lazos con la cultura y el entorno mexicanos. Tal vez se pueda hablar de una suerte de exotismo pero hacia el interior, hacia México. Este carácter de exótico nos hablaría, por un lado, de la pluriculturalidad del país y, por otro lado, del escaso conocimiento que, ciertamente, se tiene de las pequeñas comunidades que lo habitan.

En este sentido, difiero de la evaluación que Joanne Hershfield (2014: 34) elabora sobre el paisaje en las cintas de Reygadas, sobre todo respecto de *Luz silenciosa* cuando propone que las locaciones en esta cinta le son familiares al público mexicano, no solo porque son representaciones fielmente reproducidas de lugares que le son conocidos, sino que son cinemáticamente reconocibles porque se

---

1 Charles Ramírez Berg (2015: 107, 115) traza el linaje estético que los influyó: José Guadalupe Posada-José Clemente Orozco-*¡Que viva México!* de Sergei Eisenstein, aunque también menciona la influencia de las pinturas del Dr. Atl en la adopción de la perspectiva curvilínea para enmarcar toda clase de composiciones.

2 Los tipos mexicanos son una representación visual que se consolidó en el siglo XIX, pero cuya genealogía puede rastrearse desde la pintura de castas. Considerado como un subgénero, se trata de imágenes que retratan los oficios y la vestimenta de la población decimonónica: el aguador, el militar, el clérigo, la china, el vendedor de pulque. Si bien servían para ilustrar los cuadros costumbristas, influyeron en la construcción de una identidad nacional (cf. Widdifield 2001).

refieren literal y estilísticamente a la representación de paisajes a lo largo de la historia del cine mexicano. En efecto, en el cine mexicano hay una fuerte tradición en la representación del paisaje, y la evolución del amanecer y el ocaso que aparecen al inicio y al final de la cinta de Reygadas constituyen una herencia visual de ella, sin embargo, en *Luz silenciosa* el retrato de la geografía rural y de las personas que laboran en ese entorno, es lo que marca la distancia.

Para ilustrar mi comentario cito un ejemplo: en una escena, rodeados por un paisaje totalmente nevado, Johan, el protagonista, le confiesa a su padre que engaña a su esposa. De la imagen paisajística se desprende una fuerte apreciación de estar ante un entorno muy lejano al territorio mexicano, lo cual se intensifica por la fisonomía de los personajes, actores no profesionales, y por el idioma, los personajes hablan el *plautdietsch*, que guarda lazos con el alemán. Y aunque sí llegan a establecerse veladas conexiones con una versión convencional de la cultura mexicana, en este caso mediante los sombreros de tipo vaquero que portan Johan y su padre, los cuales forman parte de la vestimenta habitual de la gente que trabaja en el campo mexicano, ciertamente un entorno nevado no se encuentra en el imaginario colectivo del mexicano.

La cinta expone también otro rostro de la mujer que habita en zonas rurales, el cual se aleja del estereotipo femenino presente en películas como *María Candelaria* donde, de acuerdo con Andrea Noble (2005: 82), se establece un vínculo simbólico entre la protagonista y la Virgen de Guadalupe. En contraste, Esther, la

Imagen 1: Reygadas, *Luz silenciosa*, 0:49:18. Paisaje ausente en el imaginario colectivo del mexicano

00:57:06:04

Imagen 2: Reygadas, *Luz silenciosa*, 0:57:06. Esther manejando un tractor. Imagen alejada del estereotipo campirano fomentado en la Edad de oro del cine nacional

esposa de Johan, se involucra de lleno en las labores del campo e incluso maneja un tractor.

Para Sánchez Prado (2014: 201), Reygadas retoma significantes que claramente se enraízan en la tradición mexicana, pero los provee de todo un nuevo sistema de significados que rompe con la continuidad del nacionalismo fílmico, en tanto que permite que su trabajo pertenezca a los flujos globales del cine de arte que, anteriormente, habían sido excluidos del cine mexicano.

Ahora bien, como es sabido, la película dialoga con la cinta *La palabra* (Carl T. Dreyer, Dinamarca, 1955). La referencia visual más evidente la encontramos en la escena del velorio. Pero también hay referencias temáticas. Como en la cinta danesa, la fe se restituye por el milagro, el cual se sitúa dentro de una sociedad inmersa en la fe religiosa con férreas costumbres de vena protestante. La religión marca un distanciamiento más hacia los referentes nacionales comunes, pues México es un país eminentemente católico.[3]

---

3   82.7 % de la población en México es católica y el 9.8 % no profesa esta religión, según cifras del año 2016 (cf. Arteaga y Álvarez 2016).

En realidad, lo mexicano no se está evadiendo, sino que estamos ante una reconfiguración de los referentes nacionales que nos habla de una experiencia posnacional y posnacionalista a la vez. El filme muestra que hay otro México rural, con habitantes que hablan otro idioma y que a pesar de que tratan de ser fieles a sus tradiciones, mantienen un lazo que los conecta con el México que los rodea. Como cuando Johan interpreta en español la canción popular mexicana "No volveré" que en 1955 inmortalizó el ídolo de la Época de oro, Pedro Infante, en la cinta *El inocente* de Rogelio A. González.

La referencia a la cinta de González es clara pues ambas escenas se desarrollan en un taller mecánico, aunque las intenciones difieren: la finalidad de la película de los años 50 es explotar la imagen y la voz de Pedro Infante, en tanto que el filme de Reygadas busca aterrizar a los personajes en un entorno mexicano. El propio Reygadas ha comentado acerca de los vínculos que guarda la comunidad menonita con México: "no me olvido de que eso es México y es obvio que ellos son también mexicanos, y te lo dicen, y hablan español, y sus bromas están plagadas de jerga mexicana" (Riva Palacio 2007: 40). Sánchez Prado (2014: 211) señala que la producción fílmica de los últimos años muestra que el desplazamiento de los modelos de representación mexicanista es definitivo, y su retorno ocasional a los temas del nacionalismo tiene lugar con una considerable cantidad de distancia crítica.

¿Qué puede haber llevado a este cine inscrito en el circuito del arte a manifestar esta suerte de híbrido de cuestiones nacionales? Me arriesgo a pensar en factores histórico-políticos de los que se derivan aspectos culturales, así como en la influencia de los mecanismos de coproducción que conducen hacia un cine *made for export*.

Veamos el primer punto: entre los factores histórico-políticos encuentro, por un lado, el distanciamiento cada vez más evidente entre la sociedad y el gobierno y, por otro lado, el surgimiento del neoliberalismo. En otras palabras, el nacionalismo y la estatización de la industria cinematográfica mexicana que había sido muy sólida en la Época de oro y había tenido una fuerte injerencia hasta el periodo de Luis Echeverría en los años setenta, comenzó a resquebrajarse desde la década de los 50 hasta entrar en una seria crisis en los años 80 cuando se da, en palabras del antropólogo Roger Bartra (2013: 115), la "ruptura de las cadenas que ataban la existencia misma del Estado mexicano a la cultura política nacionalista", y entran en escena las políticas neoliberales que hasta hoy continúan rigiendo.

Este quiebre en la sociedad, que lleva implícito el creciente debilitamiento del Estado mexicano, se ha recrudecido en los últimos años debido a factores sociales, políticos y económicos que han contribuido al aumento de la corrupción, la impunidad y la consiguiente ola de violencia. Todo esto ha propiciado que el México de hoy desconfíe casi por completo de sus instituciones, y que el sentimiento nacionalista se concentre y rememore, más bien, en festejos de corte deportivo o a raíz de catástrofes naturales que despiertan la solidaridad.

Sánchez Prado reconoce la influencia del modelo neoliberal y señala el año 1988, que es cuando se dio la firma del Tratado del Libre Comercio (TLC) entre México, Estados Unidos y Canadá, como un parteaguas que marcó un cambio en la producción y el consumo del cine mexicano. Pero más allá de la mera economía, el autor entiende el neoliberalismo como un significante cultural que constituyó espacios sociales y culturales. En ese contexto, Sánchez Prado y Misha MacLaird coinciden en que hubo también una transformación de la audiencia del cine mexicano a partir de las políticas neoliberales, es decir, se buscó la aproximación con el espectador de más recursos económicos de modo que cambió el contenido de los filmes y el modelo de producirlos. Cabe señalar que la clase media se había alejado del cine nacional ante el vendaval de películas realizadas a destajo conocidas como "churros" mexicanos, de los cuales ya se hablaba desde los años 50 (Vega Alfaro 1991: 42), cuando la fórmula de la comedia ranchera y el cine de rumberas se agotaba y entraba en escena un fuerte competidor: la televisión.

Dentro de los factores culturales hay otro punto que debe tomarse en cuenta: la producción y el consumo del cine de arte se circunscribe a un mismo ámbito sociocultural que resulta ser minoría. Varios directores mexicanos, incluido Reygadas, forman parte de una élite cultural que se ha formado en escuelas en el extranjero o que ha realizado estancias artísticas o personales fuera de México. Sus discursos están pensados desde la élite cultural para la élite cultural, por lo que es más factible que se establezca una distancia crítica en torno a lo nacional.

El segundo factor que puede incidir en la institución de un cine posnacional y posnacionalista se orienta hacia los mecanismos de coproducción. *Luz silenciosa* recibió fondos de cuatro países para su realización. Sánchez Prado (2014: 206) ha señalado a la coproducción como uno de los elementos que marcó el desplazamiento de las formas de representación mexicanista, donde la casa productora Mantarraya, fundada por Reygadas, y las fuentes de financiamiento extranjero como el HBF, del Festival de Rotterdam, establecen un ejemplo de cómo romper, en parte, con las relaciones con el Instituto Mexicano de Cinematografía (Imcine). Es conveniente señalar que esta situación ya se venía dando desde los años 90 cuando varios cineastas mexicanos, sobre todo de las nuevas generaciones, habían conseguido fondos mediante la coproducción ante los apoyos insuficientes y dejando de lado la intervención del estado como financiamiento único.

En la película de Reygadas las referencias locales ciertamente están presentes, aunque de manera velada; en tanto, el flujo narrativo y estilístico permite insertarla en los circuitos del cine de arte internacional. Es decir, realiza un filme *made for export* a través de diversos dispositivos. Uno, ajustándose al *mainstream* del cine del arte que es incentivado por los fondos como el HBF. Entre las características de este cine se puede reconocer el abordar historias que se centran en personajes ordinarios, la filmación en locaciones reales, la incorporación de actores no profesionales, el minimalismo formal, y la predilección por el *slow cinema*. Como bien ha señalado David Oubiña (2016), "los festivales y los fondos de producción tienen el poder de decidir qué tipo de cine es o no es conveniente, sólo aquellos filmes que se adaptan a esos estándares logran hacerse visibles".

Otro dispositivo que influye es la incorporación de una representación intimista o local de la sociedad que conduce hacia el interés colectivo mediante temáticas como el adulterio, la culpa, la muerte y la redención, las cuales se conectan con un entorno global. De manera que es global y local, *glocal*, retomando el término que acuñó el sociólogo Roland Robertson en la década de los 90. En una entrevista citada por Shaw (2011: 129), Reygadas aclara que México es importante solo porque las películas están filmadas en México. "No soy 'mexicanista', si se quiere. Si tuviera que emigrar a Inglaterra estaría interesado en las mismas cosas, pero Inglaterra se volvería muy importante porque trataría de ser leal al contexto. Todo lo profundamente universal tiene que ser necesariamente muy particular; de lo contrario, es solo una caricatura." De igual modo, la inclusión de actores que forman parte de la comunidad menonita y el hecho de que la cinta está hablada en su idioma, inciden en esta dinámica de enfocar el proyecto en un marco global. En este sentido, se entretejen también entornos transnacionales al formarse nuevos espacios de diálogo que cruzan las fronteras geográficas.

Es claro que dentro de un ámbito global el término nacional ha debido diversificarse para dar cabida a otros escenarios. Aún así, la necesidad de especificar qué país abanderará la producción de un filme se torna ineludible para fines no solo estadísticos y de producción nacional, distribución, exhibición, crítica, estudios académicos, participación en festivales, reconocimientos, sino para examinar las películas desde su propia historia fílmica y la conexión que pudieran tener con la cinematografía de otros países. Se trata de un cine que conforma estructuras cinemáticas poliédricas que exploran variadas rutas de lo nacional, lo cual nos habla de la complejidad de los procesos cinemáticos. *Luz silenciosa* oscila entre el cine posnacional, posnacionalista pero también transnacional, en donde lo nacional no se desvanece, sino que las cuatro nociones mantienen una coexistencia dinámica y de ningún modo se presentan de manera estratificada.

Bibliografía

Academia Mexicana de Artes y Ciencias Cinematográficas. Sitio web oficial, consultado en https://www.amacc.org.mx/historico-de-nominados-y-ganadores/.

Arteaga, A. / Álvarez, J. M. (2016) "Hay 17% menos católicos en México que hace 100 años", *Milenio* 12.02.2016, consultado en https://www.milenio.com/estados/hay-17-menos-catolicos-en-mexico-que-hace-100-anos.

Bartra, R. (2013) *Oficio mexicano*. México: Debolsillo.

Copertari, G. / Sitnisky, C. (2015) *El estado de las cosas. Cine latinoamericano en el nuevo milenio*. Madrid/Frankfurt am Main: Iberoamericana-Vervuert.

Hershfield, J. (2014) "Nation and post-nationalism: the contemporary modernist films of Carlos Reygadas", *Transnational Cinemas* 5, 28–40, consultado en https://doi.org/10.1080/20403526.2014.891330.

Kääpä, P. (2011) *The Cinema of Mika Kaurismäki. Transvergent Cinescapes, Emergent Identities*. Bristol: Intellect.

Noble, A. (2005) *Mexican National Cinema*. London: Routledge.

Oubiña, D. (2016) "La perspectiva de los piratas. Geopolítica, intersticios y desvíos en *El escarabajo de oro* (Alejo Moguillansky y Fia-Stina Sandlund, 2014)". Texto inédito.

Ramírez Berg, C. (2015) *The Classical Mexican Cinema: The Poetics of the Exceptional Golden Age Films*. Austin: University of Texas Press.

Riva Palacio Q. M. (2007) "Carlos Reygadas. Una batalla nada silenciosa", *El Universal. Día Siete*.

Sánchez Prado, I. M. (2014) *Screening Neoliberalism. Transforming Mexican Cinema, 1988–2012*. Tennessee: Venderbilt University Press.

Shaw, D. (2011) "Trans(national) Images and Cinematic Spaces: the cases of Alfonso Cuarón's *Y tu mamá también* (2001) and Carlos Reygadas' *Japón* (2002)", *Iberoamericana* 44, 117–131, consultado en https://journals.iai.spk-berlin.de/index.php/iberoamericana/article/view/511/195.

Tuñón, J. (2009) "Tu mirada me descubre: el 'otro' y la reafirmación nacionalista en el cine mexicano. En torno al premio a María Candelaria (Fernández, 1943), en Cannes", *Historias* 74, 81–98, consultado en https://mediateca.inah.gob.mx/repositorio/islandora/object/articulo:13151.

Vega Alfaro, E. de la. (1991) *La industria cinematográfica mexicana. Perfil histórico-social*. México: Universidad de Guadalajara.

Vitali, V. / Willemen, P. (2006) "Introduction", en Vitali, V. / Willemen, P. (eds.) *Theorising National Cinema*. London: British Film Institute.

Widdifield, S. (2001) "El impulso de Humboldt y la mirada extranjera sobre México", en Acevedo, E. (ed.) *Hacia otra historia del arte en México: De la estructuración colonial a la exigencia nacional (1780-1860)*, 257-272. México: Conaculta.

Alfredo Martínez-Expósito

Gente y gastronomía en *Spain in a Day*, de Isabel Coixet

Spain in a Day (2016), producida por Jaume Roures y dirigida por Isabel Coixet, es una película que sigue el formato inaugurado por *Life in a Day*, de Kevin Macdonald (2011): con la participación voluntaria de personas anónimas que proporcionan videos domésticos filmados en un día concreto, la directora edita una película a medio camino entre el documental y el *collage* de autoría colectiva. Entre los temas destacados de la narrativa resultante, tales como los efectos de la crisis, la enfermedad o el drama de los refugiados, la gastronomía desempeña un papel fundamental en la construcción de una cierta imagen de España. Frente a una tendencia del cine español inmediatamente anterior a la crisis de 2008 de tratar la temática gastronómica elevando lo culinario a categoría de acontecimiento mediante el recurso temático a chefs estrella, restaurantes exclusivos y prestigio internacional (Martínez-Expósito 2015: 286), *Spain in a Day* subraya la cotidianeidad de la comida como hábito personal, familiar y cultural. Las prácticas alimentarias mostradas en la película parecen haber sido elegidas en función de su valor comunitario, colectivo y compartible, generando así una narrativa de unión en torno a espacios y rituales culinarios. El espacio discursivo de este modo delimitado por Coixet se relaciona directamente con ideas acerca de la identidad cultural española emanadas desde la izquierda alternativa; este artículo propone una lectura gastronómica de *Spain in a Day* como un ensayo de aproximación a los conceptos interrelacionados de "gente" y "pueblo" (Hardt y Negri).

La película anglo-norteamericana *Life in a Day* fue recibida tras su estreno en 2011 como un documental extraordinariamente auténtico gracias a su autoría colectiva y al hecho incontrovertible de que cada uno de los personajes que aparecía en pantalla era una persona real que mostraba a la cámara un fragmento de vida real. *Life in a Day* ilustra la profunda influencia que las plataformas digitales colectivas y los modos de financiación masiva y colectiva están ejerciendo sobre nociones tan establecidas como la de autor, director o productor. La película fue el resultado de la asociación entre YouTube, Ridley Scott y LG Electronics. Se presentó en el Sundance Film Festival en 2011 y desde ese año está disponible de manera gratuita en YouTube. El director Kevin Macdonald fue el encargado de montar una selección de los más de ochenta mil videos recibidos de 192 países, todos ellos filmados el 24 de julio de 2010 y en los que de una u otra manera se respondía a preguntas como "¿qué amas?", "¿qué temes?", o "¿qué llevas en tus bolsillos?". El resultado final carece de una estructura narrativa de tipo tradicional, pero la presencia de personajes recurrentes y núcleos temáticos aporta ritmo y coherencia a un relato coral, fragmentario y caótico que evoca, en cierto modo, las formas de organización rizomática propios de internet. Más aún: la exhortación al espectador a convertirse en la fuente primigenia del material que constituye la película, reflejado en reclamos promocionales como "Filmed by You" y alusiones constantes a las ideas de masa, gente y multitud (*crowdfunded, crowdsourced*), alinean esta experiencia cinematográfica con la lógica de la sociedad-red teorizada entre otros por Manuel Castells:

> Networks constitute the new social morphology of our societies, and the diffusion of networking logic substantially modifies the operation and outcomes in processes of production, experience, power, and culture: [...] the power of flows takes precedence over the flows of power [in] the network society, characterized by the pre-eminence of social morphology over social action. (Castells 2010: 500)

Live in Day inspiró varias producciones en otros países. En el Reino Unido, la BBC llamó a los británicos a filmar sus videos el 12 de noviembre de 2011 para *Britain in a Day* (2012). En 2012 se puso en marcha *Japan in a Day*, con el acento puesto en el tsunami del año anterior. Gabriele Salvatores dirigió *Italy in a Day* en 2014. En 2016 se presentaron *Germany in a Day*, dirigida por Sönke Wortmann, *Spain in a Day*, dirigida por Isabel Coixet, e *India in a Day*, codirigida por Richie Mehta, Aniruddha Chatterjee y Ritesh Ghosh. Y en 2017 Trish Dolman dirigió *Canada in a Day*. El formato original de *Live in a Day* se encuentra presente en todas estas producciones, aunque como es natural cada una de ellas muestra peculiaridades en cuanto a los modos de producción y los enfoques temáticos. El título de todas ellas alude a la película original y crea, mediante la reiteración de su último sintagma y el uso exclusivo (e incongruente en los casos alemán, japonés, italiano y español, ya que son películas mayoritaria o enteramente filmadas en sus propios idiomas) del inglés, una cierta unidad de sentido.

La iniciativa de *Spain in a Day* fue profusamente promocionada por Televisión Española en 2015, que a través de su programación y con la colaboración de personalidades mediáticas como Anne Igartiburu, Pepe Viyuela o David Bisbal convocó a los españoles a enviar videos filmados el 24 de octubre de ese año. De los 22 638 videos recibidos, el equipo de Isabel Coixet seleccionó 404 para elaborar los 81 minutos del metraje final. La película, producida por Jaume Roures (Mediapro) con el apoyo del grupo Campofrío, se presentó en el Festival Internacional de San Sebastián en 2016 y recibió críticas generalmente elogiosas a pesar de cierto escepticismo inicial, tal como se refleja en la reseña publicada por *El País*:

> En principio, aventuras cinematográficas como las de *Spain in a Day* [...] están condenadas al fracaso. El objetivo es demasiado grande como para dejarlo en manos de aficionados, la gente, que con su particular modo de entender sus propias existencias, deben resumirlas en apenas un momento. Pero, ¿y si la suma de esos instantes, bien estructurada y, sobre todo, cribada, con verdaderos estallidos de gusto e ingenio, de espontaneidad y desmesura, de vidas calmas y agitadas, acabara conformando no una idea tan trascendente como el ser y el estar, sino al menos un bello reflejo de cómo somos y cómo estamos? Y justo eso es lo que ha conseguido Isabel Coixet en *Spain in a Day*. (Ocaña 2016)

Spain in a Day no se aparta de manera sustancial del formato establecido por *Life in a Day*. Todo el material montado fue supuestamente filmado por colaboradores no profesionales el mismo sábado de octubre de 2015, y posteriormente seleccionado y editado por el equipo de Coixet. Los voluntarios y anónimos colaboradores trataban de responder a dos preguntas recurrentes en la mayoría de películas de este formato: "¿qué amas?" y "¿qué temes?", además de una tercera que revela cierta autonomía: si la original *Live in a Day* preguntaba "¿qué llevas en tus bolsillos?" y la alemana *Germany in Day* preguntaba "¿qué significa Alemania para ti?", la tercera pregunta de *Spain in a Day* es "¿en qué crees?" La estructura resultante reproduce la utilización de personajes recurrentes y núcleos temáticos ya ensayada por Macdonald, con el enfático subrayado de la banda sonora original de Alberto Iglesias. A pesar de que el nombre de Isabel Coixet aparece en los créditos como directora de la película, la sensación de una genuina autoría colectiva está presente en cada uno de los videos que componen el metraje. La autoría colectiva remite, por su parte, a un concepto si cabe aún más presente en toda la película: más que el concepto de "la gente" utilizado por Ocaña en su reseña, se trataría del concepto de "gente normal" como la auténtica protagonista de una España normal, o, como veremos, normalizada. La película se cierra con una cita que confirma esta idea: "Que nada ni nadie nos quite nuestra manera de disfrutar de la vida". Una declaración que apela a un nosotros dotado de la unidad que confiere ese modo de disfrutar de ciertos elementos culturales, y que el público español asocia inmediatamente a los emotivos anuncios publicitarios que el Grupo de Alimentación Campofrío presenta en sus campañas navideñas desde 2011. Esta serie de anuncios de autor incluye *Cómicos* (Álex de la Iglesia 2011), *El currículum de todos* (Bollaín 2012), *Hazte extranjero* (Bollaín 2013), *Bombería* (Zambrano 2014), *Despertar* (Bollaín 2015), *Hijos del entendimiento* (Sánchez Arévalo 2016), *Amodio* (Coixet 2017), *La tienda LOL* (Sánchez Arévalo 2018). La efectividad emocional de algunos de estos anuncios ha suscitado análisis específicos; así, en relación con *Despertar,* producido el mismo año de *Spain in a Day,* se ha señalado su construida autenticidad emocional:

> El *spot Despertar* pertenece al tipo de publicidad denominado *branding* emocional que busca la conexión afectiva con las audiencias para publicitar no tanto el producto, sino la marca. Una de las estrategias del anuncio para conectar con su público es hacer que la historia que cuenta parezca real, posible o auténtica, y de esta manera hacer que tanto la historia relatada como la marca pase a formar parte de la vida, recuerdos y emociones de la audiencia. (Gil Soldevilla / Antón-Carrillo 2018: 306)

Además de construir una versión interesada de lo auténtico, la estrategia de *Despertar* "resta importancia a la crisis, al des-socializarla y des-politizarla, a la vez que la individualiza" (Gil Soldevilla / Antón-Carrillo 2018: 307). Ambas limitaciones se observan en la película de Isabel Coixet solo de manera parcial ya que, por una parte, la crisis sobre la que gira el anuncio publicitario no es el tema central de la película, y, por otra, la construcción de lo auténtico, que en el anuncio se establece a través del vínculo afectivo con la audiencia, recurre en el caso de la película a la estrategia más radical de apelar a la autoría de la propia audiencia. Hay que tener en cuenta, además, que la participación de la compañía Campofrío como *sponsor* de *Spain in a Day* ofrece una clave de lectura ligeramente diferente a las otras películas herederas de *Life in a Day.* En un comunicado de prensa emitido la semana anterior al 24 de octubre de 2015, la empresa declaraba:

> *Spain in a Day* is an initiative that reflects the philosophy and values of Campofrío, *Our way of enjoying life.* Our products and brands form part of everyday life in Spain and can be found in thousands of homes all across the country. Campofrío is a lifetime brand, with deep-rooted values that most of us can relate to at a personal level; our personal brand that belongs to everyone. A symbol of what we are like, how we enjoy ourselves and how we live. (Campofrío)

Esta declaración confirma que, al menos desde el punto de vista de la compañía, existe una relación entre la película y los valores de la marca Campofrío claramente identificados con una comunidad vitalista, emocional y nacional. Una lectura de *Spain in a Day* desde el punto de vista de la marca que la patrocina habría de tener en cuenta no solo los valores asociados a esa marca, sino también estrategias de mercadotecnia como la colocación de productos en pantalla (*product placement*), la asociación de personajes con la marca o sus productos, o la alusión a los valores o eslóganes de la marca. Sin embargo, en el caso de *Spain in a Day* este rastreo aportaría un número limitado de datos relevantes ya que no se observan productos, bienes o servicios asociados a la marca Campofrío y la alusión, al final de la película, al eslogan de la compañía no incluye una atribución a la misma. Tampoco se puede hablar en sentido estricto de una asociación de los personajes con la marca, ya que las campañas promocionales de Campofrío no se han identificado con actores o personajes concretos y por lo tanto en la película no se podría haber hecho uso de rostros identificables con la compañía (cosa que por otra parte impide el formato de colaboración ciudadana masiva).

Si la lectura de la película en clave comercial no resulta en principio relevante, sí lo es una interpretación de la misma en consonancia con los valores de marca explicitados por Campofrío en su eslogan "Que nada ni nadie nos quite nuestra manera de disfrutar de la vida" y que se glosan en el comunicado de prensa arriba citado mediante la alusión a la vida cotidiana ("everyday life in Spain") y a una comunidad de individuos ("personal brand that belongs to everyone") definida por una identidad compartida ("what we are like, how we enjoy ourselves and how we live"). La película tematiza las ideas de cotidianeidad, comunidad e identidad colectiva mediante una serie de estrategias discursivas y compositivas entre las que destacan las siguientes: la ilusión de reiteración cotidiana, la elección de núcleos temáticos comunales, la narrativización de un pequeño número de historias de valor simbólico, y la ilusión especular de ofrecer a la audiencia española un autorretrato de su intrahistoria.

La ilusión de reiteración cotidiana consiste en el efecto creado por las normas de género impuestas por el formato, según las cuales el espectador ha de leer la película como un día en la vida del país, y no, por ejemplo, como un evento singular o excepcional. Este efecto, ya presente en el título de la película, se refuerza mediante la estructura del metraje que presenta los cientos de videos siguiendo la cronología de un día cualquiera comenzando en la medianoche: madrugada, mañana, tarde y noche. Aunque algunos de los videos muestran momentos de importancia singular (peticiones de matrimonio, cumpleaños, salidas del armario), la gran mayoría retratan momentos cotidianos y por lo tanto iterativos: el despertar, las comidas, prácticas deportivas y culturales, momentos de la rutina cotidiana. La construcción de la cotidianeidad en *Spain in a Day* presta una atención especial a los rituales gastronómicos, a la comida, las cocinas, los productos alimenticios y la preparación de desayunos, almuerzos, meriendas y cenas.

La elección de los núcleos temáticos en los que se basa la estructura cronológica de la película prioriza y enfatiza las actividades comunales, solo ocasionalmente contrapunteadas por personajes solos. Cada uno de los segmentos temáticos en los que se presentan en rápida sucesión estos temas incluye una mayoría de actividades en grupo. Así, el segmento de prácticas musicales incluye orquestas, bandas y agrupaciones de varios tipos pero solo un pequeño número de intérpretes individuales. Lo mismo se observa en los segmentos sobre prácticas deportivas, sobre emigrantes o, muy significativamente, sobre refugiados.

Los segmentos dedicados a la comida también inciden en la idea comunal y por ello abundan familias, parejas y grupos de amigos que comen juntos, bien en prácticas cotidianas como el desayuno o el almuerzo, bien en momentos excepcionales como fiestas de cumpleaños o la celebración por haber conseguido la nacionalidad española. La aparición de un personaje comiendo solo (un hombre joven que come un bocadillo sentado junto a su bicicleta en el campo) no hace sino subrayar la importancia comunal que la película otorga a los rituales culinarios.

La narrativización de historias de valor simbólico consiste en la inclusión de dos o más videos correspondientes al mismo personaje en momentos diferentes de la película. Estructuralmente, esta estrategia aporta ritmo a la película mediante repeticiones temáticas que apelan al trabajo compositivo del espectador. Se trata de un pequeño número de historias: una pareja de chicos jóvenes que viaja por Australia; una anciana gallega que va perdiendo la memoria; una chica joven que está siendo tratada con quimioterapia; un transexual; un farero; una niña a la que sus padres llevan al museo. El simbolismo de estas pequeñas viñetas está relacionado con diferentes declinaciones del concepto de comunidad. Así, los turistas españoles en Australia recuerdan al espectador que la comunidad la hace la gente, no la geografía; y al mencionar el topónimo Mission Beach donde se encuentran subrayan el hecho de que en *Spain in a Day* no se menciona ningún lugar español. La historia de la anciana que no recuerda cuántos años tiene ni cuántos hijos tuvo recibe un tratamiento sentimental mediante la inclusión de varios planos lentos que enfatizan su mirada perdida y cansada. La historia de la joven que recibe quimioterapia ejemplifica otras historias, menos desarrolladas, de personas con diferentes enfermedades y minusvalías: en todos los casos se subraya su espíritu de superación, su lucha anónima contra la adversidad, su espíritu positivo. La aparición del transexual epitomiza otros videos en los que aparecen sujetos *queer* en diferentes contextos y circunstancias. Y la aparición de la niña a la que sus padres llevan al museo guarda relación con el gran número de niños que aparecen en esta película, como si España no fuera el país del mundo con menor índice de natalidad.

La ilusión especular de ofrecer a la audiencia española un autorretrato de su intrahistoria refuerza las ideas de cotidianeidad, comunidad e identidad colectiva gracias sobre todo a la noción clave de autenticidad que está en la base de *Spain in a Day*. La construcción de lo auténtico se logra mediante la aparente transparencia editorial de los materiales presentados: la elección de los vídeos, su montaje, la música y la banda sonora, la estructuración cronológica y rítmica, y también la inclusión en pantalla del eslogan de Campofrío, son intervenciones en apariencia inocuas que no solo no afectan, sino que podría decirse que acentúan la sensación de autenticidad de los momentos de vida presentados en pantalla. La sensación de que la película presenta retazos de vida de gente auténtica se refuerza asimismo gracias a la ausencia de actores profesionales o personalidades reconocibles de los ámbitos mediático, cultural o político. La autenticidad antropológica, o intrahistoria, se logra también mediante la exclusión de los temas políticos del momento, tales como el fin de ETA (2011), el inicio del proceso independentista catalán (2012) o la corrupción política que conoce un momento cenital en el comienzo del juicio por el "caso Gürtel" (2016). Sin embargo, los temas sociales tienen una presencia más que notable: la emigración de jóvenes españoles a países europeos, la llegada de inmigrantes en condiciones penosas, y la visibilización de personas LGBTI son temas recurrentes que apuntan a un ingrediente esencial del concepto de autenticidad: la diversidad. El autorretrato de la sociedad española propuesto por *Spain in a Day* es rico en matices sociales, sexuales, lingüísticos y regionales. Y en este sentido, una vez más el tratamiento del tema gastronómico resulta de gran importancia para enfatizar la idea de pluralidad.

Estas cuatro estrategias discursivas apuntalan el que podríamos considerar eje central de *Spain in a Day*: la comunidad de individuos que se sienten unidos por vínculos afectivos y por prácticas cotidianas compartidas. Este tipo de comunidad, que no está necesariamente unificada por la idea de nación, es lo que Hardt y Negri denominan "gente" (*multitude*) en la Cuarta Parte de su influyente obra *Empire* (Hardt / Negri 2000: 351–414). En los debates sobre el populismo que surgieron en torno al 15 M y que fueron favorecidos sobre todo por los foros de discusión de Podemos se otorgó carta de naturaleza una clara diferencia entre los conceptos de "gente" y "pueblo" que ya está presente, a nivel de sujeto político, en la obra de Hardt y Negri:

> Le 15 M 2011 est de ce fait un mouvement populaire qui semble réaliser en pratique l'action micro-politique deleuzienne et surtout donner corps au concept de *multitude* théorisé par T. Negri et M. Hardt dans les années 2000, qui s'opposait radicalement à la notion de peuple entendue comme une communauté qui se donne pour elle-même un horizon d'universalité. Dans leur essai publié en 2005 sous le titre *Multitudes,* les deux philosophes post-marxistes théorisent une multiplicité non organique, différentielle et puissante. (Delage 2017: párr. 12)

La distinción resulta útil para diferenciar entre comunidades que tienen conciencia de un nosotros frente a aquellas en las que cada individuo se percibe como fundamentalmente irreducible a una identidad grupal. Una de las críticas al concepto de Hardt y Negri consiste precisamente en la necesidad de comunicación entre las singularidades que componen la multitud (cf. Morgan Parmett

2012: 184–185), y que una aplicación de la concepción de la sociedad como red tal como la piensa Castells podría contribuir a dilucidar. En todo caso, la disociación entre las nociones esencialistas ligadas a la idea de pueblo y el paradigma propuesto por Hardt y Negri contribuye de manera decisiva a diferenciar la gente tanto de la no gente (que Podemos equipara en su programa a las élites oligárquicas políticas y económicas mediante el vocablo resemantizado "casta") como del pueblo definido en términos raciales o nacionales.

A la luz del paradigma populista, que en 2015 marcaba las principales tendencias del debate político en España, la estrategia discursiva de *Spain in a Day* pasa por definir la comunidad española como "gente", es decir, como una comunidad no orgánica pero que se siente vinculada y en cierto modo unificada por unos valores compartidos ("nuestra manera de disfrutar de la vida"), y capaz asimismo de utilizar la primera persona del plural para confeccionar un autorretrato con posibilidades de ser percibido como auténtico. Pero el concepto de "gente" inspirado por la cotidianeidad comunal inscrita en la marca Campofrío no es un concepto opositivo, es decir, no se opone ni a las élites oligárquicas ni a las comunidades nacionales o con conciencia de pueblo. La ausencia de una clara definición binaria de la gente de *Spain in a Day* priva al concepto de la relevancia política que puede tener en otros contextos, sobre todo en las agendas populistas que lo elevan a agente de cambio social. En este sentido se puede observar una cierta sintonía con los anuncios televisivos de Campofrío, en los que se "rechaza cualquier intento de transformación del mundo a través de la política o la activación social" (Gil Soldevilla / Antón-Carrillo 2018: 307). Es más, si el eslogan de Campofrío puede ser considerado como línea ideológica de la película resulta evidente que *Spain in a Day* se sitúa en el terreno de lo sentimental y lo dionisíaco, priorizando el hedonismo y la celebración. No se percibe, en este discurso, una oposición entre el nosotros que obviamente se celebra y un ellos de ningún tipo. La ausencia de confrontación implica un cierto desinterés por la posibilidad de cambio social y una apuesta clara por la reafirmación y el reconocimiento de la gente. Aunque la utilización más clara de este concepto sentimental tiene lugar en el minuto 68 de la película cuando una chica joven habla de "estar con mi gente" como uno de los placeres de la vida, es el tema gastronómico el que en la película articula con mayor claridad este concepto.

El tema gastronómico se hizo un hueco importante en el cine español en la primera década del siglo XXI gracias a la popularización en la cultura española de la alta cocina representada por chefs de fama internacional como Ferrán Adrià, Juan Mari Arzak, Carme Ruscalleda, Martín Berasategui, Juan Roca, Pedro Subijana y Santi Santamaría. Los espacios culinarios en televisión conocieron entonces una época dorada gracias a personalidades como Karlos

Arguiñano, cuyo programa *Karlos Arguiñano en tu cocina* (Tele 5 2004–2008) continuó la fórmula ya probada la década anterior con Televisión Española (*El menú de Karlos Arguiñano* 1994–1995, y *La cocina de Karlos Arguiñano* 1995–1997). La mayor presencia del tema gastronómico en el cine se vio favorecida, además, por acontecimientos de gran valor simbólico como la declaración por parte de la UNESCO de la dieta mediterránea como patrimonio intangible de la humanidad (2010) o la exaltación de la cocina española en medios internacionales del prestigio como *Le Monde* o *The New York Times* (Lubow 2003); Lisa Abend, corresponsal de la revista *Time* en España, resume de esta manera el renacimiento de la gastronomía española en esta época, en el que el papel de Ferrán Adrià resulta de una importancia determinante:

> Indeed, as late as the 1980s, Spanish food had almost no reputation at all; when expatriates such as Gerry Dawes and Janet Mendel began writing about it, they had to persuade skeptics that there was more to Spanish cuisine than paella and gazpacho. That Spain is now the most exciting and admired place to work for a serious student of cuisine is the result of the labor of dozens of innovative chefs and hundreds of exceptional producers. But in its origins, the phenomenon is almost entirely attributable to Ferrán Adrià. (Abend 2011: 12)

Entre las películas españolas en las que el tema gastronómico ocupa un lugar central se podrían destacar *Tapas* (Corbacho / Cruz 2005), *Fuera de carta* (García Velilla 2008), *El pollo, el pez y el cangrejo real* (López-Linares 2008), *Dieta mediterránea* (Oristrell 2009), *Sukalde Kontuak / Secretos de cocina* (Goenaga 2009) y *18 comidas* (Coira 2010). Aunque distan de conformar un género cinematográfico propiamente dicho, estas películas proponen diversos acercamientos al tema gastronómico confiriéndole relevancia argumental y narrativa. Partiendo de personajes y premisas argumentales diferentes, todas ellas desarrollan los tres ejes temáticos que según Hidalgo-Marí, Segarra-Saavedra y Rodríguez-Monteagudo (2016: 242–245) caracterizan el cine gastronómico: la comida como reflejo de la diferencia social, como exaltación de los sentimientos y como representación de la profesionalidad gastronómica. Además, se trata de películas que contribuyeron en su momento a afianzar la estrategia comunicativa de Marca España mediante el cultivo de los discursos y valores que el gobierno socialista del período 2004–2011 trataba de proyectar internacionalmente, "tales como la renovación del país, la recuperación vanguardista de tradiciones locales, una ética del pluralismo y la diversidad, o la vindicación de sexualidades no normativas" (Martínez-Expósito 2015: 307).

Aunque el lugar del tema gastronómico en *Spain in a Day* no es comparable a la posición de centralidad que ocupa en las películas mencionadas, resulta llamativo que su función temática y simbólica es profundamente coherente con los rasgos identificados para ellas: relaciones sociales, exaltación de los sentimientos, la profesión gastronómica, el pluralismo geográfico y la diversidad sexual aparecen en *Spain in a Day* de una manera constante y en la mayor parte de los casos con una relación explícita con el tema gastronómico. Los ocho vídeos o segmentos de tema gastronómico son los siguientes: (1) la primera imagen relacionada con la comida aparece en el minuto 5 de la película y corresponde a la madrugada del sábado 24 de octubre de 2015: se trata de un montaje rápido en el que se intercala la fabricación del pan con la impresión de los periódicos del día; (2) el montaje rápido reaparece en el minuto 11 para mostrar una sucesión de desayunos seguido inmediatamente por el vídeo de una *percebeira* que explica las dificultades de su trabajo; (3) en los minutos 21 y 22 aparecen varios exteriores de cultivos, bosques y gente cogiendo setas; (4) en el minuto 23 una madre entrega una maleta llena de comida a su hija emigrante; se enfatiza el hecho de que los productos de la maleta son de comida inequívocamente española; (5) en el minuto 28 un cocinero de restaurante explica las dificultades de su trabajo; (6) el segmento culinario más importante y extenso de la película (minutos 32 al 36) corresponde a la comida central del día e incluye videos cortos sobre la preparación de la comida en rápida sucesión (una anciana pelando patatas, un horno tradicional, mercados, cocinas, bares), mostrando platos muy reconocibles (bocadillo de calamares, paella), grupos de personas comiendo en varios contextos, animales comiendo, y finalmente personas durmiendo la siesta; (7) en el minuto 49 una mujer ecuatoriana celebra con su familia su recién lograda ciudadanía española con una merienda, escena inmediatamente seguida por varias celebraciones de cumpleaños siempre con la tarta como elemento iconográfico central; y (8) en el minuto 66 aparece un collage de vídeos que muestran sartenes y tortillas en el momento de la cena.

El tema gastronómico que se deduce de estas escenas funciona por una parte como marcador de cotidianeidad, al remitir insistentemente a los rituales cotidianos de preparación y degustación de la comida. Y por otra parte funciona como un marcador de españolidad, al presentar alimentos y platos inconfundiblemente españoles como la paella o la tortilla de patata, además de productos como el pan tradicional, los mariscos, o las setas, que evocan costumbres (la siesta) y ocupaciones relacionadas con la gastronomía ibérica. Este marcador de españolidad resulta particularmente llamativo porque la película no incluye otros marcadores habituales en películas sobre "lo español", como los toros, el fútbol o las fiestas religiosas. De hecho, *Spain in a Day* construye una imagen de España notablemente desprovista de marcadores nacionales en la que no solo no aparecen los temas tradicionales de la españolada, sino que tampoco se alude a temas políticos de actualidad o acontecimientos históricos; tampoco se mencionan topónimos, ni siquiera el propio nombre del país que en el título de la película aparece en inglés. La gastronomía resalta, pues, como una de las pocas isotopías de la película relacionadas con el significante "España".

El tratamiento de lo culinario enfatiza la diversidad frente a la unidad. La regionalización de la cocina española fue una de sus características más indiscutibles desde que a comienzos del siglo XX se comenzó a formar la conciencia de una cocina nacional que solo podría estar constituida por la agregación de una serie de prácticas culinarias locales y regionales (cf. Anderson 2009: 123). La diversidad de la cocina española se manifiesta tanto en el uso de productos y alimentos específicos de cada zona geográfica como en las recetas y procedimientos de preparación. En *Spain in a Day* se evidencia la diversidad geográfica mediante la inclusión de explotaciones agrícolas, pesqueras y ganaderas. También se evidencia la diversidad de técnicas culinarias mediante la inclusión de métodos tradicionales, caseros e industriales así como de diferentes lugares de consumo que incluyen cocinas en domicilios particulares, bares, restaurantes, e incluso personas comiendo al aire libre. La diversidad se percibe también en el terreno cultural gracias a la inclusión de un video sobre un mercado de comida china y otro sobre una familia ecuatoriana. Aunque no están representadas todas las minorías étnicas que conviven en España (gitanos y musulmanes, por ejemplo, no están visibilizados en la película), se percibe un esfuerzo por incluir varias sensibilidades nacionales ibéricas mediante la inclusión de videos en los que se utilizan las lenguas catalana, vasca y gallega. Uno de los videos en catalán presenta una breve discusión acerca de los diferentes modos de cocinar la paella. La película podría de este modo haber establecido un diálogo con las comedias regionalistas de Martínez Lázaro (2014, 2015), casi contemporáneas de *Spain in a Day*, en las que las diferencias y peculiaridades gastronómicas se ponen al servicio de una contraposición polémica de identidades culturales, pero también en este punto resulta evidente que la película de Coixet evita cualquier atisbo de intención polémica.

La evitación de los referentes nacionales, ya sea a nivel estatal o a niveles autonómicos, regionales o locales, refuerza la impresión de que en *Spain in a Day* se ha procedido a una deliberada atenuación de lo relativo a las ideas de pueblo y nación en favor de las ideas de comunidad y gente. El tema culinario en esta película contribuye a construir el protagonismo colectivo de "la gente normal" con independencia de su lengua, sentimiento nacional o cultura de referencia. Además, la comida es un factor de autentificación de esta idea de "gente". La abundancia de vídeos de cocinas familiares y prácticas alimentarias cotidianas, junto con la ausencia de comidas formales, banquetes o prácticas protocolarias, enfatiza un sentido de comunidad que descansa sobre la idea de autenticidad, construyendo de esa manera la noción clave de "gente auténtica". De este modo, la idea populista de gente se ve doblemente matizada en *Spain in a Day* como normal y auténtica.

El hecho de que la idea de "gente" en esta película se muestre en clara oposición a la idea de "pueblo" no debe considerarse, sin embargo, como una decisión tendente a despolitizar o desocializar el discurso subyacente, como era el caso de los anuncios de Campofrío en opinión de Gil Soldevilla y Antón-Carrillo (2018). De hecho, la dimensión de compromiso político de la personalidad de Isabel Coixet no hizo sino acrecentarse en los años anteriores e inmediatamente posteriores a esta película mediante sus intervenciones cinematográficas (el documental *Escuchando al juez Garzón* ejemplifica la inequívoca toma de partido de Coixet al identificar al espectador con el rol del interlocutor, lo cual "encourages the transfer of democratic listening […] to the spectator" (Hogan 2016: 74)) y extracinematográficas, como el artículo en el que Coixet dio a conocer la decisión de la actriz Rosa Maria Sardà de renunciar a la Creu de Sant Jordi en un claro posicionamiento ante la política del gobierno catalán (Coixet 2017). La politización de *Spain in a Day* se caracteriza precisamente por su implícita desautorización de las nociones políticas asociadas a la idea de pueblo; la pregunta sobre la propia nación, que aparece en películas como *Germany in a Day*, sería impensable en *Spain in a Day*. En lugar del pueblo, es la gente, en tanto que comunidad no orgánica de valores compartidos, normalizada y autentificada por la cotidianeidad, lo que da sentido a la idea de "Spain" (la España del espejo) en la película de Coixet. Nada más lejos, pues, de las pretensiones oficializadoras de la cultura popular que caracterizan tanto al nacionalismo clásico como al nacionalismo comercial de las estrategias de marca país: no hay más que pensar que la tensión entre imagen caliente (diversión) e imagen fría (seriedad) inherente a los desarrollos de Marca España se resuelve en esta película claramente a favor de una imagen caliente en la que dominan las emociones, los lazos familiares y los sentimientos comunitarios, mientras que la imagen enfriada de los chefs de alta cocina, gastronomía experimental y apreciación intelectual del arte culinario no tienen apenas cabida.

El tema gastronómico aporta a *Spain in a Day* una dosis de tradicionalismo que no se observa en otros temas de la película. El énfasis en los efectos de la crisis, la emigración, la enfermedad o identidades sexuales no heteropatriarcales contribuye a crear un autorretrato del país en términos de profunda y constante renovación en un espacio global caracterizado precisamente por la impermanencia de las estructuras sociales. El tema de "la gente", tal como lo hemos descrito en estas páginas, se erige en la película de Coixet como la única configuración comunal capaz de proporcionar a las personas una referencia supraindividual sin los tributos que las ideas de pueblo o nación exigen. No hay, sin embargo, en la película una crítica al concepto populista de "gente" ni una respuesta a algunas de sus limitaciones. Así, su carácter prepolítico, su incapacidad para crear relatos de identificación sentimental, o las dificultades para canalizar la comunicación entre los miembros de la colectividad no parecen entrar en el campo de preocupaciones de *Spain in a Day*.

Bibliografía

Abend, L. (2011) *The Sorcerer's Apprentices: A Season at elBulli. Behind the Scenes at the World's Most Famous Restaurant*. New York: Simon and Schuster.

Anderson, L. (2009) "Cooking Up the Nation in Fin-de-Siècle Spanish Cookery Books and Culinary Treatises", *Romance Studies* 27/2, 121–132.

Campofrío (2015). "Campofrío takes part in the first crowdsourced film in Spain", consultado en https://www.campofriofrescos.es/scs/Satellite?c=Page&cid=1424171694770&d=738&pagename=CFG%2FCFGLayout.

Castells, M. (2010 [2000]) *The Rise of the Network Society*. Oxford: Wiley-Blackwell.

Coixet, I. (2017) "Rosa y Sant Jordi", *El País* 19 de noviembre de 2017.

Delage, A. (2017) "Peuple et anti-peuple: la gente comme sujet politique en Espagne, des mouvements du 15 M à l'hypothèse populiste de Podemos (2011–2017)", *Cahiers d'Études Romanes* 35, 521–538 (párr. 1–34).

Gil Soldevilla, S. / Antón-Carrillo, E. (2018) "La representación de la crisis española en la publicidad: el caso de Despertar (Campofrío, 2015)", *Área Abierta: Revista de Comunicación audiovisual y publicitaria* 18/2, 293–308.

Hardt, M. / Negri, A. (2000) *Empire*. Cambridge: Harvard University Press.

Hidalgo-Marí, T. / Segarra-Saavedra, J. / Rodríguez-Monteagudo, E. (2016) "El boom gastronómico en la gran pantalla: ¿estamos ante un nuevo género cinematográfico", *Fotocinema: Revista Científica de Cine y Fotografía* 13, 229–248.

Hogan, E. K. (2016) "A Politics of Listening in Isabel Coixet's *Escuchando al juez Garzón* (2011)", *International Journal of Iberian Studies* 29/1, 65–79.

Lubow, A. (2003) "A Laboratory of Taste", *The New York Times Magazine* (10.08.2003).

Martínez-Expósito, A. (2015) "Tapas, dietas y chefs: la Marca España en el nuevo cine gastronómico español", en Colmeiro, J. (ed.) *Encrucijadas globales: Redefinir España en el siglo XXI*, 285–310. Madrid/Frankfurt: Iberoamericana/Vervuert.

Morgan Parmett, H. (2012) "Community/Common: Jean-Luc Nancy and Antonio Negri on Collective Potentialities", *Communication, Culture & Critique* 5, 171–190.

Ocaña, J. (2016) "Spain in a Day: Un puesto de trabajo y unas cañas", *El País* (30.09.2016).

Filmografía

Coira, J. (2010) *18 comidas*. Tic Tac Producciones, ZircoZine, Lagarto Zine, Televisión de Galicia, Petra Pan Film Production.

Coixet, I. (2011) *Escuchando al juez Garzón*. Miss Wasabi.

Coixet, I. (2016) *Spain in a Day*. MediaPro Pictures.

Corbacho, J. / Cruz, J. (2005) *Tapas*. Castelao Producciones, El Terrat, Filmax, ICIC, ICF, INCAA, ICAA, MR Films, Moro Films, Programa Ibermedia, TV3, TVE, Tusitala PC.

Dolman, T. (2017) *Canada in a Day*. Screen Siren Pictures.

García Velilla, N. (2008) *Fuera de carta*. Antena 3 TV, Canguro Produzioni Internazionali Cinematografiche, Ensueño Films.

Goenaga, A. (2009) *Sukalde Kontuak / Secretos de cocina*. Zurriola Group Entertainment.

López-Linares, J. L. (2008) *El pollo, el pez y el cangrejo real*. Zebra Producciones.

Macdonald, K. et al. (2011) *Live in Day*. LG, Scott Free Productions, YouTube.

Martin, P. et al. (2012) *Japan in a Day*. Japan in a Day Films, Scott Free Productions.

Martínez Lázaro, E. (2014) *Ocho apellidos vascos*. Lazonafilms, Kowalski Films, Snow Films, Telecinco Cinema.

Martínez Lázaro, E. (2015) *Ocho apellidos catalanes*. Lazonafilms, Mogambo, Telecinco Cinema.

Matthews, M. / Besusan, S. / Dalla Costa, A. (2012) *Britain in a Day*. BBC, Scott Free Productions.

Mehta, R. / Chatterjee, A. / Ghosh, R. (2016) *India in a Day*. Scott Free Productions.

Oristrell, J. (2009) *Dieta mediterránea*. Messidor Films.

Salvatores, G. (2014) *Italy in a Day*. Indiana Production Company, RAI Cinema, Scott Free Productions, Ministero dei Beni e delle Attività Culturali e del Turismo.

Wortmann, S. (2016) *Deutschland. Made by Germany / Germany in a Day*. Egoli Tossell Film, Film House Germany, Indiana Production Company.

Àngel Quintana

El cine sustractivo de Albert Serra

Me gustaría empezar proponiendo una pregunta: ¿Qué es un cineasta? Para un amplio sector de la crítica, la cuestión parece tener una respuesta fácil. Un cineasta es aquella persona que se dedica a la labor de realizar películas, es decir es un profesional del cine, o del audiovisual. No obstante, si analizamos la deriva que el concepto de cineasta ha tenido desde la modernidad cinematográfica hasta la actual era digital, veremos que la cuestión es bastante más compleja y requiere que nos paremos unos instantes. En los años dominados por la política de autores surgida en torno a la revista *Cahiers du cinema*, se consideraba al cineasta a ese autor que era capaz de imprimir su personalidad a todas las obras que realizaba. El universo personal era el factor clave que el crítico debía descubrir para certificar la existencia de un cineasta.

La idea fue reelaborada, a mediados de los años noventa por el crítico y ensayista francés Jean Claude Biette. Este había sido colaborador de Pier Paolo Pasolini y admirador de Serge Daney. En un artículo publicado en la revista francesa *Trafic*, Biette (1998: 8) afirmaba que un cineasta era "quien en el acto de realizar su película era capaz de expresar un punto de vista sobre el mundo y sobre el cine". A lo largo de su texto, Biette proponía un doble movimiento. Por un lado, el cineasta es quien lucha para mantener una percepción particular del mundo, mediante un fuerte compromiso frente a la lógica de su tiempo. Por otro lado, existe la conciencia de que este cineasta no puede ser un simple observador de la realidad, porque debe ser capaz de articular un alto grado de autociencia frente a su mundo. Debe buscar un punto de vista personal fuerte que condicione su práctica fílmica. Sus actos creativos deben estar marcados por una clara preocupación intelectual que le permita comprender los fundamentos de la cultura en la que debe inscribir su obra. En plena deriva posestructuralista, al discutir sobre la figura del autor, Michel Foucault introdujo una interesante variante, que puede sernos útil para matizar la función actual que ejerce el cineasta. Foucault (1994: 803) nos advirtió de que en la sociedad liberal la figura del autor "está relacionada con un sistema jurídico e institucional que inserta, determina y articula el universo del discurso". Si trasladamos la definición propuesta por Foucault hacia el mundo del cine veremos que en cierto modo anticipa una cierta idea del cineasta como marca. Lo importante no reside en su fuerza discursiva como creador, sino la manera como es capaz de insertar su discurso en determinados sistemas institucionales.

El nombre de Albert Serra forma parte del canon establecido dentro del cine de autor contemporáneo. Sus obras son mostradas en los grandes festivales de cine y su trabajo genera numerosos debates en la esfera crítica e, incluso, académica. No obstante, si nos preguntamos de dónde surge el cine de Albert Serra y cuál puede ser su función como cineasta, veremos que su práctica resulta compleja porque, en esencia, nace del rechazo de otras prácticas precedentes. Serra no es hijo de la modernidad cinematográfica, ni forma parte de esa idea dominante del cineasta como profesional de las imágenes. Serra se constituye como autor, pero su autoría debe ser analizada en relación con una serie de mutaciones esenciales que lo colocan en una curiosa esfera situada más allá de la modernidad, e incluso más allá del cine, dentro de un amplio y singular territorio que podemos definir genéricamente como el de la cultura digital. A diferencia del cineasta moderno que según Biette necesitaba articular un discurso fuerte de compromiso sobre el mundo, Serra prefiere filtrar este discurso del compromiso a partir de una reflexión más abstracta sobre conceptos como la inocencia, la sacralidad, el mal, la muerte o el poder. Su cine parte de la reinvención de este a partir del mito y de la búsqueda de un extraño equilibrio entre ciertas tradiciones populares y ciertas formas de vanguardia capaces de generar una cierta autoconsciencia en el acto creativo. En esta deriva siempre acaba imponiéndose lo humano como algo que se pone de manifiesto a partir de gestos y movimientos esenciales.

Serra funciona también como marca, como cineasta capaz de crear discursos que le permitan moverse con admirable comodidad entre la institución cine y la institución arte contemporáneo. Es el cineasta que triunfa en el Festival de Cannes con *La mort de Louis XIV*, pero también el artista admirado en la Bienal de Venecia por *Singularity* o en la documenta de Kassel con *Els tres porquets*. Para poder comprender mejor cómo se articula este singular cineasta de la era digital es preciso formular dos nuevas preguntas: ¿De dónde surgen las imágenes? ¿Sus sistemas de representación pueden ser vistos como el reflejo de un pensamiento frente al arte y frente el mundo?

Para poder comprender de dónde vienen las imágenes de Albert Serra es preciso situarse de lleno en la mutación que ha vivido el medio cinematográfico con la aparición de la tecnología digital. Si tomamos como fecha simbólica el año 1995, el momento del centenario del cine, veremos cómo a partir de aquel momento se produce una profunda transformación en la tecnología y en la práctica audiovisual. La más significativa ha sido su transformación como medio expresivo surgido de las tecnologías mecánicas a un medio integrado en la nueva cultura informática. El paso no ha venido condicionado únicamente por la transformación del cuerpo humano en cuerpo cibernético, ni por el declive de la sala como espacio público, ni por la reformulación del ordenador como nuevo instrumento de comunicación y ocio en el ámbito familiar. La digitalización ha estado acompañada por una serie de fenómenos básicos que han cambiado todos los oficios del cine y la relación que la imagen establecía con la realidad referencial, considerada como materia prima de la estética fotográfica de carácter analógico. La substitución del negativo por el disco informático ha puesto en crisis la hipotética verdad de las imágenes, convirtiendo cualquiera de ellas en una serie de datos informativos capaces de ser manipulados y transformados ulteriormente. La imagen digital mantiene el valor de índice y de captura del movimiento, pero su posterior descomposición en los procesos de posproducción nos sitúa en otra esfera del realismo, diferente a la del realismo analógico y a sus distintas variantes.

A finales de los años noventa, mientras la tecnología digital permitía la irrupción de una serie de *blockbusters* que amplificaron los efectos especiales y la búsqueda fotorrealista mediante sofisticadas técnicas de posproducción, surgieron una serie de cineastas que empezaron a rodar con pequeñas cámaras digitales ligeras que permitían la posibilidad de llevar a cabo películas *low cost*. La tecnología digital permitía empezar a romper con los procesos tradicionales de producción. Podían llevarse a cabo rodajes con equipos reducidos, podía ampliarse el tiempo del rodaje según las necesidades del producto y podían filmarse escenas más íntimas que pusieran en crisis el peso artificioso del dispositivo fílmico. También era posible modificar algunas ideas tradicionales de la puesta en escena. El cineasta no necesitaba situarse ante las cosas, sino que podía llegar a atravesar el mundo con su propia cámara. La ligereza del sistema digital permitía rodar mucho más metraje y poder dedicar más tiempo en la selección posterior de las imágenes. Los directores no estaban pendientes del coste del material, podían utilizar mucho material en bruto para decidir lo que sería utilizado y lo que sería desechado en el montaje final. Era posible la existencia de un cine menor, que retomaba la vieja idea expuesta por Roberto Rossellini en los años sesenta, cuando surgieron las cámaras de 16mm, de que la auténtica transformación del cine surgiría con el cambio radical de los sistemas de producción, con la existencia de un cine pequeño rodado desde la ligereza. Este modelo de cine *low cost* permitió la recuperación de nuevos géneros como el ensayo documental –de Chris Marker a José Luis Guerin o Aleksander Sokurov–, el diario íntimo –de Jonas Mekas a Alain Cavalier– o el documental autobiográfico –de Jonas Mekas a Ross Mc Elwee o Alain Berliner.

Junto con todo este auge del cine *low cost*, empezó a surgir otro modelo de cine que intentaba establecer puentes con el mundo del arte contemporáneo. En los años sesenta, cuando tuvo lugar el nacimiento del videoarte, la institución arte contemporáneo empezó a experimentar con cámaras de video de baja definición, manipuló las señales electrónicas, creó nuevas texturas e impulsó nuevas formas. Los videoartistas vivían alejados del mundo del cine. Su interés no consistía en contar historias, ni en buscar vínculos de compromiso con el mundo, sino en crear nuevas ideas visuales a partir de la creación de nuevas superficies plásticas. Su deriva se constituyó en paralelo con la del cine moderno, pero sin establecer puntos de contacto. Tal como indicó Peter Wollen, en un artículo publicado en 1971, existían dos vanguardias. La sala de exposiciones era el *White cube* donde se ubicaban las instalaciones y la sala oscura era el *Black cube*. Los videoartistas elaboraban piezas y los cineastas películas. Con la llegada de la tecnología digital la separación técnica entre video y el celuloide, entre la sala de cine y el museo, empezó a entrar en crisis. Los artistas y los cineastas empezaron a trabajar con las mismas cámaras digitales y a rodar bajo las mismas condiciones de producción. Este hecho provocó una interesante migración de directores de cine hacia el mundo del arte –Abbas Kiarostami, Apichatpong Weerasethakul, Atom Egoyan, Chantal Akerman– y de artistas hacia el mundo del cine –Steve Mc Queen, Douglas Gordon, Philippe Parreno, etc.

En 2006, en el momento en que Albert Serra hace su aparición en el panorama cinematográfico internacional con la presentación de *Honor de Cavalleria* en la *Quinzaine des réalisateurs* del Festival de Cannes, en el cine internacional dominaba una cierta tendencia orientada hacia el minimalismo y lo conceptual. Mientras en la modernidad, la experiencia del rodaje y la búsqueda eran más importantes que la idea como concepto, en el nuevo cine minimalista, la creación de conceptos surgía como un elemento clave, como el elemento que debía provocar una tensión en la mirada y la conciencia del espectador. Una cierta tendencia del arte de los años setenta y ochenta se había instalado, con cierto retraso, en el interior de un cine contemporáneo que partía de la sustracción de todos aquellos elementos que habían sido considerados esenciales en el cine tradicional. El cine cuestionaba la función del guion como base fundamental para el desarrollo de la narración de la película porque detestaba la creación de efectos dramáticos, la idea de acción y la construcción psicológica de los personajes. Lo importante era la reivindicación de la belleza plástica, el paso del tiempo, la gestualidad y la capacidad de observación. No era preciso preguntarse qué es lo que pasará después de lo que estoy viendo, únicamente era preciso saber qué es lo que estoy viendo aquí y ahora. El llamado *slow cinema* o *cinema soustractif* se situaba más allá del ámbito narrativo, incorporaba una influencia heredada del arte contemporáneo y dimensionaba otras formas de percepción a partir de la depuración de todo lo que, hasta aquel momento, había sido considerado como la esencia del cine narrativo. En cierto modo se recuperaban las bases de cierta modernidad basada en la estética de la desaparición y en la imagen tiempo, enunciada por Gilles Deleuze, pero la operación se llevaba a cabo mirando el mundo del arte contemporáneo y estableciendo nuevas formas de captura a partir de la estética digital. Esta tendencia surgió en diferentes partes del mundo, desde la obra de diversos directores que a partir de un apego específico a su mundo local eran capaces de sublimarlo hacia lo global. De este modo, en la nueva geopolítica del cine sustractivo surgían algunos nombres significativos como el iraní Abbas Kiarostami, el portugués Pedro Costa, el argentino Lisandro Alonso, el taiwanés Tsai Ming Liang, el ruso Aleksander Sokurov, los americanos Gus Van Sant o James Benning, el tailandés Apichatpong Weerasethakul y el catalán Albert Serra.

La figura de Albert Serra surgió en Catalunya en un momento en que se estaban reformulando las nuevas formas de escritura cinematográficas, a partir de las derivas que podía tomar el documental como nueva forma de expresión. Un cierto cine surgido en Barcelona, desde los márgenes del sistema estaba cuestionando el poder institucional del cine español cuya industria se había instalado en Madrid. El Máster de Documental de la Universitat Pompeu Fabra (Barcelona) fue el punto de partida para la consolidación de algunos cineastas como Joaquim Jordà, José Luis Guerin, Marc Recha o Mercedes Álvarez. Mientras en algunas instituciones artísticas se abrían nuevos caminos para la exploración de determinadas prácticas, como la creación de las correspondencias fílmicas entre cineastas cuya primera entrega tuvo lugar entre Victor Erice y Abbas Kiarostami (1995), Albert Serra surge como un *outsider*, como un cineasta situado al margen de todos los movimientos cinematográficos surgidos en su país. Su formación es básicamente literaria. Ha rodado una primera película *amateur –Crespià, the film not the village–* y su universo particular se sitúa en la periferia –Banyoles, una población de 20 000 habitantes–. Los técnicos y los actores que trabajan en su primer largometraje oficial *–Honor de Cavalleria–* no proceden del mundo profesional. Serra tampoco tiene ningún deseo de instalarse en el interior de cierta tradición cinematográfica, en todo caso la tradición catalana que verdaderamente le interesa es la artística, sobretodo la figura de Salvador Dalí. No obstante, *Honor de Cavalleria* provoca una explosión cultural en el panorama cinematográfico como si se tratara de una experiencia insólita, de un ovni de difícil identificación. Serra va más allá de los debates que se producen en torno al documental y se sitúa de pleno en medio de los debates en torno al cine sustractivo de ficción, para construir una peculiar versión en catalán del clásico de la literatura española, *Don Quijote de la Mancha* de Cervantes. Su película dilata el tiempo, muestra una errancia por un paisaje mediterráneo, pone en crisis el relato tradicional para potenciar la gestualidad y los elementos cotidianos. En

algunos momentos, al filmar la noche la imagen fotográfica se sitúa durante un
largo tiempo en el límite de la oscuridad. En otros momentos la cámara intenta
capturar la fuerza telúrica del viento. Sin embargo, la puesta en escena articulada
en la película introduce dentro de este cine sustractivo una serie de variantes
basadas en el mito, las tradiciones populares y la posibilidad de destruir las convenciones mediante una mirada humana capaz de capturar lo esencial de una
obra sin necesidad de recurrir a la fuerza del relato. Pere Gimferrer, miembro de
la Real Academia española de la lengua, describe perfectamente el camino que
abrió Albert Serra con su versión de *El Quijote*, al escribir de forma sintética:

> Su materia prima y última es, por lo tanto, el tiempo y el espacio del rodaje que han sido
> retenidos en su duración final. Las tomas largas y a menudo estáticas, que permite la
> filmación en video digital, hacen posible una extraordinaria condensación e intensifica-
> ción del espacio y el tiempo fílmicos, y permiten obtener de los actores no profesionales,
> que improvisan el diálogo, prestaciones de naturaleza distinta de las que, con intérpretes
> igualmente de ocasión, y en algún caso sin diálogo escrito, alcanzaron algunos neorrea-
> listas italianos en los años 40, o Jean Rouch o Pasolini, en los 60, por ejemplo. (Gimferrer
> 2010: 8)

Los cuatro largometrajes oficiales que hasta la actualidad ha rodado Albert Serra
han llevado a cabo una serie de variaciones y reformulaciones en torno al cine
sustractivo, pasando de un minimalismo ascético en *Honor de Cavalleria* y *El
cant dels ocells*, hasta un ligero neobarroquismo presente en *Història de la meva
mort* y *La mort de Louis XIV*. A pesar de la substracción dramática y narrativa,
en todas ellas el trabajo en torno al mito es algo esencial. Las figuras de Don
Quijote, de los Reyes Magos, de Casanova, de Drácula o de Louis XIV son los
personajes que protagonizan las diferentes películas de su filmografía. La aproximación a mitos literarios o históricos resulta extraña frente a los postulados del
cine sustractivo donde los temas están más relacionados con la desaparición, la
ruina, los restos o los viajes sin destino para poder mostrar la inevidencia de las
cosas. Serra no renuncia a estas cuestiones. En sus películas, filma los restos de
mundos en tránsito y sus personajes algunas veces son errantes, pero su filiación
al mito sorprende porque lo ubica en el territorio de la tradición. No obstante,
tal como señaló Olivièr Père (2013: 3), responsable de la Quincena de realizadores de Cannes donde fue descubierto Albert Serra, "del mismo modo que Serra
tiene conciencia de llegar después de la gran historia del cine moderno, *Honor
de cavalleria* empieza donde la historia ha terminado. Se trata de un Quijote sin
picaresca, sin combates, sin molinos de viento. Solo quedan los recuerdos, las
historias por contarse, la pesadez del cuerpo de Sancho y la vejez del Quijote".

El deseo de Albert Serra no es el de profanar el mito, ni el de ridiculizarlo, ni
el de utilizarlo como pastiche para observarlo desde la ironía posmoderna. El

mito está allí y es observado con respeto pero sobretodo con humanidad, desde la conciencia de que el mito surge de algo muy simple, arquetípico, detrás del cual puede esconderse el misterio de algo mucho más complejo. Tal como ha indicado en diversas ocasiones Albert Serra, su fijación con el mito le permite que el espectador conozca los personajes, se despreocupe por el relato y le ayuda a profundizar más con las situaciones para acabar creando un cine de presencias. El cineasta puede entretenerse con elementos irrelevantes que no conducen a los hechos, que quedan fuera de la casualidad. La historia de los Reyes Magos no ocupa más que dos parágrafos en la Biblia, esto proporciona a Serra libertad para interpretar el mito, para colocar los reyes magos en una especie de paisaje límite y arcaico, para acentuar entre ellos sus relaciones de amistad. Si en un relato tradicional los vínculos fundamentales son la causa/efecto y el devenir del tiempo como acción, Serra abre un vacío en el primer elemento, desdibuja el relato y refuerza el peso de la temporalidad para destruir la acción y privilegiar la contemplación. A pesar de que el espectador reconoce el personaje, la película provoca un desvío que permite indagar en la dimensión humana gracias a la veracidad del entorno.

El trabajo con el mito permite humanizar a los personajes, quitarles la máscara creada por la cultura y observarlos desde la cotidianidad. El Quijote y Sancho son vistos sin ninguna retórica literaria, a partir de un ascetismo formal que acaba desvelando lo esencial del idealismo de su protagonista. La presencia de los tres Reyes Magos implica llevar a cabo un trabajo en torno al mito religioso de la epifanía. Serra no realiza una película irreverente. Su punto de partida es la posibilidad de mostrar los reyes desde su inocencia, como si estuvieran entre lo ridículo y lo absurdo, como si su sencillez fuera una manera de convertirlos en pioneros, como si fueran los primeros creyentes de la era cristiana.

En el caso de Casanova y Drácula, protagonistas de *Història de la meva mort*, se produce un curioso cambio de orientación. Lo que importa no es la deconstrucción del mito a partir de los parámetros de la cultura popular, sino su utilización culta para, de este modo, poder sacar a la luz el problema del mal y darle una dimensión abstracta capaz de proyectarse en la actualidad. El paso de la luz a la oscuridad puede convertirse una metáfora de cómo la cultura de la ilustración ha estado siempre condicionada por el poder de lo atávico, sobre el modo cómo la sociedad laica actual esconde las sombras de las tinieblas del mal. El mito conduce hacia la abstracción, hacia el deseo de dar forma material a la inmaterialidad del mal para mostrar su fuerza ancestral.

Finalmente, en su película sobre Louis XIV, Serra introduce la búsqueda y deconstrucción de dos posibles mitos. Por un lado, el monarca absolutista que dominó su mundo desde las apariencias de la corte surge como una proyección del deseo de Serra de poder mostrar una cierta atracción sobre cómo los sistemas de poder pueden ser vistos en la intimidad. El mito del Rey Sol es observado desde la proximidad de la muerte. Es en el trabajo sobre el rostro y el cuerpo yaciente donde reside una parte esencial de la fuerza de la película. Serra muestra la degradación física de un monarca, pero al hacerlo también muestra el envejecimiento y transformación de un mito del cine, el actor Jean Pierre Léaud. Parece como si la película fuera una especie de réquiem en el que se acabara enterrando el mito carismático de Jean Pierre Léaud, el actor fetiche de la *Nouvelle Vague* y un símbolo de la modernidad cinematográfica. Serra propone una iconografía que parte del barroco, que pasa por lo grotesco y que acaba imponiéndose como una muestra del patetismo que implica la erosión del tiempo en el cuerpo humano. El mito de joven *dandy* de *La maman et la putain* de Jean Eustache se transforma en otra cosa. Jean Pierre Léaud aparece como un auténtico monstruo pero no de la interpretación (en el sentido tradicional del término) sino de la presencia. La captura de esta presencia desde la vejez es lo que permite a Serra encontrar desde la ficción la plenitud de un gesto de carácter documental.

Mediante el trabajo de deconstrucción del mito de Jean Pierre Léaud, Serra consigue revalorizar una de las cuestiones esenciales de su cine como es la idea de que la interpretación puede llegar a ser una forma de documentar la presencia de los actores. El amor de Serra hacia los actores no profesionales, es el testimonio del amor que siente hacia la persona sin máscaras, pero también es la búsqueda de algo esencial, que ha sido perfectamente expresado por Jaume C. Pons Alorda (2015: 82) en el diario de rodaje de *Història de la meva mort*, cuando afirma: "El cine de Albert Serra invoca la infancia permanente, una extraña ilusión en el cine. No es algo pueril, sino una forma de conservar una ilusión, la de la búsqueda de la pureza auténtica, no epidérmica, a partir de la candidez". Para asumir esta estrategia Serra se mueve constantemente en un territorio de contrastes en el que la naturalidad y el realismo funcionan como una especie de superficie que permite situar las cosas en su esencia, destruyendo todas las convenciones y clichés. Una vez asumida esta esencia, Serra puede hacer surgir el misterio místico o profano, jugando con contrastes extraños, con elementos que destruyen la sacrosanta verosimilitud para indagar en el misterio. Una película como *La mort de Louis XIV* sorprende por el gusto exquisito que posee Serra por el detalle, por la minuciosidad con que muestra los rituales de la corte, por su delicado sentido de la cotidianidad pero detrás de esto surge un deseo centrado en cómo el cine puede llegar a visibilizar la muerte, como puede dar forma a la agonía como clave del misterio que permite que surja la esencia de lo humano.

Hemos definido el cine de Albert Serra como un cine surgido después de la modernidad que solo puede ser concebido desde una clara singularidad digital, mediante la cual puede proponer una transgresión tanto en los sistemas de rodaje como en las formas de producción. El bajo coste del material, le permite rodar de forma compulsiva, sin necesidad de pensar detalladamente en el significado de cada toma, ni en la plástica de cada encuadre. El material en bruto aumenta considerablemente y el trabajo de selección llevado a cabo durante el montaje se transforma en un ejercicio de búsqueda de la esencialidad de las imágenes que ya han sido capturadas. La belleza surge en el montaje, así como el sentido de cada situación. En *Historia de la meva mort*, por ejemplo, se rodaron cuatrocientas horas de metraje. El rodaje, tal como ha sido expuesto en el diario escrito por Jaume C. Pons Alorda, fue una experiencia caótica en la que el orden creativo surgía del interior mismo del caos. El rodaje compulsivo de situaciones diversas descartó toda concepción de la imagen dibujada mediante *storyboard*, la posibilidad de cerrar previamente las situaciones en la estructura de un guion e incluso la existencia de un sistema de producción basado en la estratificación de las funciones de cada persona que participa en el rodaje. No obstante, el cine digital de Albert Serra no es únicamente un cine de la improvisación, sino también un cine de la prueba, del ensayo, de la repetición e, incluso, de la posibilidad de poder convertir un esbozo en una imagen definitiva.

El cine de Serra mantiene algunos lazos con la idea moderna del rodaje como espacio para la búsqueda de la provocación, a partir de la intuición. En el cine de Serra esta provocación es siempre un ejercicio de performance, de construcción del caos para, de este modo, establecer un orden. Es preciso capturarlo todo para diseccionarlo, montarlo y remontarlo. En cierto modo parece como si Serra buscara la naturalidad del momento durante el rodaje, pero la verdad es que una vez adquirida la naturalidad con la presencia de los actores, surge la provocación, el deseo de manipular las situaciones para de este modo conseguir algo más complejo. La concepción del rodaje como performance tiene siempre un componente lúdico, de celebración festiva entre un grupo de amigos. Es por este motivo que Serra entiende el trabajo a partir de la idea de *troupe* creativa, en la que los límites entre el ocio, el placer, la embriaguez y la creación se funden fácilmente.

El montaje es el epicentro creativo básico del cine de Serra. Una vez rodadas 400 horas de metraje surgen muchas películas posibles en la mesa de montaje, aparecen muchos trayectos que acaban tomando forma a partir del establecimiento de posibles recorridos, muchos de los cuales nunca habían sido imaginados, ni planificados previamente. Es como si el montaje fuera el momento de desestructuración de los elementos narrativos impuestos por el guion, como si fuera el momento en que se minimizada la fuerza de la puesta en escena para privilegiar situaciones imprevistas y poder llegar a establecer un camino hacia la abstracción. En *Història de la meva mort*, todo este camino se hace visible en los momentos finales cuando la aparición del conde Drácula transforma la película en una búsqueda física de una cierta idea del mal, que a veces desemboca hacia situaciones hipernaturalistas y en otras avanza hacia el absurdo. Serra rompe con los límites del encuadre al rodar la película en formato cuadrado 1:33 y proyectarla en cinemascope 1:2.35 pero también acentúa el sonido hasta conseguir desnaturalizarlo. La técnica surge para potenciar las ideas visuales del cineasta. Este no concibe su película en planos, ni siquiera en escenas, sino en conceptos visuales que cobran sentido durante el proceso de posproducción.

Cuando al inicio de este texto nos preguntábamos qué es un cineasta, difícilmente podíamos encajar el modelo de Albert Serra bajo los parámetros tradicionales creados en la profesión. Quizás porque más allá de la habilidad con que ha creado su propia marca, Albert Serra se resiste a aceptar cualquier categorización. Quizás porque su deseo no es otro que el de luchar contra todo cliché, cuestionar los oficios del cine, cuestionar las formas de trabajo para llevar a cabo, en cada película, una operación de reciclaje, de reformulación y de ruptura. Sus ideas nacen para ser destruidas, modificadas y transformadas. La obra se impone como una búsqueda permanente. Quizás todo este deseo de provocación surge de una voluntad de resistencia frente a determinados órdenes y de un claro deseo de establecer un sacrificio que le permita ver nacer una propuesta estética. El cineasta Albert Serra acaba siendo un artista iconoclasta atrapado en el devenir de su propio tiempo.

Bibliografía

Biette, J. C. (1998) "Qu'est-ce qu'un cinéaste", *Trafic* 18, 5–15.

Foucault, M. (1994) "Qu'est-ce qu'un auteur?", en *Dits et écrits*, tomo 1, 789–821. Paris: Gallimard.

Gimferrer, P. (2010) "Prólogo", en el libreto *Plano a Plano* del DVD *Honor de Cavalleria* (Albert Serra). Barcelona: Intermedio.

Père, O. (2013) "El minimalisme grandiós d'A.S.", *Cultura/s. La vanguardia* (20.11.2013), 3.

Pons Alorda, J. C. (2015) *Apocalipsi uuuuuuuaaaaaaa*. Barcelona: Comanegra.

Júlia González de Canales Carcereny

La imagen pictórica en el cine de Albert Serra: un estudio intermedial

1. Introducción: (Des)encuentros entre cine y pintura

¿Son las películas de Albert Serra imágenes pictóricas en movimiento? Los estudios acerca de las similitudes entre el cine y la pintura indican que, desde una perspectiva de comparación intermedial, la respuesta es claramente afirmativa. Retomando el modelo tipológico propuesto por Irina O. Rajewsky –desarrollado en el artículo "Intermediality, Intertextuality and Remediation: A Literary Perspective on Intermediality" con vistas a las distintas aproximaciones histórico-teóricas existentes sobre el término–, la intermedialidad debe ser entendida en sus distintas manifestaciones: la transposición medial, la combinación medial y las referencias intermediales. En el caso de la transposición medial, "the intermedial quality has to do with the way in which a media product comes into being, i.e., with the transformation of a given media product (a text, a film, etc.) or of its substratum into another medium". La combinación medial, por su lado, resulta de "the very process of combining at least two conventionally distinct media or medial forms of articulation." Finalmente, las referencias intermediales deben ser entendidas como "meaning-constitutional strategies that contribute to the media product's overall signification: the media product uses its own media-specific means, either to refer to a specific, individual work produced in another medium [...], or to refer to a specific medial subsystem" (Rajewsky 2005: 51–53).

Acorde con esta categorización de Rajewsky, cabe concebir las películas de Albert Serra como un caso paradigmático de simultánea conjunción de transposición medial, combinación medial y referencias intermediales; al producirse en ellas una reelaboración esencial de ciertas imágenes pictóricas que, al producirse la fusión entre medios artísticos, ocasiona una variación semiótica con respecto a la imagen original. Ello, a su vez, concuerda con la revisión que Antonio J. Gil González y Pedro Javier Pardo han hecho del modelo tipológico tripartito de Rajewsky. En *Adaptación 2.0. Estudios comparados sobre intermedialidad*, ambos autores proponen entender la intermedialidad según se manifieste como multi-medialidad, remedialidad o transmedialidad. Así, la novedad de su modelo "se encuentra en la tipologización interna de estas categorías, especialmente en la de la transmedialidad, [...] entendida como trasvase no solo de obras sino también de materiales argumentales, o incluso repertorios y patrones narrativos, entre diferentes medios" (Gil González / Pardo 2018: 21). Tomando como referencia la simultánea conjunción de multimedialidad, remedialidad y transmedialidad –o, si se quiere, de transposición medial, combinación medial y referencias interme-diales– cabe analizar las películas de Albert Serra como un caso paradigmático en el que se observa una reelaboración esencial de ciertas imágenes pictóricas que, al producirse la fusión entre medios artísticos, ocasiona una variación semiótica con respecto a la imagen original.

Los estudios sobre dicha construcción de significado a partir de la alteración de los medios existentes gozan, en lo que respecta a la investigación específica sobre las relaciones entre pintura y cine, de una larga tradición. Distintas mono-grafías producidas en los últimos años se han adentrado a examinar con deta-lle las relaciones entre ambos medios como modos entrecruzados de expresión artística. *Pintores en el cine* (Camarero 2009), *Cine y pintura* (Cerrato 2010) o *Paisajes simbólicos en cine y pintura. De Caspar David Friedrich a Francis Ford Coppola* (Domínguez Belloso 2013) son solo algunos ejemplos al respecto. Todas estas publicaciones comparten, no obstante, con sus antecesoras y pioneras en el campo, una misma idea: los rasgos definitorios del cine y la pintura parten de un sustrato terminológico común para conjuntamente repensar "una problemática compartida: la construcción de un espacio tridimensional dentro de una superfi-cie plana" (Palés Chaveli 2015: 5) –recordemos que vocablos tan propios del cine como iluminación, color, composición o marco tienen su origen en el medio pic-tórico–. Las películas de Serra, en tanto que producciones fílmicas, presuponen esta misma problemática a la que añaden otro gran campo de estudio compar-tido con la pintura: la construcción de una temporalidad propia. De los trabajos que buscaron examinar la representación pictórica del tiempo destacamos el del autor mexicano Andrés de Luna quien, en los años 90 retomó las propuestas realizadas a inicios de siglo XX por las vanguardias históricas para indicar que ambas formas artísticas "son expresiones ligadas al ámbito de la temporalidad [que] condensan el tiempo y tratan de proyectarse hacia al porvenir" (de Luna 1990: 97–98). Asimismo, vale la pena recordar que, dos años más tarde, Antonio Costa (1992) realizaba una tipología pormenorizada de las concomitancias entre el cine la pintura y que Sebastià Gasch (1998: 104–105) agrupaba dichas nume-rosas coincidencias en tres grandes rubros: el ritmo, "base ineludible de toda verdadera obra plástica", el espacio y el tiempo. No obstante ello, no hay tampoco que olvidar las notables diferencias que separan el cine y la pintura, empezando por la más fundamental: el movimiento como rasgo intrínseco de la expresión fílmica y sus implicaciones en el fuera de campo. Tal como aclara Susana Palés, la técnica cinematográfica del fuera de campo consigue abrir el espacio del cuadro, dotándolo de un exterior imaginable, estableciendo una diferencia entre el marco fílmico y el pictórico. Es así como el cine abre una ventana más allá de los límites de la propia imagen a través de la variación del encuadre, permitiendo que en la narración cinematográfica se muestren elementos que antes permanecían ocultos. La pintura, sin embargo, tan sólo podrá hacer referencia a lo ausente –al fuera de campo– sin poder llegar a desvelar nada que no se encuentre en la imagen. Lo que determine como más allá del marco, permanecerá invariablemente oculto. La pintura ofrece, por tanto, una imagen fija e inmutable que contrasta con las imágenes cinematográficas en continuo movimiento. (Palés Chaveli 2015: 8)

Asumiendo estos (des)encuentros entre el cine y la literatura nos proponemos a continuación estudiar la obra fílmica de Albert Serra para analizar en ella la influencia pictórica de los grandes maestros de la pintura. En concreto, examinaremos la relación que las películas *El Senyor ha fet en mi mervalles* (2011) y *La mort de Louis XIV* (2016) tienen con la pintura de Harmenszoon van Rijn Rembrandt y Diego Velázquez.

2. Los estudios existentes sobre los rasgos pictóricos en el cine de Albert Serra

Los estudios existentes sobre la influencia que la pintura ha tenido en las producciones cinematográficas de Albert Serra son, hasta el momento, tan solo unos pocos. La escasez puede deberse a distintos motivos: la relativa novedad de la obra del cineasta catalán (Serra realizó su primera película en 2003), la restringida difusión de sus films (la mayoría de ellos se han estrenado en los principales festivales de cine y han tenido después un corto recorrido por las salas de proyección de España. Si bien muchos de ellos están ahora disponibles en plataformas electrónicas tales como *Amazon*, los films del director no han llegado todavía a conquistar al gran público y siguen siendo mayoritariamente apreciados por cinéfilos) y la tendencia de los críticos a favorecer el análisis comparativo de sus películas con la literatura, medio con el que dialogan de forma evidente (cf. González de Canales 2017). A todos estos motivos hay que añadir, no sin reservas, la explicación, que ya en 1995, dieron Áurea Ortiz y María Jesús Piqueras para justificar los pocos estudios que hasta el momento se habían publicado acerca de la relación intermedial pictórico-audiovisual. Según las autoras,

> es difícil encontrar en el cine español huellas de la pintura, más allá de casos concretos
> [...] Así como el cine italiano ha mantenido desde el principio un profundo vínculo con
> la pintura, en el caso español, a pesar del contundente legado pictórico, comparable al
> italiano, el cine parece haber pasado de largo, estableciendo nexos con la literatura, el
> teatro y la música. (Ortiz / Piqueras 1995: 11)

Este posicionamiento resulta, para el análisis aquí propuesto, doblemente útil. En primer lugar, permite subrayar de forma indirecta lo mucho que ha cambiado el panorama audiovisual desde 1995, ya que, desde entonces hasta el día de hoy, son cada vez más los cineastas que gozan creando obras que dialogan con la pintura y sus distintas manifestaciones. En consecuencia, la cita permite poner en relieve, y por lo tanto valorar, el trabajo de intermedialidad pictórico-audiovisual que llevan a cabo directores contemporáneos tales como Albert Serra, pero también como Isaki Lacuesta o Pedro Almodóvar. Centrándonos en el cine del director bañolense, proponemos dos vías para examinar la relación que su obra mantiene con las artes pictóricas. La primera consiste en atender las declaraciones que el propio director ha formulado al respecto. La segunda se basa en el estudio de los pocos artículos existentes que académicos y periodistas expertos en la materia han publicado sobre este tema. Ambas aproximaciones resultan intermitentemente contradictorias[1]. Mientras el director considera que sus películas nada tienen que ver con los cuadros con los que estéticamente parecen dialogar, los críticos han subrayado algunas e ineludibles conexiones. Así, por ejemplo, ante la pregunta del curador y crítico de arte Albert Mercadé sobre los guiños observables entre las películas del director y la pintura barroca europea, Albert Serra respondió:

> [E]n todo caso es involuntario. Las imágenes en este mundo son limitadas, todas remiten a otra imagen. Es absurdo hacer una cosa premeditada que viene de la tradición. Es una autolegitimación innecesaria, redundante. Si pudiese no remitir a nada, mejor. Pero es imposible. (Mercadé 2014, traducción propia)

La respuesta de Serra evoca un deseo de originalidad absoluta. Esa voluntad de "no remitir a nada" se asemeja tanto a los intentos de Malevich (2013) para alcanzar *el grado cero* de la pintura –reproducir su esencia– como a sus principios artísticos, en especial, a la plena autorreferencial del arte (cf. Foster / Krauss / Bois / Buchloh 2004). En la obra de Serra, sin embargo, la abstracción e independencia del mundo concreto que la autorreferencialidad comporta se ha visto regularmente interrumpida por la defensa que críticos cinematográficos han realizado de los vínculos entre las películas del director bañolense y la obra de los principales pintores europeos. Pensemos, por ejemplo, en el artículo "Paisajes románticos y estéticas sublimes. El cine de Albert Serra", en el que Horacio Muñoz Fernández (2013) establece un paralelismo entre la película *El cant dels*

---

1   Serra domina el arte de la provocación y, en entrevistas sucesivas, es capaz de afirmar y negar un mismo aspecto de su obra.

Imagen 1: Serra 2008 y Friedrich 1818

Imagen 2: Serra 2013 y de Ribera 1639

ocells (2008), de Albert Serra, y las pinturas románticas de Caspar David Friedrich.

O en el artículo periodístico de Albert Lladó (2015), para quien los referentes de Serra vienen de la pintura. Según Lladó, en la película *Història de la meva mort* (2012), "a veces parece que estemos ante un 'Españoleto' por el uso del claroscuro".

De hecho, y a pesar del arriba mencionado deseo por alcanzar una obra esencialmente original, el propio Serra ha comentado más de una vez la importancia que la pintura ha tenido en sus películas. Basta recordar la entrevista que Àngel Quintana le realizó para *Cahiers du Cinema España* y su pregunta por el misterio divino en *El cant dels ocells*, ante la cual Serra respondió:

> [L]o mítico parte siempre de algo muy simple, tras lo cual se esconde el misterio de algo muy complejo. Esta idea está muy presente en los retablos medievales, en los que sólo

hay una superficie con unos signos cónicos que nos invitan a penetrar en un mundo espiritual. [...] Para mí, el reto consistía en filmar como en la pintura medieval para poder profundizar en un lenguaje mítico en estado puro. (Quintana 2008: 13)

O, las afirmaciones que realizó para la revista *Transit* en la que, al ser confrontado por el uso de la noche en *Història de la meva mort*, declaró:

[H]ay una transición del Siglo de las Luces a las tinieblas del mundo romántico del siglo XIX. Y esto se traslada físicamente a la pantalla, que empieza siendo más luminosa y poco a poco se va oscureciendo hasta el final con esos planos y esos mundos goyescos de las Pinturas Negras donde apenas hay luz (García Conde 2014).

3. La influencia de pintura en el cine de Albert Serra

Citas como las aquí expuestas revelan que, efectivamente, el arte pictórico ha tenido en la obra fílmica de Serra una influencia constatable. Sus referencias a Goya y a la pintura medieval ponen de manifiesto su interés por la composición de los planos: los encuadres, la luz, el color y la disposición de los personajes en la escena. Anteriormente ha sido ya mencionado el parecido entre *El cant dels ocells* y la pintura romántica de Caspar David Friedrich, así como el vínculo entre la oscuridad dominante en *Història de la meva* mort y el tenebrismo naturalista del pintor valenciano-napolitano José de Ribera y Cucó. Veamos a continuación la influencia de la pintura de Diego Velázquez, uno de los mayores representantes de la pintura barroca del siglo XVII, en la obra del cineasta bañolense.

Si bien la influencia de Velázquez no es, ni mucho menos, una marca observable en todas y cada una de las películas del director, no hay duda que en algunas escenas que conforman *El Senyor ha fet en mi mervalles* (2011) y, especialmente en unos planos determinados, el director emula la disposición que el pintor sevillano diseñó para las figuras que conforman el cuadro *Las Meninas* (1656). Observemos el fotograma en la próxima página.

En él se observa, en un primer término, al propio director-creador de la película, Albert Serra, reposando sobre una piedra y claramente expuesto en frente de la cámara. Serra no realiza ninguna acción, no habla con ningún otro personaje. Su función en la escena no es otra que dejarse ver, posibilitando un caso de metaficción fílmica y posicionándose estratégicamente para completar la composición del plano velazqueño. Detrás suyo, a una considerable distancia, se aprecian tres actores del conjunto de actores no profesionales que constituyen la película. Su charla, conformadora de la supuesta escena que están filmando[2], es

---

2   Recordemos que *El Senyor ha fet en mi meravelles* es un *making-off* ficcional de otra película anteriormente filmada por Serra, *Honor de cavalleria*.

Imagen 3: Serra 2011: 13:27 y Velázquez 1656

seguida por uno de los técnicos de sonido, lo que refleja, una vez más, el carácter autorreflexivo del film. Al igual que en el famoso cuadro de Velázquez, dos niveles se autocruzan en esta escena: la imagen fílmica que observa el espectador y la meta-imagen cinematográfica observada por el artista creador de la obra quien, a su vez, es también una de las figuras que aparecen representadas en el lienzo/la pantalla. Asimismo, y tal como también sucede en dicha pintura, el fotograma de la película transmite una sensación parecida a la que emana del cuadro: "la sensación de movimiento paralizado que se deduce de las actitudes y miradas de los personajes" (Brown 2008: 51). Para el especialista Jonathan Brown, esta característica le otorga a *Las Meninas* un "sabor incontestablemente moderno" (2008: 51), a la vez que explica por qué numerosos escritores han vinculado la pictórica expresión de espontaneidad que desprende el cuadro con la fotografía. Por todo ello, se puede afirmar que la atenta composición de los planos que conforman esta breve escena de *El Senyor ha fet en mi mervalles* une la obra del pintor del rey Felipe IV con la del director bañolense. La unión, sin embargo, no implica una reproducción detallista sino, más bien, un homenaje conceptual. Ello encaja con los postulados de Antonio Monterde y François Jost, quienes defendían la variedad de dinámicas que se pueden establecer entre la obra fílmica y la pictórica. Según Monterde, la referencia pictórica puede utilizarse en el cine a modo de alusión, imitación o interpretación (cf. Monterde 1986: 112–114). Por su parte, Jost afirma, en el artículo "Le picto-film" (1990), que la pintura puede ser empleada en el cine de tres maneras distintas: como picto-cinema, picto-film (I) o picto-film (II). La composición creada por Serra remite, sin duda, a la segunda variante del "picto-film", en la que "la pantalla se convierte en un cuadro, de tal manera que el realizador del film actúa como un auténtico pintor" (Jost 1990: 121). De esta manera, en el plano arriba mostrado, Serra escenifica un *tableau vivant* para presentarse, como el pintor Velázquez, creando su propia obra de arte. En palabras de Mónica Barrientos Bueno, la finalidad de dicho *tableau* es

> conducir a la autorreflexión sobre la representación visual, el lenguaje cinematográfico en oposición al pictórico (contrasta sus respectivas coordenadas especio-temporales) suspendiendo durante unos instantes el discurrir temporal. Su presencia en el cine clásico se caracteriza por no interrumpir la narración sino estar al servicio de ésta mientras que en las manifestaciones cinematográficas alternativas busca sorprender al espectador con su aparición inesperada, se presenta de forma visible un deliberado paréntesis del tiempo cinematográfico a la vez que nos aparta del espacio narrativo. (Barrientos Bueno 2008:19)

El plano de la película de *El Senyor ha fet en mi meravelles* aquí analizado, mas también el resto de escenas que componen la película, e incluso el conjunto de películas del director, conducen sin duda a la autorreflexión. La propuesta cinematográfica de Serra tiende a desplazar el énfasis del desarrollo de la narración fílmica a la construcción de escenas autorreflexivas, no necesariamente vinculadas según una supuesta progresión de la trama, para componer un conjunto estético diferenciado a partir de la ya mencionada atenta composición de los planos y la creación de un tiempo cinematográfico propio y marcadamente lento. La última de sus producciones fílmicas es un ejemplo más de ello. También en *La mort de Louis XIV* (2016) predomina una estética cuidada, autorreflexiva y de inspiración pictórica. En ese caso, si bien la parte de obra de Velázquez también aparece pictofilmada en los primeros planos de la película (cf. Pérez Delgado 2016), son los cuadros de Rembrandt los que toman preponderancia. En palabras de Carles Gómez,

> esta cinta supone para el director una gran evolución respecto a su cine anterior, al menos en cuanto a aspectos de producción. En primer lugar, se trata de su primera obra de nacionalidad francesa, contando por ello con unos medios en dirección de fotografía, de arte, vestuario y maquillaje que consiguen que cada plano de la cinta parezca un cuadro de Rembrandt perfectamente compuesto. (Gómez 2014)

Los parecidos con la obra del pintor neerlandés se pueden observar en las siguientes imágenes.

En ellas destaca la corporalidad de las figuras, sus posturas y contorsiones como expresión de los sentimientos que predominan en toda la película (el

Imagen 4: Rembrandt 1632 y Serra 2016

dolor, el miedo, el respeto). Estas están máximamente expresadas en la representación del sufrimiento del Rey Sol, quien padece una fatídica gangrena en su pierna izquierda que le acabará llevando a la muerte. Dicha maestría en la expresión de la corporalidad y sus pasiones se combina con otro dominio que comparten las pinturas de Rembrandt y la película de Serra: el de la iluminación. *La mort de Louis XIV* es el primer film del director casi exclusivamente grabado en espacios interiores (aunque bien se podría también afirmar que la película está mayoritariamente filmada en una sola sala, el dormitorio del rey) y su puesta en escena sobresale por mantener al mínimo tanto la decoración de dicho dormitorio como los recursos técnicos de filmación. La cámara real está iluminada, bien por la luz natural que entra por la única ventana existente en ella o bien por la luz de las velas que acompañan al enfermo en sus noches de insomnio. Por ello, críticos como Miguel Martín Maestro han considerado que los recursos empleados por Serra recuerdan a la iluminación propia de los cuadros de Rembrandt (cf. Martín Maestro 2016) y el gran conocedor de la obra de Serra, el crítico Olivier Père, afirma que la fotografía creada por Serra en esta película ofrece imágenes que parecen "arrancadas de las tinieblas, tendientes a lo sublime" (Père 2016).

La técnica del claroscuro empleada por Rembrandt en la mayoría de sus retratos tiene como objetivo conseguir resaltar, mediante un juego de luces y sombras, el estado psicológico o espiritual de la figura representada. Mas dicha técnica no es exclusiva del pintor neerlandés y debe ser entendida, en su variedad de aplicaciones y significaciones, como un recurso característico de la pintura barroca del momento. Basta pensar en el uso distintivo que de ello hicieran Caravaggio o Vermeer. Bajo esta perspectiva de amplio alcance, Coca Garrido examinó en su artículo de 1998, "Rembrandt grabador experimental y la sociedad de su tiempo", como el pintor de Leiden trasladó la esencia del Barroco –"de contrastes, creatividad de mundos extremos, la antítesis como elemento expresivo, complejidades estructurales y formales" (Garrido 1998: 130)– a sus lienzos. Teniendo en cuenta la distancia temporal y cultural que separa el siglo XVII del actual siglo XXI, Serra parece haber adoptado esta esencia del Barroco en la composición de su estética audiovisual, haciendo patente en su obra una comprensión tan intermedial como transnacional de los motivos artísticos barrocos. Esto es, siguiendo los postulados de los teóricos de la transnacionalidad (como el propuesto por Elsaesser (2005) en su libro *European Cinema Face to Face with Hollywood*), la obra fílmica de Serra demuestra comprensión dinámica y descentralizada del arte, por lo que sus films ni siguen patrones de influencia estrictamente nacionales ni imitan modelos de éxito artístico. Sus películas, más bien, suponen un ejemplo de *transnacional stylistics* (Dapena / D'Lugo / Elena 2013: 38), esto es, una apropiación, personal y reinterpretada, de las mundialmente conocidas obras pictóricas de Rembrandt, Velázquez, Friedrich o de Ribera –observable tanto en la composición que Serra hace de los contrastes lumínicos y las alteraciones anímicas escenificadas como en la exactitud de sus montajes. En palabras del propio Serra:

> Siempre me ha gustado mezclar lo más sucio con lo más sofisticado y refinado. Es una estrategia provocativa, pero a la antigua, completamente visible. Hay una sofisticación a nivel del diálogo, la poesía visual, la precisión del montaje, el grado de abstracción, pero a la vez lo mezclo con las cosas más bárbaras, más rugosas, para que no se lo coma todo la comunicación. (Mercadé 2014)

También la creatividad de los mundos extremos está presente en sus películas. Basta pensar en *Història de la meva mort*, en la que Serra contrapone el mundo tenebroso del personaje literario de Drácula con el mundo de las luces del escritor Giacomo Casanova. En esta misma película se observa el tercero de los rasgos mencionados, la antítesis como elemento expresivo, en tanto que Drácula y Casanova representan la contraposición entre el racionalismo ilustrado y el romanticismo. Finalmente, las complejidades estructurales y formales se presentan como parte fundamental del núcleo creativo del director, quien a menudo ha manifestado tanto su preferencia por obras formalmente complejas como su poca afinidad por películas demasiado centradas en el desarrollo de la trama narrativa. Quizás por ello, el crítico Javier H. Estrada calificó la última de las creaciones del director como un "film formalmente soberbio, de cualidades pictóricas que beben del clasicismo para entregarse también a lo nebuloso y lo abstracto, *La mort de Louis XIV* marca la evolución hacia la solidez y la precisión de uno de los grandes visionarios de nuestro tiempo" (Estrada 2016).

4. Conclusiones

Que el cine y la pintura tienen importantes elementos en común no es nuevo, se ha visto ya en los estudios sobre la intermedialidad pictórica-audiovisual traídos a colación en el inicio de este artículo. Menos conocidos y más escasos son, sin embargo, los trabajos que exploran dicha intermedialidad en la obra fílmica de Albert Serra. Habiendo iniciado Horacio Muñoz Fernández, Àngel Quintana y Olivier Père con sus artículos y entrevistas este camino de exploración, este artículo ha buscado seguir esta pista de trabajo para plantear el análisis de aquellas escenas de las películas de Serra que ofrecen una sugerente relación con la pintura. Tras examinar algunos planos de *El Senyor ha fet en mi mervalles* y *La mort de Louis XIV*, junto a algunas referencias más tangenciales de *El cant dels ocells* e *Història de la meva mort*, concluyo que la obra del cineasta bañolense está influenciada por la pintura barroca: tanto por "su esencia", tal como esta ha sido denominada por Garrido, como por la técnica del claroscuro apreciable en determinados cuadros de Velázquez y Rembrandt, tales como *Las Meninas* y *La lección de anatomía del doctor Nicolaes Tulp*. En su obra fílmica Serra muestra haber asimilado los principios creativos de dichos cuadros, mas también algunos de los presupuestos artísticos del Barroco. De esta manera, Serra emplea el *tableau vivant* para convertir los cuadros aquí mencionados en planos y escenas cinematográficas que beben del original pictórico y se desarrollan de forma referencial para crear un producto audiovisual original, exigente, transnacional e intermedial.

Bibliografía

Barrientos Bueno, M. (2008) "Claroscuros de guerra junto a un veterano: Goya y *La hora de los valientes*", *Quaderns de cine* 3, 15–21.

Brown, J. (2008) *Escritos completos sobre Velázquez*. Madrid: CEEH.

Camarero, G. (2009) *Pintores en el cine*. Madrid: Ediciones JC Clementine.

Cerrato, R. (2010) *Cine y pintura*. Madrid: Ediciones JC Clementine.

Costa, A. (1992) "El efecto del cuadro en el cine de Pasolini", *Archivos de la filmoteca* 11, 94–101.

Dapena, G. / D'Lugo, M. / Elena, A. (2013) "Transnational Frameworks", en Labanyi, J. / Pavlović, T. (eds.) *A Companion to Spanish Cinema*, 15–49. Malden / Oxford: Wiley-Blackwell.

de Luna, A. (1990) "Los dones de la imagen. Vasos comunicantes del cine y la pintura", *Acta poética* 11, 97–107.

Domínguez Belloso, A. (2013) *Paisajes simbólicos en cine y pintura. De Caspar David Friedrich a Francis Ford Coppola.* Madrid: Liber Factory.

Elsaesser, T. (2005) *European Cinema Face to Face with Hollywood.* Amsterdam: Amsterdam University Press.

Estrada, J. H. (2016) "La opinión de la crítica. *La mort de Louis XIV*", *Caimán Cuadernos de Cine.* Recuperado de https://www.caimanediciones.es/cannes-2016-en-tiempo-real-la-opinion-de-la-critica/

Foster, H. / Krauss, R. / Bois, Y. A. / Buchloh, H. B. (2004) *Arte desde 1900. Modernidad, antimodernidad, posmodernidad.* Madrid: Akal.

García Conde, P. (2014) "Entrevista a Albert Serra", *Transit. Cine y otros desvíos.* Recuperado de http://cinentransit.com/entrevista-a-albert-serra/

Garrido, C. (1998) "Rembrandt grabador experimental y la sociedad de su tiempo", *Arte. Individuo y Sociedad* 10, 125–145.

Gasch, S. (1992) "Pintura y cinema", *Archivos de la filmoteca* 11, 104–105.

Gil González, A. J. / Pardo, P. J. (2018) "Intermedialidad. Modelo para armar", en Gil González, A. J. / Pardo, P. J. (eds.) *Adaptación 2.0. Estudios comparados sobre intermedialidad,* 11–38. Binges: Éditions Orbis Tertius.

Gómez, C. (2014) "*La mort de Louis XIV* de Albert Serra", *Caméra-Stylo.* Recuperado de http://www.ecib.es/camerastylo/2016/12/14/la-mort-de-louis-xiv-de-albert-serra/

González de Canales, J. (2017) "El cine de Albert Serra: apropiación y reinterpretación fílmica de los clásicos literarios", *Fotocinema. Revista científica de cine y fotografía* 14, 83–98.

Jost, F. (1990) "Le picto-film", en Bellour, R. (ed.) *Écritures et Arts Contemporains. Cinéma et peinture. Approches,* 109–122. Paris: Presses Universitaires de France.

Lladó, A. (2015) "Albert Serra: Soy el vivo ejemplo que la originalidad aún es posible", *La Vanguardia.* Recuperado de http://www.lavanguardia.com/cultura/20151216/30847527449/albert-serra-virreina-singularidad-originalidad.html

Malevich, K. (2013) *El mundo no objetivo.* Aracena: Gegner.

Martín Maestro, M. (2016) "*La muerte de Luis XIV*", *Amanece Metrópolis.* Recuperado de http://amanecemetropolis.net/la-muerte-luis-xiv-albert-serra-2016/

Muñoz Fernández, H. (2013) "Paisajes románticos y estéticas sublimes. El cine de Albert Serra", *Archivos de la Filmoteca* 72, 10–20.

Mercadé, A. (2014) "Entrevista a Albert Serra", *Albert Mercadé.* Recuperado de https://albertmercade.wordpress.com/2014/10/07/entrevista-a-albert-serra/

Monterde, J. E. (1986) *Cine, historia y enseñanza.* Barcelona: Laie

Ortiz, A. / Piqueras. M. J. (1995) *La pintura en el cine. Cuestiones de representación visual.* Barcelona: Paidós.

Palés Chaveli, S. (2015) *El fuera de campo. Del recurso fílmico al hecho pictórico.* Valencia: Universitat Politècnica de València.

Père, O. (2016) "Cannes 2016 Jour 11: *La Mort de Louis XIV* de Albert Serra (Hors compétition, séance spéciale)", *Arte.* Recuperado de http://www.arte. tv/sites/olivierpere/2016/05/21/cannes-2016-jour-11-la-mort-de-louis-xiv-de-albert-serra-seance-speciale/

Pérez Delgado, S. (2016) "*La muerte de Luis XIV*", *La película del día.* Recuperado de https://peliculadeldia.com/2016/11/13/la-muerte-de-luis-xiv-la-mort-de-louis-xiv-2016/

Quintana, A. (2008) "Tras el misterio de lo mítico", *Cahiers du Cinema España* 12, 12–14.

Rajewsky, I. O. (2005) "Intermediality, Intertextuality and Remediation: A Literary Perspective on Intermediality", *Intermédialités* 6, 43–64.

Filmografía

Serra, A. (2008) *El cant dels ocells.*

Serra, A. (2011) *El Senyor ha fet en mi mervalles.*

Serra, A. (2013) *Història de la meva mort.*

Serra, A. (2016) *La mort de Louis XIV.*

Cuadros

de Ribera, J. (1639) *Paisaje con fortín.*

Friedrich, C. D. (1818) *El viajero ante el mar de nubes.*

Rembrandt, H. V. R. (1632) *La lección de anatomía del doctor Nicolaes Tulp.*

Velázquez, D. (1656) *Las Meninas.*

Jörg Türschmann

El cartero siempre llama dos veces: la repetición como figura herética en cine y televisión

Es bien sabido que no hay cartero en el *thriller* erótico *El cartero siempre llama dos veces* de Bob Rafelson (*The Postman Always Rings Twice*, EE. UU., 1981). James M. Cain comenta el título de su novela homónima, basada en la anécdota de que el cartero siempre tocaba dos veces el timbre antes de entregarle el rechazo de la editorial a la que había propuesto su manuscrito. No hay negación sin afirmación: el título es un proverbio inglés y significa que siempre se ofrece una segunda oportunidad. Con dicho título, la dialéctica de lo malo y lo bueno trasgrede los límites entre texto y contexto y entre los artes. En el ámbito de la ficción, la relación entre literatura, cine y televisión se basa en un gran inventario de motivos que se manifiestan en ocurrencias ambiguas. Los que conciernen a la existencia humana han circulado en diversos géneros y medios desde tiempos inmemoriales y parecen persistir fuera del desarrollo histórico de la política y la sociedad. Los motivos son conservadores en este sentido, pero no podrían seguir existiendo sin variación. Por lo tanto, su conservadurismo es la canonización de la herejía en nombre de la tradición.

Los siguientes ejemplos exponen una variedad de repeticiones heréticas del renacimiento, la resurrección y el eterno retorno (*Ewige Wiederkunft*; un neologismo de Friedrich Nietzsche que se asemeja a la expresión española "rellegada"). En su forma antropomórfica, estas tres facetas de la repetición traspasan el límite entre la vida y la muerte, entre las generaciones anteriores y las actuales. Sus protagonistas son Lázaro, recién nacidos como Jesucristo, pero también los *Wiedergänger* (retornados) que personifican los zombis. Las variedades de la repetición acaban en un movimiento cíclico de la historia e identidades ambiguas de sus protagonistas. Figuran tanto en la Biblia como en *Zaratustra* de Nietzsche o la *Divina Comedia* de Dante. En el mundo occidental pertenecen a un imaginario universal e incorporan en un relato la promesa de felicidad futura o el castigo por crímenes del pasado.

En vez de resurrección: autoría y renacimiento seudobíblicos en *Todo sobre mi madre*

Comunicar la muerte solo es posible para los vivos y la muerte misma es una experiencia inaccesible para los que siguen viviendo. En palabras de Umberto Eco (1988: 136), "si alguien en el lecho de muerte dice 'me voy', entonces es la muerte [...] quien con su presencia le da al verbo 'irse' su significado".[1] Incluso frente a la muerte, morir sigue siendo incomprensible y "hasta un momento antes de que ocurra, la muerte se usa principalmente como una unidad cultural" (Eco 1988: 74). Una de estas unidades culturales está conformada por el cristianismo: el motivo del renacimiento espiritual en forma de resurrección. Su versión herética es la resurrección en forma de renacimiento corporal. Este tipo de resurrección terrenal entrelaza la vida y la muerte y transforma el curso histórico del tiempo en un ciclo. El motivo se muestra en tres instancias: el Padre, el Hijo y el Espíritu Santo. Estas ejemplificaciones de un solo sujeto son la base del círculo de las ocurrencias del mismo motivo y pueden integrarse en una narrativa en la que los personajes otorgan una historia 'individual' al ciclo a través de su constelación. Toda la narrativa es una sola metáfora. Esto significa que la metáfora no puede descomponerse en unidades de significado distintos y que los personajes son indistinguibles en la medida en que pertenecen al motivo del renacimiento en una relación recíproca padre-hijo.

En *Todo sobre mi madre* (E 1999) el director Pedro Almodóvar crea un mundo según sus ideas y cuyos personajes masculinos se pueden interpretar como 'Trinidad', son unos ejemplos instructivos de la estructura cíclica. En el sentido de la teoría del autor, la biografía del director y los inicios de su carrera en la movida madrileña a principios de los años ochenta pueden asumirse como un punto de partida para la interpretación. Además, el título del film y la dedicatoria del final pueden leerse como un homenaje a todas las mujeres, actrices y hombres que quieren ser mujeres, así como a mujeres que quieren ser madres y, claro está, a su propia madre (cf. Huerta Floriano 2006: 245). Dado que el director ofrece algunos índices explícitos de su persona resulta instructivo hacer referencia a la biografía del autor, interpretado en función de la obra y no como su persona física.

Sin embargo, el autor y el narrador son el resultado del film y no su punto de partida. Como indiqué, las palabras que clausuran la película rinden homenaje a todas las mujeres y madres, incluida la del director. Se desconoce, sin embargo, si el propio Almodóvar suscribe esta idea ya que la referencia "A mi madre", en

---

1 Las traducciones de las citas son de mi autoría.

los títulos finales, son elementos que pueden leerse como referencias peritextuales a la persona real del director, pero que en definitiva representan un "yo" que se revela a través de la película. Esto es, la referencia a la progenitora se puede interpretar como una relación entre una instancia de autor, que se reconstruye a través de un personaje, y sus relaciones con los otros personajes. Se trata de un autor 'imaginario' que es el motivo clave del renacimiento del autor en su obra.

¿Por qué tiene sentido tener en cuenta a un autor imaginario? En tanto que la película gira alrededor de un núcleo temático que tiene que ver con el trabajo creativo del cine y la creación de un mundo narrativo, toda la película puede interpretarse como una alegoría de este proceso de creación del mundo ficticio. *Todo sobre mi madre* cuenta cómo se crea una historia y un autor. La trama es la madre metafórica del autor que finalmente nace. Esta circularidad de creador y obra, en la que uno emerge del otro, se muestra de forma religiosa en *Todo sobre mi madre*: un padre marcado por la muerte engendra a un hijo también marcado por la muerte y un hijo capaz de vivir; además, dos figuras marianas, una moribunda y otra en formación, dan la vuelta a la rueda del tiempo.

Para interpretar *Todo sobre mi madre* desde esta perspectiva, cabe recapitular la trama en detalle, condensada: Manuela (Cecilia Roth) pierde a su hijo de 17 años, Esteban (II) (Eloy Azorín) al que atropella un coche. Busca al padre del mismo nombre, Esteban (I) (Tony Cantó), que desconoce la existencia de su hijo (Esteban II). Mientras tanto, el padre (Esteban I) y la monja María Rosa (Penélope Cruz; actriz principal en un film de Sergio Castellitto de 2012 (I/E), con el título revelador *Venuto al mondo* alias *Twice Born*) han tenido otro hijo, también llamado Esteban (III). Debido a que el padre (Esteban I) y la madre de su segundo hijo mueren de sida, Manuela sigue cuidando al infante (Esteban III), que no está infectado.

Tras comparar el principio y el final destaca el reemplazo que Manuela ha realizado de su hijo biológico mayor por un hijastro más joven. Ella dio a luz al hijo muerto, por así decirlo, sin un acto de procreación, en el sentido cristiano de una "inmaculada concepción". Además, hay tres personajes masculinos homónimos frente a una protagonista femenina. Estos tres son pareja sexual, hijo e hijastro. La sinopsis debe completarse aquí: los tres protagonistas masculinos aparecen solo brevemente. Por lo que no están muy presentes en el transcurso de la acción, pero por su ubicación al principio y al final tienen un significado especial. Hay un cometido cuyo cumplimiento se extiende entre el principio y el final: el hijo de Manuela (Esteban II) quería ser escritor. En el sentido de la inscripción "A mi madre", deseaba escribir la biografía de su madre, por lo cual tenía la intención de buscar a su padre (Esteban I). Manuela cumple esta tarea en su lugar y sale en busca del progenitor de su hijo. Por lo tanto, dos encarnaciones de Esteban

(I y II) resultan relevantes a lo largo de la trama como cliente y objetivo de la investigación. La tercera (Esteban III) se asemeja a un milagro. El cambio en la relación entre Manuela y Esteban se da en triple forma desde una relación físico-socio-familiar con el padre biológico de su hijo (Esteban I) pasando por una relación físico-materna con su hijo biológico (Esteban II) a una relación espiritual-materna con el infante e hijastro (Esteban III). A favor de esta abstinencia física, su hijo biológico y su padre deben morir.

En la lógica del film, los sacrificios resultan imprescindibles para asegurar la castidad de Manuela. Las mujeres que tienen hijos de *Todo sobre mi madre* no son ni transexuales ni homosexuales, más bien representan el encargo del cuidado físico y mental de sus prójimos: Manuela es enfermera y Rosa, la madre del futuro hijastro de Manuela (Esteban III), una hermana religiosa. El hijo biológico casi adulto de Manuela (Esteban II) 'fertiliza' mentalmente a su madre delegando su investigación en ella por su muerte. Así está renacido y, por así decirlo, se procrea a sí mismo y a su historia. La monja Rosa deja el cuidado de su hijo biológico (Esteban III) a Manuela solo porque se va a morir. A su vez, el padre (Esteban I) de ambos hijos (Esteban II y III) cambió de sexo y ahora se llama Lola. Pero ella también morirá y no podrá cuidar al recién nacido (Esteban III). Así mueren en ese momento dos personajes masculinos con los que Manuela tuvo contacto físico, o con los que tiene parentesco consanguíneo. La monja Rosa también tuvo una relación física y muere. Las muertes impiden todas las relaciones madre-hijo biológicas y abren el espacio para la maternidad espiritual de Manuela en relación con los hijos biológicos (Esteban II y III) de Lola (Esteban I). Lo que queda es el bebé (Esteban III), cuya infección por VIH desaparece milagrosamente. Así que la inmaculada Manuela y él (Esteban III) pueden volver a Barcelona y presentar este milagro en un congreso médico.

La macroestructura narrativa resulta de los viajes de Manuela de Madrid a Barcelona y viceversa. En estos viajes el tren viaja a través de un túnel, lo que resulta decisivo para el motivo clave del renacimiento. El primer pasaje por el túnel puede interpretarse como un acto de procreación; el segundo, como nacimiento. Entretanto, crece el verdadero 'niño del film', su historia, que quiso escribir el hijo de Manuela (Esteban II) y que es la 'madre del autor' de *Todo sobre mi madre*. Al fin y al cabo, el film narra su proprio nacimiento. La estructura cíclica, que se debe a que los tres protagonistas masculinos tienen el mismo nombre, niega la linealidad de la acción. Esto hace que la historia carezca de la continuidad unidireccional del progreso histórico. Según la creencia cristiana, esta falta de linealidad solo existía en el Paraíso antes del pecado original, lo que provocó la entrada del hombre en los altibajos de conflictos y guerras. En *Todo sobre mi madre* la historia se invierte y la sucesión de generaciones condenadas a morir una tras otra se cancela por el regreso a la situación paradisíaca en la que el bebé (Esteban III) se libera milagrosamente del virus del VIH. El contexto bíblico también está presente a través de los nombres propios de los personajes. San Esteban fue el primer mártir cristiano. Su nombre significa "coronado", haciendo alusión a la corona de espinas de Jesucristo. Por sus múltiples ocurrencias, el nombre "Esteban" refiere a la trinidad de padre (Esteban I), Espíritu Santo (Esteban II) e Hijo (Esteban III). "Rosa" es un epíteto de la Virgen María, por lo que el personaje de la monja se llama "María Rosa Sanz". "Lola" es una abreviación de "Dolores" y recuerda a la *Mater* Dolorosa. "Manuela" se deriva del hebreo de "Emmanuel" para "Dios está con nosotros", también se supone que se remonta al latín *manus*. En español e italiano significa "capaz" o "trabajador", adecuadas calificaciones de una enfermera. Al final del film, la película *All about Eve* (Joseph L. Mankiewicz, EE. UU. 1950) hace alusión al libro del Génesis. En la dedicatoria final de *Todo sobre mi madre* se lee el nombre de la actriz Bette Davis que interpreta en la película de Mankiewicz a la estrella de teatro Margo Channing. Eve Harrington (Anne Baxter) adquiere confianza con Channing hasta que asume su papel, análoga a Manuela, quien interviene como actriz sustituta. A Manuela le gusta su nuevo papel y le ayuda a presentarse de forma auténtica cuando actúa en el escenario del teatro. Esta situación es comparable a su papel de madre sustituta del bebé (Esteban III).

El nuevo sexo de Lola (Esteban I) y su muerte preparan el cambio de Manuela a María. "La maternidad se presenta en un sentido impersonal, creativo, casi sobrenatural" (Ott 2000). Cuando Lola sostiene al bebé recién nacido (Esteban III) en sus brazos bajo la mirada de Manuela, ella es madre y padre al mismo tiempo y le muestra a Manuela su futuro papel. Este momento es un *tableau vivant* del renacimiento que imita una pintura alegórica, colgada en la catedral de Toledo, en la que Anton van Dyck retrata a la Sagrada Familia (cf. imagen 1): el padre adoptivo José, el bebé Jesús y la madre María. Este motivo, como el de la Piedad, que está presente tanto en esta escena como en la relación entre Manuela y su hijo biológico fallecido Esteban II (cf. Ott 2000), da al motivo su importancia al final del film. "*Todo sobre mi madre* termina con una perspectiva pacífica de generaciones yendo y viniendo, que se asemeja a un nuevo estado natural sin géneros" (Ott 2000).

A pesar de las numerosas evidencias del motivo clave del renacimiento, algunas interpretaciones explican el ciclo religioso a través de la habilidad artística del director: "[…] no diríamos que se trata de una película religiosa, sino más bien de un ejemplo de la técnica almodovariana de la sacralización del cuerpo profano y del gusto por la recodificación subversiva de la mitología cristiana […]" (Felten 2015: 70). Consiste en "la técnica del palimpsesto, es decir: se trata de

Imagen 1: *Todo sobre mi madre* (Pedro Almodóvar, 1999; 1:25:08); *La Sagrada Familia* (Anton van Dyck, 1624)

una reescritura continua de las imágenes de lo sagrado. Cada figura deja entrever otra figura, como un espejo, *ad infinitum*" (Felten 2015: 68). Esta canonización de la herejía garantiza la longevidad del renacimiento como motivo. Es conservadora y subversiva al mismo tiempo por la repetición atemporal, que entrelaza el pasado y el futuro en el presente. Erich Auerbach califica este ciclo atemporal de "interpretación figurativa" (*Figuraldeutung*), a propósito de la *Divina Commedia* de Dante, de la siguiente manera:

[Para la interpretación figurativa] un proceso que tuvo lugar en la tierra, sin perjuicio de su fuerza concreta de realidad aquí y ahora, significa no sólo él mismo, sino al mismo tiempo otro, que anuncia de antemano y al mismo tiempo confirma; y la conexión de procesos no se ve principalmente como un desarrollo temporal o causal, sino como una unidad dentro del plan divino, cuyos miembros y reflejos son todos procesos. (Auerbach 1946: 516)

El motivo del renacimiento, el círculo del triple Esteban, engloba una "conexión de procesos" anulando la orientación temporal. El círculo de motivos está formado por las generaciones diferentes, que se suceden y están reflejadas entre sí. A través de una constelación de figuras reflexivas, la absolutización del motivo del renacimiento en *Todo sobre mi madre* es una "transgresión temático-figurativa" fundamental (Holguín 2006: 100).

O sabor das maragaridas y La Divina Comedia

En el primer episodio de la serie franco-belga *Zone blanche* (*Blackspot*, 2017–2019), el fiscal Frank Siriani dice que en la *Divina Comedia* de Dante está escrito que los suicidas siempre se convierten en árboles cuando están en el séptimo círculo del infierno (S1E1, 15:14). En el mismo episodio vuelve a citar algunas palabras de la *Divina Comedia*: "A mitad de camino de la vida humana me encontré en un bosque oscuro" (S1E1, 52:47). El suicidio, el bosque, los árboles, la oscuridad y la crisis de la mediana edad están relacionados, todos estos ingredientes los vincula la *Divina Comedia*. Proporciona palabras clave, pero no trama. Nombra algunos motivos que caracterizan la serie: el escenario (un pequeño pueblo en un gran bosque oscuro), la relación entre los hombres y la naturaleza, la atmósfera lúgubre y el significado alegórico de los árboles. El resultado es una narrativa que ofrece explicaciones racionales de lo sucedido, pero también apunta a hechos inexplicables, detrás de los cuales puede haber un dios del bosque.

La *Divina Comedia* tiene una función similar en la serie gallega *O Sabor das maragaridas* (*El sabor de las margaritas*, E 2018): el personaje principal fallecido, Margarida, aparece una y otra vez en los sueños de su hermana. Ambas pertenecen a mundos diferentes. Una es un ser metafísico, la otra es una policía que quiere esclarecer la desaparición de su hermana en la provincia rural de Galicia. Allí, la inspectora Eva Mayo, alias Rosa Vargas (María Mera), detecta a unos traficantes que organizan orgías con mujeres menores de edad para ser ofrecidas a sus clientes. La trama de la primera temporada es tan complicada que incluso su resumen puede resultar confuso, ya que en el pueblo de Muriás, Rosa no busca, como asegura, a una joven desaparecida llamada Marta Labrada, sino a su hermana Margarida. Su nombre no es Rosa Vargas, sino la patrullera Eva

Mayo, quien secuestró a la teniente Rosa Vargas para hacerse pasar por ella para su investigación privada. El inspector Mauro Seoane, su ayudante en el pueblo ficticio Muriás, es el asesino de Margarida. A partir de estos hechos se proporciona una pista en el primer plano que aparece después de los títulos iniciales del primer episodio y que se extiende hasta el plano parecido al final del último episodio de la primera temporada: un chupatintas burgués sin nombre que, al principio y en presencia de su hija pequeña, unta mermelada roja en su tostada del desayuno con un cuchillo. Al final de la primera temporada pone un cuchillo similar en el cuello de una prostituta en un burdel rojo iluminado para aumentar su lujuria. El círculo parece cerrarse.

Cualquiera que vea la primera temporada una sola vez y no preste mucha atención rápidamente pierde la orientación. A primera vista, detalles que luego adquieren gran relevancia no parecen importantes. ¿Quién sospecha en la escena de entrada que el gato chino esconde la copia del video de una orgía? ¿Quién entiende de inmediato que Marta utiliza el móvil de Margarida? ¿Qué significan las margaritas, que vuelven a estar depositadas en el lugar del accidente de Margarida? ¿Quién entiende el sentido de las palabras grabadas en el dictáfono que Eva escucha una y otra vez? Y como si esta confusión no fuera suficiente, los episodios a veces comienzan con una prolepsis en forma de una escena que vuelve a ocurrir en el mismo episodio. Siguen los títulos, luego una escena de apertura, una cita de la *Divina Comedia* de Dante y, finalmente, otra escena autónoma de la trama del episodio. Se complican las cosas porque el orden de estas partículas de apertura no es el mismo en todos los episodios. Esta composición inicial va acompañada de noticias de radio y televisión sobre la visita del Papa a Santiago de Compostela. La exégesis papal ofrece un comentario adicional sobre el argumento del episodio respectivo. A primera vista, esto puede corresponder a la complejidad de las series de televisión de calidad (cf. Mittell 2015). Pero, al final, la gran cantidad de informaciones queda poco clara e incomprensible. Al igual que en el caso de una cantata de Bach, el goce de la composición se hace sentir después de escucharla repetidas veces, un manejo menos probable en las series televisivas.

Las pesquisas conducen a una tienda de disfraces. Una joven víctima de una orgía llevaba un disfraz de conejo, pareciendo aludir al logo del *Playboy*. Eva Mayo, alias Rosa Vargas, interroga a la dueña de la tienda, que comenta con alegría la gran cantidad de disfraces que un cliente quería comprar. Compara el potencial de estimulación de las mujeres jóvenes en estos disfraces con las protagonistas de la obra *Os vellos non deben de namorarse* (*Los viejos no deben enamorarse*). Este 'clásico' del teatro gallego fue escrito por el exiliado gallego Alfonso Daniel Rodríguez Castelao en Nueva York por nostalgia, y se estrenó en Buenos Aires en 1941. La pieza destaca por el gran desafío de su puesta en escena, como apunta el crítico Mora (Mora 2002; cf. Muñoz Gil 2002): "esta pieza teatral es muy complicada, ya que en el texto original el telón baja 29 veces. Para adaptarla a escena se ha utilizado una escenografía muy dinámica y sencilla y un coro –similar a los del teatro griego– que actúa como maestro de ceremonias". Hay una diferencia entre las dos obras: las inquietantes repeticiones de motivos y situaciones en la pieza están diseñadas para facilitar la comprensión. Por el contrario, la frecuencia del color rojo en mermeladas, cordones, iluminación de burdeles y pintura sigue siendo incomprensible en la serie.

Los círculos del infierno de Dante, que se convocan al comienzo de los episodios, son más un caudal de títulos y motivos que un modelo topológico. La complejidad narrativa debe entenderse como un intento de reconciliar lo local con lo global. En cualquier caso, el guionista y *showrunner* Ghaleb Jaber Martínez explica:

> Lo más complicado fue pensar en una serie que por un lado convenciese a un público autonómico y, por otra, al de una plataforma global. Intentamos jugar a dos bandas y que ninguno de los dos públicos se sintiese defraudado al saber que no podíamos competir con los grandes presupuestos. (Abelleira 2019)

En el mismo punto, el director Miguel Conde confirma esta estrategia: "[I]ntentamos buscar un equilibrio entre gustar a un público acostumbrado a más ritmo y a la vez generar esas tensiones y esa atmósfera pensando en que se podía ver en todo el mundo" (Abelleira 2019). Los detalles de género ciertamente ayudan a llegar a una amplia audiencia y al mismo tiempo a incorporar el color local. Sin embargo, falta el enlace de conexión. Martínez se expresa contradiciendo esto en otra entrevista: "Galicia es como cualquier parte del mundo, lo importante en una historia es la universalidad de los sentimientos" (Redacción AV451 2018). Conde precisa: " 'El mal se esconde en lo cotidiano' es una de las frases que definen *O sabor das margaridas*. Diría que los gallegos somos personas cotidianas y costumbristas, pero dentro de esa normalidad se pueden esconder auténticos monstruos" (Redacción AV451 2018). Todos los hombres de la serie son considerados monstruos. Pero si esto define el carácter gallego de la serie, es dudoso, porque el mal es banal, posiblemente humano y de ninguna manera heroico:

> ¿Y si pareciera más un funcionario subordinado que un tirano pomposo? El mal es aburrido porque no tiene vida. Su fascinación es completamente superficial. […] Es aburrido porque repite las mismas tareas aburridas una y otra vez. […] El mal es sofocante, cursi y banal. (Eagleton 2012: 152–153)

El chupatintas, armado de su cuchillo, personifica "la banalidad del malo" (Arendt 1964). Es la alegoría del consumo repetido de los mismos bienes, como mermelada o prostitutas, y comparte su rol con los otros hombres: los clientes del burdel, que constantemente están pidiendo nuevas mujeres, pero siempre quieren lo mismo; el alcohol, que se consume, como champán o cerveza, pero siempre provoca el mismo efecto; los coches rápidos que tienen que ser reparados con cariño en el taller local o vendidos por motivos económicos y, sin embargo o por eso, no ayudan a dejar atrás a Muriás. Estas "tareas aburridas" deben evaluarse en relación con su exageración mística, uniéndose a la universalidad de los deseos y la banalidad del mal. Se trata de la versión profana del eterno retorno, cuya apariencia religiosa es tan vacía como la estructura narrativa es de fría complejidad. La repetición atemporal, que entrelaza el pasado y el futuro en el presente, es un rasgo de la citada "interpretación figurativa", que Erich Auerbach define con respecto a la *Divina Comedia* de Dante.

    ¿Quién es Margarida que se le aparece a su hermana Eva del más allá? Como un hada y sin palabras, deambula por el paisaje con su largo cabello rubio. Por ejemplo, una vez usa un disfraz de conejo con el que solo se la puede ver desde atrás, mostrándose claramente, al final, en su tumba. 'De verdad', en el mundo de Muriás, solo existe en forma de foto en un expediente policial y con su voz desde el dictáfono. Su nombre puede derivarse de las margaritas griegas antiguas (μαργαρίτης) y significa "perla". La *Divina Comedia* de Dante trata sobre la perla celestial, citada antes del final del último episodio de la primera temporada con las palabras del verso 34 de la segunda canción del Paraíso: "Per entro sé l'etterna margarita ne ricevette / com'acqua recepe raggio di luce permanendo unita" (S1E6, 1:16:40). Margarida es una "metáfora absoluta" (Blumenberg 1997), el bien inefable, simbolizado por la luz divina que hace brillar y envolver su cabello rubio en un halo. Al mismo tiempo, sin embargo, usa sus orejas de conejo casi con orgullo como una corona en su cabeza y simboliza la antítesis de lo bueno y lo malo bajo el sol brillante.

    Margarida se parece a una gota de agua, un prisma en el que los muchos se unen y el uno se multiplica. Margarida es lo invisible, lo ausente, alrededor del cual se agolpan todos los presentes, las numerosas mujeres que nadie conoce y nadie extraña. Son las víctimas unidas en su soledad. Las dos hermanas están solas y juntas al mismo tiempo, Margarida en el más allá, Eva en este mundo. Sin excepción, todo el inventario de figuras se basa en esta ambigua soledad compartida. La soledad común no solo consiste en la invisibilidad de las víctimas indigentes y los perpetradores prominentes. Más bien es un doble rasero, la mala vida en la verdadera, la hipocresía y el abuso de personas y palabras, cuando el maestro Miguel persigue a sus alumnos; cuando el burdel se llama "Pétalos", donde se vende el champán de la marca "Reliquias"; cuando el Papa peregrina en avión a la Jornada Mundial de la Juventud. Estos eufemismos también son asunto de los medios como la edición de segunda mano de la *Divina Comedia* que proviene de la biblioteca del Colegio y pasa por varias manos, o el cura, que retoza en las redes sociales bajo el alias "dante78".

Cabe plantearse si Margarida puede considerarse la personificación de Galicia y al mismo tiempo un símbolo del eterno reino de los cielos y, por tanto, de la inmortalidad de su tierra natal. El eterno retorno y los infinitos temas de la vida y la muerte ciertamente se remontan a la historia del cine gallego. Rino Lupo es el director de *Carmiña, flor de Galicia* (1926), un referente de la historiografía cinematográfica en Galicia (cf. Martín Sánchez 1998, Nogueira 1994). La protagonista está desesperada y cansada de la vida. Hay en este film, como en la serie, una segunda trama a modo de *flashback* en la que un joven mata a su amo para evitar que ejecute el *ius primae noctis* a su novia. Entre la figura de la Virgen María y un símbolo de muerte y resurrección, el cartel de la película contemporánea muestra a una mujer con vestimentas tradicionales frente a un crucifijo en una colina y un paisaje montañoso, mirando hacia el cielo.

Imagen 2: Cartel de *Carmiña, flor de Galicia* (Rino Lupo, 1926)

La respuesta a la pregunta de por qué una margarida es la personificación más obvia de Galicia depende de la valoración de la vinculación de su icono con las indicaciones de una realidad de referencia gallega, evidente en la película, que incluye topónimos, lengua, signos, visita papal, placas de automóviles y la Cerveza Estrella Galicia. A medio camino entre lo local y lo global, hay marcas menos claras de Galicia como el paisaje, la arquitectura, el clima, la vida del pueblo, la cultura gastronómica, la religiosidad y los roles de género tradicionales. El guionista y creador de ideas, Ghaleb Jaber Martínez, afirma: "*O sabor das margaridas*, creo que podríamos resumirlo en que no tiene nada que ver lo que se ve con lo que se cuenta" (Redacción AV451 2018). Esto puede referirse al retrato de Galicia, pero también a la huella del culpable, como explica Martínez: "Esta serie requiere que el espectador preste mucha atención si quiere averiguar quién es el culpable", añadiendo: "creo que *O sabor das margaridas* se entiende mejor con un segundo visionado" (Redacción AV451 2018). El problema es que ni siquiera llegamos a ver a los poderosos abusadores de chicas, los cerebros y verdaderos patrocinadores. Tampoco se conocen sus nombres. Por todo ello, la primera temporada resulta fascinante para todos los que quieran aprender a leer mejor las huellas de los motivos ingeniosamente diseñados, como el cuchillo en la mano del filisteo al principio y al final: la serie no como un drama lineal, sino como un ejercicio de repetición. Este menester prueba la composición estricta de la primera temporada. Pero la independencia y cadena de las temporadas se asemejan a los episodios independientes de un ensayo como el *Zaratustra* de Nietzsche.

Nietzsche en el País Vasco: *El árbol de la sangre* y la invención de la tradición

Todo sobre mi madre ejemplifica un ciclo religioso, por muy herético que sea. Por supuesto, este modelo no se limita al cristianismo. Una cierta cantidad de misticismo basta para dejar aparecer lo diferente en el uno y viceversa, así como para absolutizar el motivo del renacimiento. El director vasco Julio Medem, aficionado a la coincidencia y la sincronicidad (cf. Rodríguez 2017), suele ambientar sus films en el imaginario de su tierra natal. Sin embargo, los mitos y narrativas de esta realidad de referencia son, en el mejor de los casos, propios del país por su clara presencia y menos por su estructura circular. Probablemente no sea casualidad que Medem dedica su film *El árbol de la sangre* (E/F 2018) –como Almodóvar en *Todo sobre mi madre*– a su madre (cf. imagen 3).

La historia y su discurso encajan con esta dedicatoria: para que Rebeca (Úrsula Corberó) pudiera sobrevivir a un fallo orgánico múltiple que sufrió aún siendo niña, su padre Víctor mató a un niño por sus órganos. Con la ayuda de

Imagen 3: El árbol de la sangre (Julio Medem 2018; 2:10:21)

su hermano Olmo, el padre comete este crimen por encargo del abuelo, que era un jefe de la mafia georgiana. Esta 'verdad' fue transmitida por Julieta (Ángela Molina) –la madre de los hermanos Víctor y Olmo, que desde entonces había guardado silencio respecto al asesinato– a la madre de Rebeca, que habiendo perdido la cabeza tampoco puede revelarla. La escena onírica, en que Rebeca y Julieta se encuentran y no hablan, detalla la confrontación surrealista entre la inquisitiva Rebeca y su silenciosa abuela. Sea dicho de paso, Corberó y Molina encarnan a dos generaciones de actrices, reflejando el cambio de las estrellas actuales. Olmo, a quien Rebeca luego ama, se suicida para donar sus órganos a su hijo Marc, que sufrió un accidente. Sabiendo la 'verdad', Rebecca y Marc están, en última instancia, en la misma situación y se aman sin reservas y secretos. La vida o el amor se combinan con la muerte y guardan el pasado en el presente para el futuro. El primero y el último plano visualizan esta coincidencia de los distintos niveles temporales: la cámara tiene la perspectiva de un dron que vuela hacia atrás sobre la cima de un árbol, hasta dejar ver la totalidad del árbol. El film vuelve a terminar con el motivo del árbol, volando esta vez hacia delante, pasando sobre la cima de este para finalmente dejarlo atrás.

En la trama que sirve de marco, Rebeca y Marc estudiaron cine y están apuntando su historia común, cada uno aportando lo que sabe. Se diluyen y se reúnen en la reconstrucción del pasado por conocer finalmente la 'verdad'. De manera similar, el propio film permanece absorto en su argumento. Una vez que se han compuesto todas las piezas del rompecabezas, con un movimiento hacia delante, hacia el final, vuelve a un movimiento hacia atrás, hacia el principio, creando así un giro cíclico. En la repetición, el filme se tematiza a sí mismo, lo que también sucede en los muchos *flashbacks* largos y las explicaciones verbales de Rebeca y

Marc que reactualizan el pasado. Porque "tematizar" es "retroceder de un nombre a otro", explicar y comprender una generación a través de la otra, teóricamente *ad infinitum*, a menos que "se cierre la obra, el lenguaje [la presentación cinematográfica], con el que se acaba la transformación semántica, se convierte en naturaleza, verdad, misterio de la obra" (Barthes 1987: 96–97). En este sentido, las imágenes del misterioso árbol de la sangre y la naturaleza de las montañas giran en torno al ambivalente motivo del retorno teniendo en cuenta "un tema infinito" (Barthes 1987: 97). El cierre artificial del argumento se produce cuando se revela el secreto familiar: una interferencia violenta en el transcurso del tiempo y una ruptura del tabú que no se puede ignorar en la antítesis irreconciliable de la vida y la muerte.

El árbol de la sangre también puede ser la alegoría de un árbol genealógico, que en sí mismo es una alegoría de la sucesión de generaciones, pero no es el único motivo pictórico tradicional. Encaja en la serie de eventos desconcertantes como la vaca en la copa de un árbol y los encuentros antagónicos de los personajes en varios niveles de tiempo. Como resultado, toda la cadena de metáforas puede entenderse como la alegoría de un retorno histórico. Su carácter místico es el propio modelo narratológico descrito con el motivo dramático clave del "tema infinito". Pero ¿cuáles son las referencias al País Vasco? La crítica ideológica posiblemente condenaría el filme por estar políticamente atrasado y la cinefilia, a su vez, por estar simbólicamente sobrecargado y lingüísticamente pesado debido a los diálogos extensos. Quedan la narratología y la tematología, que podrían justificar la interpretación del film como alegoría del "eterno retorno" (*Ewige Wiederkunft*). Friedrich Nietzsche convirtió este concepto en una de las ideas centrales de su filosofía en *Así habló Zaratustra* donde se explica, que el eterno retorno es la más sublime fórmula de la afirmación de la vida, y describe cómo Zaratustra sube de la montaña para predicar sobre el superhombre. El paisaje montañoso del País Vasco se asemeja al contexto del *Zaratustra* con la intención de "inventar la tradición" (Hobsbawm 2012). Esta tradición es imaginaria a causa de su carácter cíclico, artificial y místico. Quizás eso es precisamente lo que corresponde de cierta manera al 'alma vasca': la canonización herética de la ficción en nombre de la tradición.

Conclusiones provisionales

La repetición es una figura dialéctica y antitética porque crea identidades cuyas ocurrencias siempre difieren entre sí para asegurar la persistencia de la repetición. Esta ambigüedad caracteriza la tradición de los motivos artísticos y por ende de los protagonistas ficticios que regresan al presente en forma de la persona o memoria de sus descendientes. Además, esta estructura circular es en sí misma un motivo. Sus ocurrencias parecen irrespetuosas y heréticas cuando se trata de la historia de la salvación, la piedad o el descanso de los muertos. *Todo sobre mi madre, O sabor das margaridas* y *El árbol de la sangre* muestran intentos de revivir el pasado. Sus protagonistas están en busca de un hogar, un anclaje local: una familia, una región, un cuerpo sano. La forma más elevada de afirmación de vida se realiza a través del renacimiento y el trasplante. La herejía de estos tipos de repetición consiste en la canonización de la corporeidad profana. Para representarlos se actualizan los motivos de la Biblia o la *Divina Comedia*. Pero más que estas obras universales, es la idea del eterno retorno la que proporciona la muestra final de la temática infinita que no se puede plasmar en ninguna novela, película o serie de televisión. Por eso el creador del *Zaratustra* puso a su obra episódica el subtítulo *Un libro para todos y para nadie*, pues temió que los lectores de su época no fuesen capaces de entender su libro. En este contexto, *Todo sobre mi madre, O sabor das margaridas* y *El árbol de la sangre* muestran quizás otra herejía inevitable: la vulgarización del eterno retorno en el cine y la televisión.

Bibliografía

Abelleira, B. (2019) "Así es *El sabor de las margaritas*, la serie gallega de *Netflix* que reúne fans en todo el mundo". *Fórmula TV*. Recuperado de https://www.formulatv.com/noticias/el-sabor-de-las-margaritas-primera-serie-gallego-netflix-fans-todo-mundo-91555/.

Arendt, H. (1964 [2012]) *Eichmann in Jerusalem. Ein Bericht von der Banalität des Bösen*. München: Piper, 3ª edición.

Auerbach, E. (1946) *Mimesis. Dargestellte Wirklichkeit in der abendländischen Literatur*. Bern: A. Francke.

Barthes, R. (1987) *S/Z*. Frankfurt am Main: Suhrkamp.

Blumenberg, H. (1997) *Paradigmen zu einer Metaphorologie*. Frankfurt am Main: Suhrkamp.

Eagleton, T. (2012) *Das Böse*. Berlin: List.

Eco, U. (1988) *Einführung in die Semiotik*. München: Fink, 6.ª edición.

Felten, U. (2015) "Masculinidades ambiguas: Proust, Pasolini, Almodóvar". en Zurián, F. (ed.). *Diseccionando a Adán. Representaciones audiovisuales de la masculinidad*, 55–71. Madrid: Síntesis.

Hobsbawm, E. (2012) "Introduction: Inventing Traditions". en Hobsbawm, E. / Ranger, T. (eds.) *The Invention of Tradition*, 1–14. Cambridge: Cambridge University Press.

Holguín, A. (2006) *Pedro Almodóvar*. Madrid: Cátedra, 3ª edición aumentada.

Huerta Floriano, M. Á. (2006) *Análisis fílmico del cine español. Sesenta películas para un fin de siglo*. Salamanca: Caja Duero.

Ott, M. (2000) "Von *Big Brother* über *Petits frères* zu *Alles über meine Mutter*". *Nach dem Film* 2. Recuperado de https://www.nachdemfilm.de/issues/text/von-big-brother-ueber-petits-freres-zu-alles-ueber-meine-mutter

Martín Sánchez, R. (1998) *Filmografía galega. Longametraxes de ficción*. Santiago de Compostela: Publicacións do Centro Ramón Piñeiro para a Investigación en Humanidades.

Mittell, J. (2015) *Complex TV. The Poetics of Contemporary Television Storytelling*. New York, London: Combined Academic Publishers.

Mora, M. J. (2002) "*Los viejos no deben enamorarse*: el drama del ser humano ante la soledad definitiva". *Terra*. Recuperado de http ://www.terra.es/cultura/articulo/html/cul4775.htm

Muñoz Gil, J. F. (2002) "*Los viejos no deben enamorarse*". *Cuaderno pedagógico* 22. Madrid: Centro Dramático Nacional.

Nogueira, X. (1994) *O cine en Galicia*. Vigo: Edicións A Nosa Terra.

Redacción AV451 (2018) "La serie *O sabor das margaridas* llega a *TVG*, 'un thriller humano y reflexivo' pensado para la audiencia internacional". *Audiovisual451*. Recuperado de https://www.audiovisual451.com/la-serie-o-sabor-das-margaridas-llega-a-tvg-un-thriller-humano-y-reflexivo-pensado-para-la-audiencia-internacional/

Rodríguez, M.-S. (2017) *Le cinéma de Julio Medem*. Paris: Presses Sorbonne Nouvelle.

III. La televisión española y la ruptura de las fronteras

Francisco Rodríguez Pastoriza

La información cultural en la televisión española durante la transición

En octubre de 2016 se cumplieron 60 años del nacimiento de TVE, la televisión pública española que nació bajo el régimen de la dictadura de Franco. Hasta la llegada de la democracia, a finales de los años setenta, la presencia de la cultura en TVE se reducía a ciertos programas fuertemente controlados por una censura institucional y a contenidos favorables a la ideología del régimen. La transición ha sido una época histórica sobre la que aún no se ha llegado a un consenso para establecer sus límites cronológicos: desde quienes piensan que comenzó tras la muerte de Franco y terminó con la aprobación de la Constitución en 1978 hasta los que creen que se inició en los primeros años setenta y aún estamos en ella.

No vamos a analizar los contenidos culturales de géneros televisivos como series, películas, concursos o dibujos animados (el equivalente al comic en la cultura gráfica), sino a ceñirnos a la programación específicamente informativa que la televisión elabora y emite sobre el mundo de la cultura. Unos espacios que no tardaron en aparecer pero cuando lo hicieron, incluso en un momento en el que no había competencia, eran emitidos en horarios marginales. Esta circunstancia ha ido orientando la programación cultural hacia un sector altamente especializado.

Los programas culturales en TVE. Los orígenes

Los géneros más frecuentes de la televisión cultural del franquismo se basaban en adaptaciones de teatro clásico o de obras de autores contemporáneos de ideología afín al régimen. Otro género era el de la adaptación de textos literarios, de fácil control ideológico, emitidos en series noveladas y en emisiones especiales, como *Mariona Rebull*, *Los cipreses creen en Dios* y *La paz empieza nunca*, una crónica de la guerra civil desde el punto de vista de los vencedores.

Los primeros programas que se pueden definir como informativos culturales tardarían en aparecer en TVE. Sus contenidos tampoco se alejaban de la exaltación de los valores políticos del franquismo. El pionero de los programas culturales informativos de TVE fue un catedrático de Teoría Política de la Universidad de Madrid, Luis de Sosa, a quien se le encargó la dirección y presentación del primer programa de televisión sobre libros, *Tengo un libro en las manos*, en el que se escenificaba un fragmento de un libro cuya reseña comentaba previamente el profesor. Con *Fomento de las artes* TVE cubría los contenidos culturales de esta primera etapa histórica de la televisión en España. Desde entonces se convirtió en costumbre emitir simultáneamente un programa de artes y otro de letras.

A *Tengo un libro en las manos* sucedió *Los libros*, de José Artigas, que se completaba con otro programa dedicado a las artes y titulado así, *Las Artes*, que dirigía el crítico Enrique Azcoaga, y con la tetralogía "Poesía e imagen", "Prosa e imagen", "Música e imagen" y "Arte e imagen", cuya duración oscilaba entre los 6 y los 15 minutos.

En los primeros años setenta, las inquietudes políticas conseguían a veces traspasar los férreos controles de la censura. Entonces aparecieron fugazmente programas como *Libros que hay que tener*, *Galería*, dirigido en sus dos etapas por Ramón Gómez Redondo y Fernando Méndez Leite y presentado por Paloma Chamorro, que también presentaba *Cultura 2* que dirigía José Luis Cuerda. El espíritu de la transición ya estaba en marcha y se emitían programas como *La víspera de nuestro tiempo*, de Jesús Fernández Santos, una visión de la historia reciente de España que venía a suceder a *España siglo XX*, *Pintores del Prado* de Ramón Gómez Redondo, *Paisajes con figuras*, de Antonio Gala, *Cultural informativo*, de Joaquín Castro Beraza y Clara Isabel Francia o *Cuentos y leyendas*, de Rafael J. Salvia y Rafael García Serrano. El cine presentaba un nuevo rostro con ciclos de películas de realizadores como Kenji Mizoguchi y Jules Dassin. En teatro, Adolfo Marsillach seleccionaba las obras que se emitían en *Silencio, estrenamos*. En la música pop, la apertura a nuevos géneros y el atrevimiento a presentar productos en el límite de lo permisivo vinieron de la mano de Gonzalo García Pelayo y Moncho Alpuente, con *Mundo pop*, y del *Beat club*, de Ramón Trecet.

Los programas de libros en TVE durante la transición política

Este era a grandes rasgos el panorama de la programación cultural de la televisión en España en noviembre de 1975, a la muerte de Franco. Comienza entonces una transición en la que se tiene un especial cuidado en que sea la televisión el espejo en el que la sociedad española vea reflejados los cambios de todo tipo. En cultura se trataba de restituir las obras y los autores ocultados o censurados por el régimen franquista y trasladar a la sociedad española una idea de cultura diferente a la que se había publicitado hasta entonces.

A los programas musicales y de entretenimiento regresaron artistas hasta entonces vetados, como Víctor Manuel y Ana Belén, Lluís Llach, Joan Manuel Serrat o Luis Pastor. El pop tenía una amplia representación en *Voces a 45*, que presentaron cantantes como Rosa León, *showmen* como Micky y Pepe Domingo

Castaño, mientras la gran música se emitía en retransmisiones y en programas como *Pequeño álbum de la zarzuela*, de Mario Beut. El flamenco tenía su pequeña parcela de la mano de Fernando Quiñones.

Los programas informativos de cine consiguieron aceptación con *Revista de cine*, presentada y dirigida por Alfonso Eduardo. Hay que destacar la serie dedicada a *13 oficios cinematográficos*. En 1982, se creó *Cine de medianoche*, con ciclos de películas que se consideraban poco recomendables en otros horarios por su contenido violento o erótico: *Perros de paja*, *Portero de noche*, *El imperio de los sentidos*... La cultura popular encontró en el programa *Raíces* una de sus mejores expresiones. Estaba dirigido por el fotógrafo Ramón Masats con guiones de Manuel Garrido Palacios. Por su parte, la música del folclore popular tuvo su hueco en *La banda de Mirlitón*, que presentaba el cantante Ismael. Como programa de historia, *La víspera de nuestro tiempo* fue sustituido por *30 años de historia*, de Ricardo Fernández de la Torre.

El título de *Los libros* parece que gustó en todas las épocas: varios programas tuvieron como título esta cabecera. Algunos eran programas dramáticos, de adaptación de obras literarias y otros eran informativos sobre la producción editorial del momento. Entre los últimos meses del franquismo y los primeros de la transición, *Los libros* abordaba adaptaciones ambiciosas como *La Fontana de Oro*, de Benito Pérez Galdós, a cargo de Jesús Fernández Santos, o *La montaña mágica*, de Thomas Mann, por Jaime Chávarri. En noviembre de 1977 se convirtió en un espacio dramático de periodicidad fija dirigido por Emilio Martínez Lázaro con guiones de Manuel Marinero, que adaptó grandes obras de la literatura universal que habían sido evitadas en la etapa anterior como *Os Lusiadas*, *El club de los suicidas* o *El retrato de Dorian Gray*. Más tarde TVE abordó la adaptación de obras de la literatura española utilizando el formato de grandes series en varios capítulos: *Los gozos y las sombras*, *Los pazos de Ulloa*, *La plaza del diamante*...

En octubre de 1977 comenzó la emisión de *Los escritores*, por el que pasaron, entre otros, José Luis Castillo Puche, Juan Benet, Gloria Fuertes, Antonio Buero Vallejo, José Luis Coll, Ángel María de Lera, Antonio Gala, Luis Calvo, Baltasar Porcel... muchos de los cuales hasta entonces habían sido ignorados o directamente censurados por el régimen. La televisión contribuyó a dar a conocer su obra y sobre todo su imagen.

Pero antes de que *Los escritores* apareciese en pantalla, ya se estaba gestando el que sería el primer gran programa de información cultural de la televisión española, *Encuentros con las letras*. En amplios sectores se piensa aún que ha sido el mejor espacio en su género, aún no superado por ningún otro posterior.

Encuentros con las letras, una revolución cultural en la televisión española

El germen de *Encuentros con las letras* fue *Revista de las Artes y las Letras*, un programa que quería abarcar la totalidad de las manifestaciones culturales del momento, lo que muy pronto se demostró imposible y provocó su escisión en dos programas diferentes, *Revista de las Artes* y *Revista de las Letras*, que alternaban su emisión cada semana en La 2 de TVE, para posteriormente volver a unir sus contenidos en un mismo programa, *Encuentros con las Artes y las Letras*. El primero se emitió el 7 de mayo de 1976. Su director y guionista, Carlos Vélez, contaba con un amplio y prestigioso equipo de especialistas: Joaquín Barceló, Miguel Bilbatúa, Antonio Castro, Paloma Chamorro, Elena Escobar, César Gil, José Luis Jover, Juan Antonio Méndez, Fernando Sánchez Dragó, Daniel Sueiro y Jesús Torbado.

El primer programa incluía una entrevista de Paloma Chamorro a Tomás Marco sobre el tema Cultura y Música. Una actriz, Maite Blasco, leía el poema "Mujer con alcuza" de la obra *Hijos de la ira* de Dámaso Alonso. Se debatió un tema polémico y recurrente: las adaptaciones de obras literarias al medio televisivo. Participaban el crítico de teatro Mauro Muñiz, el realizador Narciso Ibáñez Serrador, el realizador Domingo Almendros y el presentador del programa Roberto Llamas. Esta primera emisión se completaba con el comentario a dos nuevas ediciones de los *Episodios nacionales* de Benito Pérez Galdós, y las secciones "Primer encuentro con una nueva generación: Guillermo Pérez Villalba, Nicolás Cless y Gerardo Aparicio", a cargo de Joaquín Barceló, y "En torno a esa cultura", de Juan Pedro Quiñonero. Fueron 88 minutos y 25 segundos, una duración inimaginable hoy en un programa cultural. El contenido, así como su formato, pretendían dar la sensación de un todo coherente, de forma que el espectador se encontrase integrado en el mundo de la cultura que allí se presentaba, no solo en cuanto a los mensajes de los protagonistas, sino a la atmósfera creada en cada una de sus secciones. La especialización de los componentes del equipo redundaba en una mayor credibilidad de los contenidos, por otra parte, plurales ideológica y estéticamente en cuanto a temas, obras y autores. Su puesta en escena pretendía huir de la devoción a la imagen por la imagen. En este sentido se cuestionaba constantemente el criterio de que "una imagen vale más que mil palabras"; se trataba de que las palabras fijasen la imagen. En las entrevistas la imagen del entrevistado (los planos de detalle de su mirada, de sus gestos, de sus manos) decían tanto como sus palabras, se incrustaban imágenes (portadas de libros, cuadros, fotografías) que reforzaban determinados aspectos informativos. *Encuentros con las artes y las letras* liquidó algunos de los formalismos televisivos al uso, no solo evitando saludos y despedidas al comienzo y al final de cada sección, sino incluso, ya en una segunda etapa, prescindiendo de presentador. Emitió un total de 41 programas y una edición extraordinaria (el 8 de agosto de 1976). La información sobre la literatura, el teatro, la música, la ciencia, la escultura, la canción, la pintura, el comic, etc., se sucedían programa a programa en diversos formatos: mesas redondas, entrevistas, reportajes, comentarios... A partir del programa número 42 (15 de abril de 1977), lo que hasta entonces había sido *Encuentros con las Artes y las Letras* se divide en dos programas diferentes que conservan su título como seña de identidad: *Encuentros con las Artes* y *Encuentros con las letras*. Mientras *Encuentros con las Artes* agonizaba poco a poco en una especialización elitista y minoritaria, *Encuentros con las letras* se revelaría como el programa cultural por excelencia de toda una etapa de TVE, la que coincidió con la transición política.

Así pues, a partir del 15 de abril de 1977, el programa de Carlos Vélez se transforma en específicamente literario. En su nuevo formato ofrecería (hasta su desaparición el 10 de octubre de 1981) 235 espacios con noticias, informaciones, análisis, discusiones, coloquios e incluso creación de textos para espacios específicos. Todos los géneros tuvieron cabida en el nuevo formato: novela, cuento, relato, narración, teatro, poesía, viajes, biografía, epistolarios y memorias, conferencias, retórica y humanidades, ciencia y pensamiento, manuales y compendios, erudición y periodismo, lenguaje, divulgación, filosofía, traducción, crítica, romances y canción, guiones y, en fin, todo aquello que tuviera relación, a veces lejana y marginal, con el mundo de los libros. *Encuentros con las letras* ejerció su intención crítica, didáctica, divulgativa e informativa a través de la selección del hecho cultural y/o de su autor, y del tratamiento que a aquel o este le ha sido dado, tanto en cuanto, a la forma como a la extensión. La selección de esos hechos culturales y de esos autores se hacía con intención totalizadora: se hablaba de una obra, de un creador, de un acto cultural determinado no solo en razón de su calidad, sino también en un equilibrio abarcador no intentado en cada edición específica sino a través de la línea general del programa, incluso a veces en base a razones más coyunturales ('best-seller', escándalo, premio literario), de tal manera que el espectador pudiera hacerse su propia composición de lugar sobre el tema a debate. Puede afirmarse que *Encuentros con las letras* consiguió lo más difícil, el objetivo que debe guiar a todo programa cultural: incitar a la lectura o a la contemplación de una obra. El tratamiento del hecho cultural fue el requerido para cada ocasión: filmación 'in situ' para actos celebrados en cualquier parte del país (teatro, conferencias, coloquios, presentaciones, mesas redondas, exposiciones), debates para enfrentar tesis diferentes o dar a conocer los diversos puntos de vista de temas polémicos, entrevistas a escritores, autores, directores, siempre dirigidas a que los entrevistados defiendan, definan y descubran sus intenciones y las consecuencias estéticas, literarias, lúdicas y sociales de sus obras, etc.. Todo ello en una estructura abierta y siempre suficientemente flexible para que el programa no se encerrase en un corsé que condicionase sus formas.

Las secciones del programa no eran de inserción ni de periodicidad fija, lo que redundaba en beneficio de su flexibilidad. Pese a todo, muchas de ellas alcanzaron una alta aceptación entre la audiencia: "El proceso creador", "En el ángulo", "El triángulo", "Se platica", "Encuentros para una política cultural", "Primer encuentro con una nueva generación", "La letra de la canción", "Las señas de identidad", "Protagonistas y testigos", "A título personal", "Biblioteca de encuentros", "La biblioteca de...", "Fe de erratas", "Frente a frente", "Mano a mano", "Otras voces, otros ámbitos", "¡Estos españoles!", "Derecho de réplica", "Teatro en escena", "Un libro para la biblioteca de Encuentros", "La biblioteca del político", "Paseo con libros", "En castellano", "Los libros de...", etc., todos ellos suficientemente expresivos en relación con sus contenidos, y que dan idea de la amplitud de temas y tratamientos abarcados por el programa. Junto a ellos fueron frecuentes los números monográficos dedicados a los más diversos temas culturales, entre los que citamos "La guerra civil española" (29-4-77), "Cultura catalana" (20-5-77), "Fernando Arrabal" (27-5-77), "La nueva Alfaguara" (10-6-77), "Los exilios" (24-6-77), "La crisis de la novela" (15-8-77), "La generación del 27" (17-9-77), "Jorge Semprún" (13-12-77), "Julio Cortázar" (10 y 17-1-78), "Miguel Delibes" (14-3-78), "Julio Caro Baroja" (11-4-78), "Carlos Barral" (9-5-78), "Espadaña" (15 y 22-3-79), "Literatura española arábigo-andaluza" (5-4-79), "Historia del franquismo" (24-5-79), "Ruedo ibérico" (5-7-79), "Literatura erótica" (16-8-79), "Camilo José Cela" (4-10-79), "Rafael Alberti" (18-10-79), "Cultura vasca" (8-11-79), "Literatura sefardí" (20-12-79), "Gonzalo Torrente Ballester" (24-1-80), "Filosofía y pensamiento" (7-2-80), "Novela española contemporánea" (3 y 10-4-80), "Cine y literatura" (23-6-80), "Novela alemana contemporánea" (19-3-81), "Literatura hispanoamericana" (13, 20 y 27-6-81), etc., lo que nos da una idea del amplio bagaje audiovisual aportado por el programa a los archivos de TVE.

A lo largo de sus cinco años y medio de existencia, con altos índices de aceptación y audiencia, elogiado ampliamente por espectadores, crítica especializada y profesionales de la cultura y del mundo universitario, *Encuentros con las letras* acumuló un enorme legado cultural que con los años se ha hecho más valioso, sin caer en repeticiones, tópicos ni lugares comunes, tan frecuentes en programas culturales pensados más para el consumo que para la divulgación y la educación de los espectadores.

La entrevista. *A fondo*

Entre 1976 y 1981, el periodista Joaquín Soler Serrano dirigió y presentó en La 2 de TVE un programa de entrevistas titulado *A fondo*. Era un espacio de una duración cambiante (desde los 41 minutos dedicados a Manuel Puig a los 157 de Borges o a las dos horas largas de Julio Cortázar), dedicado casi siempre en su totalidad a un personaje del mundo de la cultura, en el que se trataba de agotar hasta donde fuera posible el perfil humano y profesional del entrevistado. Con una realización de Ricardo Arias que hoy consideramos muy pobre, de un plano general fijo con *zooms* hacia los protagonistas y una puesta en escena con la obra del invitado (los libros en el caso de escritores, algún cuadro o reproducción en el caso de pintores, etc.) y una mesa con dos sillas en un inexistente decorado. En blanco y negro, aunque los últimos capítulos fueron realizados en color por el programa pasaron desde Juan Rulfo (declarado enemigo de la televisión) y Borges (aquí hizo las polémicas declaraciones en las que ponía en duda la calidad de la obra de García Lorca) hasta Josep Pla, Salvador Dalí o escritores entonces aún no consagrados. Octavio Paz, Julio Caro Baroja, Alejo Carpentier, Ramón J. Sender, Alberti, Álvaro Cunqueiro, Dámaso Alonso, Gabriel Celaya, Ernesto Giménez Caballero, Gonzalo Torrente Ballester, Severo Sarduy... hasta 274 personajes de la cultura pasaron por un programa en el que dejaron uno de los más ricos legados audiovisuales de nuestra televisión cultural, que tienen el valor de un gigantesco incunable.

Tiempo de papel: La difícil sucesión de *Encuentros...*

Encuentros con las letras puso muy alto el listón para sus sucesores. Con el ánimo de cubrir su ausencia TVE ideó un nuevo espacio que se presentó con el título de *Tiempo de papel*. Su aparición se fue retrasando por diferentes motivos hasta el 16 de junio de 1983. Su primer director fue el escritor Isaac Montero, cuya esposa, la traductora Esther Benítez, había formado parte de *Encuentros con las letras*. Montero ideó un formato original con una estructura en la que se enlazaban las distintas secciones del programa a través de las intervenciones de un cuervo que hacía las veces de presentador e introductor de los diferentes temas. Se trataba de homenajear a los dos medios que se daban cita en este espacio: la literatura (el cuervo adoptaba el nombre de Nevermore, el personaje de una de las obras de Edgar Alan Poe) y lo audiovisual (la voz ronca y burlona del animal recordaba los mejores momentos de *Pajaritos y pajarracos* la película de Pier Paolo Pasolini). Cada espacio, identificado por unos títulos de crédito que la figura del cuervo se iba tragando, iba separado del siguiente por los acordes musicales de una versión instrumental del tema *Penny Lane* de *The Beatles*. *Tiempo de papel* prolongaría su vida hasta el 6 de junio de 1984 en la que emitió su última entrega. *Tiempo de papel* introdujo una de las novedades más originales de los programas culturales en televisión, la participación de la audiencia en los contenidos del programa a través de coloquios entre escritores y alumnos de distintos colegios a quienes previamente se proponía la lectura de una serie de obras sobre las que versaría el desarrollo del debate. Otra de las preocupaciones del nuevo programa fue la atención a la literatura clásica. Esta primera edición acogió una entrevista con el escritor mexicano Juan Rulfo.

En su corta vida de poco menos de un año (hasta el 6 de junio de 1984), *Tiempo de papel* cubrió un total de 47 programas. Vida no solo corta, sino además aventurada y salpicada de cambios internos y acontecimientos coyunturales que no permitieron que el programa cumpliese los objetivos que se había propuesto en su aparición. Isaac Montero dimitió a los dos meses de iniciarse la emisión, haciéndose cargo a partir de ese momento el coordinador Mariano Navarro y el productor Alberto Espada. Se despidió el 6 de junio de 1984, con un programa que incluía una entrevista con el escritor hindú Salman Rushdie (mucho antes de que estallasen sus graves problemas con el régimen iraní) acerca de su obra *Hijos de la medianoche*, y otra de Víctor Claudín al escritor andaluz Alfonso Grosso sobre el conjunto de su obra. El reportaje central del programa estaba dedicado al monasterio de El Escorial y a un libro, *La obra de El Escorial*, sobre este monumento. El espacio se cerraba, en esta ocasión, con una canción de despedida del cantante francés Jacques Brel.

Biblioteca Nacional: La literatura en su entorno

Meses antes de que comenzara la emisión de *Tiempo de papel* había empezado en la Primera de TVE un programa literario de periodicidad semanal dirigido y presentado por un antiguo componente del equipo de *Encuentros con las letras*, el escritor Fernando Sánchez Dragó. Su título era *Biblioteca Nacional*, y desde la fecha de su nacimiento (20 de noviembre de 1982) se emitió los sábados a las 14.30, inmediatamente antes del telediario, con una duración aproximada de 30 minutos. El programa tenía como escenario una de las salas de la Biblioteca Nacional de Madrid. La sintonía era la canción *Todo está en los libros*, con letra de Jesús Munárriz y música de Luis Eduardo Aute.

Los objetivos que perseguía *Biblioteca Nacional* fueron expuestos por Fernando Sánchez Dragó en la primera emisión del programa, como era habitual:

> *Biblioteca Nacional* estará dedicada exclusivamente a la literatura [...] Con este programa, cuyo título recoge y refleja precisamente el nombre y el propósito de la institución

que le brinda hospitalidad, Televisión Española y yo mismo, y cuantos de una u otra forma lo hacen posible, recogemos el guante de un desafío incruento muchas veces formulado y casi permanentemente postergado: el de demostrar que el mundo del libro puede resultar tan interesante e inclusive tan apasionante para el español de nuestros días como se lo parecen el mundo del disco, del balón, del toro, del espectáculo o de la política.

Uno de los más importantes hilos conductores de *Biblioteca Nacional* fue el de la actualidad. Esta característica venía impuesta, además, por su ubicación en la programación de la Primera de TVE. Así, salvo en ocasiones muy excepcionales, el libro y el autor de la semana se seleccionaban entre las novedades editoriales más recientes y en función, por una parte, de su valoración en el mercado, y por otra, de su impacto social.

Como otros programas del género, *Biblioteca Nacional* se sirvió de la entrevista como pilar básico de sus contenidos. A diferencia de *Encuentros con las letras*, por ejemplo, en las entrevistas de la sección "El autor de la semana" no se intenta dar una visión global de la biografía y la obra del escritor elegido sino únicamente tratar de su último libro.

Biblioteca Nacional emitió su última entrega el 1 de octubre de 1983. Según el propio Sánchez Dragó escribió en su sección "La Dragontea", de la revista *Época*, fue el mismo director general de RTVE, José María Calviño, quien justificó la desaparición del programa: "En la Primera Cadena no queremos cultura, sino películas de Paco Martínez Soria", dice que dijo. Convertido en exaltado y combativo antisocialista desde los micrófonos de una tertulia radiofónica de la COPE, años más tarde calificó su salida de TVE en 1993 como una "expulsión" tras 17 años de trabajo en la empresa pública, por apoyar al Partido Popular cuando dirigía el programa *El mundo por montera*. Aquí se autodefine como "el mejor haciendo programas de libros".

Tiempos modernos: Revista de cultura

Adoptando el título de una de las famosas películas de Charles Chaplin, *Tiempos Modernos* comenzó sus emisiones el miércoles 21 de noviembre de 1984, con una duración de 60 minutos, a las 20.00 en La 2 de TVE. El responsable de este nuevo programa era el crítico de cine Miguel Rubio, con una serie de asesores para las distintas áreas culturales: Julio Llamazares y el novelista Alejandro Gándara se ocupaban de la información literaria. Juan Manuel Bonet, poeta y bibliófilo, Francisco Calvo Serraller y Javier Rubio tenían a su cargo la sección de arte. Agustín Tena, también poeta y escritor, se ocupaba de la cultura de vanguardia, mientras el arquitecto Miguel Hernández, profesor de Estética de la Facultad de Arquitectura de Madrid, era el encargado del mundo relacionado con el urbanismo. No obstante esta especialización, no era infrecuente el intercambio de temas y actividades entre ellos. Se incluían asimismo temas de fenomenología cultural de carácter cotidiano o histórico relacionados con las artes y con el ambiente intelectual que, de alguna manera, fuesen sintomáticos de corrientes, modas, gustos y escuelas en vigor, sin olvidar la política cultural. En *Tiempos Modernos*, el mundo de la creación y el de la degustación del arte y de la literatura se relacionaban con otros temas que les servían de soporte o fundamentación, o que estaban conectados con ellos: la ciencia, el pensamiento, la sociología, la antropología, la demografía, o aspectos más cotidianos, como la moda, el urbanismo, la decoración, el diseño industrial o la artesanía. Aunque cultural antes que literario, *Tiempos Modernos* dedicó no obstante una gran parte de sus contenidos a la literatura en sus múltiples manifestaciones. Ya su primer programa, que se abría con una presentación a cargo de la poeta Blanca Andreu (*Tiempos Modernos* probó durante toda su trayectoria diversas fórmulas en su presentación, estructura y desarrollo), incluía una larga entrevista de Miguel Rubio al escritor argentino Ernesto Sábato, un reportaje sobre el novelista inglés Malcolm Lowry ilustrado con imágenes de la adaptación cinematográfica que de su obra *Bajo el volcán* hiciera John Huston y de un cortometraje del español Fernando Cobo de igual título, lectura de textos de otras obras de Lowry, etc., hasta cerrar este primer número con otra entrevista al escritor cubano Severo Sarduy. Esta dependencia de la literatura continuó en similares proporciones a lo largo de todos los programas, ocupando con frecuencia más del cincuenta por ciento de sus contenidos.

La hora del lector y otras experiencias

Retomando el título de un libro de culto publicado por José María Castellet en 1957, *La hora del lector* fue uno de los intentos más populares de acercar la literatura al gran público. En este programa de 1985 cada semana un personaje popular (futbolistas, cantantes, actores, etc.) era entrevistado sobre sus gustos literarios. La conversación se centraba en un libro previamente pactado. Luis Carandell y Olga Barrio fueron algunos de sus presentadores. El método de contar con personajes populares para divulgar la literatura se volvió a ensayar en 1993 con el programa *Colorín, colorado*, un miniespacio en el que un personaje conocido narraba un cuento infantil. La intención era sustituir a los populares dibujos animados de la canción *Vamos a la cama*, que daban paso a la programación para adultos. La dedicación a la literatura infantil ya se había intentado en una efímera experiencia de 1989, *Un cesto lleno de libros*, presentado por el actor

Enrique Pérez Simón y que hacían José Miguel Pérez de Muñoz, Juan Farias y Encarnación Viola.

El nuevo espectador. Un espacio merecedor de mejor suerte

En enero de 1989, La Primera de TVE comenzó la emisión de un nuevo programa cultural con el orteguiano título de *El nuevo espectador*, dirigido y presentado por el periodista Eduardo Sotillos. Fue la única vez que se intentó la experiencia de emitir un programa cultural en horario de *prime time*, en directo, los martes a las 21.35, una hora privilegiada para lo que se estila en este tipo de programas. La experiencia duró poco, porque pronto se trasladó a la medianoche de los lunes en La 2 (en Cataluña el centro territorial de TVE lo emitía los domingos a las 18.25). *El nuevo espectador* pretendía informar y debatir acerca de las múltiples manifestaciones del mundo de la cultura. La puesta en escena simulaba el ambiente de un establecimiento, un café en el que tienen lugar diversas tertulias en torno a distintos temas: un rincón literario, un rincón poético, un rincón del artista, etc. Un local al que acuden todo tipo de personas para conversar sobre diversos temas culturales, ilustrados previamente con imágenes 'ad hoc'. También había una mesa para un "ilustrador" que, en cada velada, esbozaba un dibujo de lo que acontecía en el local. Entre los contertulios fijos, Blanca Berasategui, Vicente Verdú, Ramón de España, Miguel Rubio, Mauro Armiño… En cada espacio se abordaban diferentes novedades culturales, pero siempre al amparo de un *leitmotiv* principal, un hecho de especial trascendencia. *El nuevo espectador* dejó de emitirse en diciembre de 1990, con un programa dedicado al humor. El Colegio Oficial de Arquitectos de Madrid le concedería el Premio Santiago Amón de Periodismo por su labor divulgadora sobre arquitectura y urbanismo, que en el programa estaba a cargo de María José Arnáiz.

Estos programas pusieron las bases de lo que, fundamentalmente en La 2 de TVE, fue una tradición, solo interrumpida temporalmente, de tener un programa de libros. *A pie de página* en 1991, *La isla del tesoro* en 1992, *Señas de identidad* y *El lector* en 1994, *Negro sobre blanco* en 1997, *Los libros* en 1998, *Estravagario* en 2005 y *Página 2* ahora mismo.

El difícil binomio arte-televisión

Como ocurría con la poesía, tampoco parece que el arte haya encontrado en la televisión un buen aliado, si no es en aquellas manifestaciones propiamente audiovisuales, como el video de creación, la holografía, la realidad virtual, la videodanza, o de fenómenos mediáticos como retransmisiones de actos y ceremonias culturales. Algunas interpretaciones atribuyen este fenómeno a que, en el ámbito de la estética, la televisión solo puede proporcionar una sensibilización al espectador ante la obra de arte pero nunca sustituir la percepción directa, su condición esencial. En relación con este fenómeno hemos de registrar una curiosa manifestación en el medio televisivo cual es que a medida que los programadores de televisión son más conscientes de que las grandes audiencias rechazan los programas de arte, todas las cadenas han adaptado a sus miniespacios autopromocionales y de continuidad imágenes extraídas de las artes a que han dado lugar la fusión de las técnicas informáticas y audiovisuales. Por no hablar de la publicidad, un fenómeno en el que las artes electrónicas han encontrado un campo de investigación artística de excelentes hallazgos.

También este campo televisivo tiene sus detractores y sus defensores. El pintor español El Hortelano asegura que la televisión, con su vertiginosa sucesión de planos, ha arruinado la cultura pictórica, mientras el catedrático de la universidad Complutense Valeriano Bozal declaraba tras su colaboración en un documental sobre Goya: "[...] este programa demuestra que se pueden hacer documentales sin aburrir al público. La calidad no tiene que estar enfrentada con el medio".

A pesar de todo, los programas de arte tienen una presencia, bien que mínima, en la pequeña pantalla. Tal vez no se haya dado aún con la fórmula para hacer interesante el arte en televisión. En España, durante la transición, programas como *El mirador* (1987), de Ángela Ubreva, *La memoria fértil*, de Domènec Font, el mensual *Por la ruta de los vientos* (ambos de 1988), etc., mantuvieron viva una llama y contaron con audiencias fidelísimas aunque minoritarias. El más popular de los programas pioneros de arte fue *Mirar un cuadro*, dirigido por Alfredo Castellón, que TVE emitió entre febrero de 1982 y enero de 1984, y que fue repuesto en 1988, en el que más de medio centenar de personalidades del mundo de la cultura española comentaban otros tantos cuadros del Museo del Prado.

La musa de los primeros programas de arte en TVE fue la periodista Paloma Chamorro. Después de sus primeras incursiones en el programa *Galería, Cultura 2* y los citados *Encuentros con las Artes y las Letras*, su gran oportunidad iba a presentarse cuando en octubre de 1977 tuvo que sustituir a Ramón Gómez Redondo al frente de *Trazos*, un programa del que ya era subdirectora. De una hora de duración, *Trazos* aún se emitía en blanco y negro los jueves a las 19.30 por la Segunda Cadena de TVE. Pero, más importante que *Trazos*, su primer programa de creación propia sería *Imágenes*, que comenzó a emitirse en octubre de 1978, a las 20.30 horas de los miércoles, también en La 2. Aunque poseía una estructura similar a *Trazos*, con reportajes sobre exposiciones e informaciones culturales, incorporaba nuevas secciones, debates y comentarios de especialistas, con un tratamiento de elementos formales rupturistas que introducían un estilo innovador. Entre los colaboradores de *Imágenes* estaban Fernando Huici, José Miguel Ullán, Ángel González y Francisco Calvo Serraller.

En mayo 1983, Paloma Chamorro comenzó una de las aventuras más creativas del fenómeno cultural en televisión: *La edad de oro*. Este espacio de título buñueliano, que se emitía en directo a las 22.30 de los martes, recogió algunas de las experiencias más creativas que un programa cultural podía incorporar a sus contenidos. Su estructura era la de un *magazine* convencional, aunque su estética era rupturista. De hora y media de duración, incorporaba entrevistas a personajes del mundo de las vanguardias artísticas, actuaciones musicales de grupos que practicaban los estilos más experimentales, y reportajes filmados sobre los movimientos artísticos más innovadores. Su línea experimental y vanguardista se salía de todo lo conocido hasta entonces. Aquí se incluyeron por primera vez obras de ficción como *Trailer para amantes de lo prohibido*, de Pedro Almodóvar, o *Amor apache*, de Ceesepe. *La edad de oro* pasa por ser el programa de televisión más representativo del movimiento cultural de 'la movida'.

La última incursión de Paloma Chamorro en la programación cultural de TVE se llamó *La estación de Perpiñán*. Comenzó en mayo de 1987 y terminó pocos meses después, asediada por la crítica más conservadora, que se escandalizó por algunos de sus contenidos. Paloma Chamorro venía arrastrando este tipo de problemas de su anterior programa *La edad de oro*. Se llegaron a pedir para ella dos años y cuatro meses de prisión por un delito de profanación, por la emisión de un video musical en el que la cabeza de un Cristo crucificado era sustituida por la de un animal. *La estación de Perpiñán* consistía en una larga conversación (60 minutos) con artistas y músicos de vanguardia, intercalada con grabaciones y reportajes de las figuras entrevistadas.

La excepción de *Metrópolis*

La antorcha del arte de vanguardia en la programación de TVE, junto a las experiencias de Paloma Chamorro, está representada por *Metrópolis*, un espacio que había comenzado a emitirse sin mucho éxito en abril de 1985 en La 2, aprovechando el 'tirón' del movimiento sociológico juvenil de la 'movida'. Su emisión era los domingos por la noche, después del último programa, para evitar restar audiencia a ningún otro espacio, una ventaja, según sus responsables, que suponía un plus de libertad y menos condicionamientos a la hora de elegir sus contenidos. Entre 400 000 y 800 000 espectadores acogieron con una fidelidad sorprendente las primeras emisiones de *Metrópolis*. Hoy esa audiencia apenas ha variado. En la actualidad continúa en antena, con cambios en la hora y el día de emisión, con ausencias temporales, en un insólito caso de permanencia, más allá de los cambios en las exigencias estéticas, comerciales y políticas. Hasta el punto de que ya puede hablarse de un clásico y de un programa de culto en la parrilla de TVE, un privilegio alcanzado por muy pocos espacios. Es el de *Metrópolis* un caso paradigmático de generación de arte a través de la televisión, como lo prueba la decisión del Museo de Arte Reina Sofía de que sus programas formen parte de los fondos documentales de la pinacoteca, para que investigadores y estudiosos de las vanguardias del arte contemporáneo puedan acceder a sus imágenes.

De periodicidad semanal (*Metrópolis* llegó a tener una etapa, durante cuatro meses de 1986, de emisión diaria de lunes a viernes), su título se inspira en los de la célebre película de Fritz Lang y de la revista del MoMA. La elección obedece a su sentido de universalidad y a que es una palabra que se entiende prácticamente en todos los idiomas. Entre los contenidos más innovadores de *Metrópolis* estuvo siempre la creciente experimentación de las artes videográficas, que en TVE ya había tenido una serie monográfica con *El ojo del video* en 1984. El primer director de *Metrópolis*, Alejandro G. Lavilla, declaraba haber concebido este espacio como un programa urbano que interesaba sobre todo a los jóvenes que vivían en las grandes ciudades: la primera entrega incluía un reportaje sobre las ciudades de Tokio y Vigo, y otro sobre el videoartista Xavier F. Villaverde. En los primeros meses *Metrópolis* dedicaba cada programa a una gran ciudad, de la que incluía un reportaje sobre sus lugares y personajes de vanguardia. Urbanismo y video de experimentación, presentes desde la cabecera del programa, continúan siendo actualmente dos de los contenidos prioritarios de *Metrópolis*, cuyos hallazgos formales constituyen en ocasiones, en sí mismos, verdaderas creaciones artísticas dentro de una nueva escritura televisiva que ha puesto en evidencia las grandes posibilidades en la utilización de los recursos electrónicos y de posproducción. Entre los temas más frecuentados por *Metrópolis* figuran también arquitectura (Santiago Calatrava), artes plásticas, infografía, arte virtual (Nam June Paik), música (Carles Santos, Philip Glass), cine de vanguardia (*Koyaanisquatsi*, *Powaquatsi*, Peter Greenaway), publicidad (Jean Baptiste Mondino, Joe Pytka), cómic (Moebius), performance (Skip Arnold, Montserrat Colomé), performance videográfica (Patty Chang, Ursula Hodel, Paul Harrison), fotografía (Werner Pawlok), videodanza (Bouvier y Obadia, Phillipe Decouflé, DV 8), moda (Jean Paul Gaultier), diseño (Philippe Starck, Javier Romero), teatro experimental (Survival Research Laboratories, La Fura dels Baus) e informática de creación (Siggraph e Imagina), en una interesante mezcla ecléctica, sin ningún planteamiento censor ante temas de sexo, violencia, religión o política. La estructura del programa, que consiguió prescindir de presentadores, atiende en la actualidad tanto a personajes como a temas, con tratamientos monográficos que a veces ocupan varios capítulos. Y casi siempre a personajes ignorados por el marketing cultural y los grandes circuitos comerciales, aunque alguno de ellos alcanzaría notoriedad con los años, como los casos de Suzanne Vega y Laurie Anderson, el videoartista polaco Rbzynsky o el polifacético gallego Antón Reixa. Una de las señas de identidad de *Metrópolis* ha sido desde siempre la de ir contra el mercado, los cánones establecidos, las obras y los artistas encumbrados. Los contenidos de *Metrópolis* pueden seguirse semana a semana a través de una página web de internet.

Virginia Guarinos

Teatro y televisión en el tardofranquismo y la Transición: El príncipe destronado

En el año en que Televisión Española cumple sus 60 de existencia, la realidad de su programación, en lo concerniente a cultura, puede decirse que es superior a la de las cadenas privadas españolas de cobertura nacional y en abierto. Como servicio público, RTVE debe cumplir con unos mínimos, tanto la televisión como la radio, que aún la hacen mantenerse a cierta distancia de los contenidos competitivos de las televisiones privadas. No obstante, los programas culturales y, dentro de ellos, la ficción como forma de cultura, no recuerda lo que en otros tiempos hiciera esta televisión pública, cuando era la única en antena en el territorio nacional. Hasta llegar a este punto, la televisión en España ha ido adelgazando la presencia cultural y, con ella, la del teatro, hasta convertirlo de rey en príncipe y destronarlo.

A pesar de la proliferación de cadenas privadas, temáticas, abiertas o de pago, la representación de lo cultural parece haber cedido puestos a la espectacularidad de lo real, a través de todos los formatos de manifestación docudramática encarnada en el amplio abanico de *reality shows*. La divulgación de la cultura, y en concreto la cultura literaria o teatral, en su formato ficcional encuentra en la actualidad otra forma de hacer cultura, la cultura de nuestro tiempo, que en forma de series "autóctonas" de televisión satisface a amplios sectores de la audiencia, como una nueva forma de cultura. No existe ya presencia de cultura literaria con forma ficcional. La desaparición de adaptaciones teatrales o de miniseries procedentes de grandes novelas es un hecho en nuestros días, en los que, paradójicamente, las televisiones se esfuerzan por producir series y telenovelas de ambientación histórica[1], que muy bien recuerdan a esos folletines o melodramas adaptados procedentes de los grandes relatos de la literatura española.

En cualquier caso, habría que comenzar preguntándose de qué cultura hablamos, la cultura de quién, a la hora de reflexionar sobre el teatro en televisión. Como referentes ficcionales que son el cine y el propio teatro en vivo, lo que en la Transición se veía distaba mucho de las adaptaciones que en su momento se produjeron en los programas teatrales de TVE. Como texto que cuenta una

---

1 Series como *Isabel, Águila Roja, Acacias 38, Seis hermanas, Amar en tiempos revueltos* o *Amar es para siempre* y *El secreto de Puente Viejo*.

historia ficcional, el teatro en televisión encuentra fuera de la propia televisión otros dos modos de representación con los que competir: el propio teatro y el cine. Y aunque el público y el comportamiento espectatorial son diferentes para el teatro y para el cine, lo cierto es que el panorama teatral y cinematográfico de la Transición se presentaba considerablemente distinto en cuanto a historias y a autores con respecto al teatro adaptado para televisión.

El teatro, en especial la escena madrileña (cf. Pérez Jiménez 1993), muestra dos de los rasgos más característicos de la época, extensibles a otras artes, como son la experimentación y los intentos vanguardistas y el aumento progresivo de producción. Desde las 216 obras estrenadas en 1975 hasta las 323 de 1982 (pasando por 233 en 1976; 231 en 1977; 256 en 1978; 268 en 1979; 314 en 1980 y 315 en 1981), se observa aumentos bianuales considerables hasta alcanzar un 20 % más de producciones en 1982 con respecto a 1975, en ocho años. El mayor número de producciones corre paralelo al aumento de número de espacios de representación, no teatros sino salas alternativas. Ese número en aumento de espectáculos teatrales corresponde a espectáculos baratos de producción, experimentales y de vanguardia que responden al gusto de un público atomizado y también en transición de gustos e intereses culturales. Se observan varias tendencias en estos espectáculos que satisfacen a un abanico amplio de espectadores. La representación de los clásicos desde Lope a Calderón pasando por Shakespeare nunca ha faltado, pero se combina con representación de autores contemporáneos como Alonso Millán, Francisco Nieva, Antonio Gala, o los comediógrafos de toda la vida: Mihura, Arniches, Alfonso Paso. Un elemento importante de la escena española es la recuperación de autores prohibidos: Alberti, Lorca, Brecht, enlazada con obras contemporáneas de clara referencia al momento político, como las de Antonio Olano: *La tonta del voto, Locos por la democracia, Los chaqueteros, Cara al sol... con la chaqueta nueva*, sin olvidar que la recién inaugurada libertad llevó el destape nacional también a los escenarios, con obras como las de Adrián Ortega, con *Ni soltero, ni casado ni viudo, Cuidado con el de los cuernos, Métame un gol, Lo tengo rubio, Achúchame*, etc.

Por su parte, el cine no presenta mejor codificación. El año 1975 supone el taquillazo de la película *Tiburón* (Steven Spielberg) con 5 917 751 espectadores que tuvo que compartir pantalla con otras películas españolas no de tanto éxito. El gusto español va abandonando películas como las de Rafael Gil[2], aunque no se rinde a las comedias del tipo *Mi mujer es muy decente, dentro de lo que cabe*

---

2   *Olvida los tambores* solo obtuvo 227 928 espectadores, según figura en la base de datos del Ministerio de Cultura.

(Antonio Drove, 1 064 750 espectadores), *Ya soy mujer* (Manuel Summers con 1 782 713). No obstante, inesperado hubiera sido años antes la acogida de una película como *Furtivos*, de Borau, con una taquilla de 3 581 914. Y aunque ya en estas fechas era imposible competir con el cine americano, lo cierto es que ciertas películas españolas obtuvieron un nivel más que aceptable a la hora de llamar la atención del público. En 1976 *Rocky*, (John G. Avildsen) con 3 469 839 espectadores, se vio junto a *Cría cuervos* (Carlos Saura) con 1 292 417, *El desencanto* (Jaime Chavarri, con aproximadamente doscientos mil) o *Pascual Duarte* (Ricardo Franco, con seiscientos mil), *Canciones para después de una guerra* (Basilio Martín Patino, con 830 794), *Las largas vacaciones del 36* (Jaime Camino, con 1 096 196), y por supuesto el tributo al destape de *La lozana andaluza* (Vicente Escrivá, con 2 330 643) o *La mujer es un buen negocio* (Valerio Lazarov con 1 200 644). Los años siguientes continuaron con la misma tónica. El año 1977, un año de gran producción de documentales, es el de *La guerra de las galaxias* (George Lucas) con 6 900 868 de espectadores, a compartir con *Los placeres ocultos* (Eloy de la Iglesia, 1 170 700), *Cambio de sexo* (Vicente Aranda, 840 261), *Me siento extraña* (E. Marín Maqueda, 974 970) sobre lesbianismo, o *La guerra de papá* (Antonio Mercero, 3 524 450). El cine americano de evasión de la ciencia ficción se hace con los espectadores, pero el cine español inicia la saga de películas sobre la guerra civil y la posguerra, las comedias de destape, y comienza a introducir temas hasta el momento tabú, más que prohibidos, como la homosexualidad. *Superman* (R. Donner, 5 267 500) y *Grease* (R. Kleiser, 4 098 619) se ven el mismo año que *Un hombre llamado Flor de Otoño* (Pedro Olea, 1 097 738), *Ese obscuro objeto del deseo* (Luis Buñuel, 1 076 250) o *La escopeta nacional* (Luis G. Berlanga, 2 061 027) en 1978. Y en 1979 comienzan a verse películas en euskera y catalán, así como documentales sobre la democracia y las autonomías y, aunque *Apocalypse Now* (Francis F. Coppola) obtiene 2 327 173 espectadores, Saura consigue 1 120 199 con *Mamá cumple 100 años*, al tiempo que llegan a buenas taquillas los nuevos realizadores como Garci, Colomo, Trueba o Gutiérrez Aragón.

La lejanía estética y de contenidos entre lo que se producía en cine y teatro, tanto español como extranjero, y la programación teatral televisiva no dejaba mucho espacio a la continuidad exitosa del teatro en televisión. El gusto y el consumo de industrias culturales de los españoles se encaminaban en una dirección que terminó por reventar con la movida madrileña, y que en nada se parecía a la presencia del teatro en televisión, ni en contenidos ni en formas ni en intenciones. No estamos hablando tanto de un "culturicidio", como de un cambio de paradigma cultural, y un progresivo abandono y sustitución de la cultura "oficial", ideológicamente programada, por una cultura de consenso, más moderna y europea, si bien igualmente marcada desde la ideología, aunque otra diferente, las voces de las izquierdas.

El comienzo del final en el tardofranquismo

Los programas de teatro, aunque casi todos los espectadores españoles se refieren a ellos como los "Estudios 1", tuvieron distintas denominaciones desde su creación hasta su extinción. Desde la época que nos ocupa, se emitió *Teatro de siempre* (La Primera, 1971), *Teatro* (La Primera-La 2, 1972, 1973, 1974, 1976, 1979, 1981), *Primera función* (La 2, 1989, 1990), *Butaca de salón* (La 2, 1990), *José María Rodero, actor* (La 2, 1991) o *Teatro breve, Función de noche* (en el verano de 1996), *Vida y sainete* (1998, aunque producido en el 1996), *Lo tuyo es puro teatro* (1999, 2000), de grabaciones desde escenarios y reposiciones. En los últimos tiempos, Pérez Puig en 2001 hizo una obra de Priestley, y en 2002 se emitió *Pareja abierta*, de Darío Fo; en 2003, *Defensa de dama*, de Isabel Carmona y Joaquín Hinojosa y en 2004 se emitió *Pares y Nines*, de Alonso de Santos[3]. La existencia de programas dramáticos con igual filosofía y distintos nombres sucesivamente que se observa en la anterior relación se vino produciendo durante toda la existencia del teatro por televisión, aunque con motivos diferentes. En toda la primera etapa, desde el nacimiento de programas de teatro en 1957, hasta los últimos años del franquismo, la variedad de títulos obedecía a la consideración de programas estrella, con lugares privilegiados en las parrillas de programación del ente público, mientras que en estas fechas los vaivenes de títulos, plantillas y horarios comienzan a denotar un cambio en la política sobre los objetivos de programación.

Como afirma Calvo (2010: 345), a propósito del programa insignia *Estudio 1* y su estabilidad desde sus comienzos en 1966, "en vísperas de la muerte de Franco la naturaleza estable de sus emisiones comenzará a experimentar variaciones de nombre, de día y de horario, reveladoras de una cierta insatisfacción de programadores y realizadores, insatisfacción estética, aunque también política". Este programa, como los dramáticos teatrales en general, se perpetuaba gracias a la identificación que existía entre el mismo y los valores del régimen de la Dictadura franquista. Y así afirma también el autor que la programación de *Estudio 1* entre 1966 y 1974 era "restauradora de una determinada tradición teatral conservada en formol y susceptible de ser llevada a la pequeña pantalla con una significación pedagógica y, en cualquier caso, inocua" (Calvo 2010: 345), que

---

3   Datos recogidos en la tesis doctoral de Cremades Salvador 2006.

era lo que se podía encontrar en adaptaciones de clásicos como Tirso de Molina, Lope de Vega, Molière, Marquina o Zorrilla, además de la comedia costumbrista y de astracán al estilo Muñoz Seca o los hermanos Álvarez Quintero, sin olvidar el drama patriótico de Pemán o de Luca de Tena. Esta nómina de autores arroja una gran cantidad de obras que, siendo muchas de ellas consideradas cultura con mayúsculas, dejaban fuera los temas que podrían interesar realmente a los españoles telespectadores, y un teatro que, por lo demás, distaba del teatro que se estaba escribiendo y estrenando en el momento, como hemos señalado. El cambio que se avecinaba desde el punto de vista político era un cambio que ya estaba latiendo en los españoles y que, en ambientes culturales medios y altos, veían en estas producciones una estética caduca y una ideología rancia, en definitiva un género que culturalmente había envejecido en muy poco tiempo, en comparación con los productos culturales que el aperturismo del tardofranquismo ya estaba empezando a dejar ver a los ciudadanos que conseguían poder viajar y traer aires de la nueva cultura europea de los sesenta, muy en desfase, por adelantada, con la que se generaba en la España de puertas cerradas.

Los deseos de divulgación y entretenimiento en estos programas de los clásicos españoles y los dramaturgos contemporáneos extranjeros (y muy pocos contemporáneos españoles), llevaban irremediablemente a no tratar temas hirientes del momento. Era un teatro televisivo de evasión. Los autores contemporáneos españoles, mucho menos los exiliados (Arrabal, Sastre, Nieva, etc.), no tenían cabida (casi tampoco después en plena Transición), pero se compensaba con los extranjeros, de Ibsen a Osborne, de Camus a Pinter, etc. Mientras tanto, los realizadores se arriesgaban, en sus deseos de innovación, con la censura, intentando al menos adaptar, con visualidad no estática, obras de estos escritores alejados del verso en castellano antiguo. Merecida referencia hay que dar a Guerrero Zamora, Alfredo Castellón, Pedro Amalio López, Gustavo Pérez Puig, Claudio Guerín, Cayetano Luca de Tena, etc.

Este aperturismo en los programas teatrales de televisión estaba más motivado por el objetivo de lavado de imagen en busca de un supuesto consenso y homogeneidad social que por afán cultural, en tanto que muchos de estos autores extranjeros ideológicamente se encuentran a gran distancia del régimen franquista. Esto sucedería también con poetas a los que se les dio cabida en programas literarios, como Antonio Machado, Juan Ramón Jiménez o Federico García Lorca. En palabras de Luis Miguel Fernández (2014: 136), "no era solo cultura para formar a los espectadores lo que se emitía por televisión, era todo un mensaje político de armonía social y de integración de todos en torno a los valores del nuevo régimen, quedando el proyecto didáctico en un segundo plano"[4]. A la imagen de homogeneidad, en la década de 1970 se le suma otra intención, la de aparentar ser un país moderno, integrado en Europa y sabedor del uso de las tecnologías y las nuevas estéticas. Y en ese sentido, la mirada de los programadores se dirige hacia las *tv movies* y las series por encima del teatro, teniendo en cuenta que, además, los espectadores empezaban a conocer las series extranjeras. "Los telefilms norteamericanos habían ido acostumbrando a los telespectadores españoles a un ritmo más ágil, a la importancia de los exteriores, y a unos códigos genéricos que nada tenían que ver con el teleteatro o la telenovela al uso" (Fernández 2014: 140). El camino a la desaparición del teatro en televisión estaba trazado.

Transición democrática y muerte del rey de los dramáticos

La etapa que en política trajo un rey a España también trajo la muerte del rey de los dramáticos. Rodríguez Merchán (2014), en el último trabajo publicado sobre *Estudio 1*, habla de entrada triunfal de los dramáticos en la televisión en España, al observar que, en los doce primeros días de emisión de la cadena, los dramáticos aparecieron hasta en cuatro formatos diferentes: teatro retransmitido desde sala, dramaturgia escrita específicamente para el nuevo medio, historias noveladas adaptadas como espacios dramáticos y teatro adaptado. Este reinado que se mantiene con regularidad hasta 1973, de repente en marzo de 1974, se ve clausurado por la cancelación de las emisiones regulares[5].

A la muerte de Franco, cualquier simple asesoría de imagen para vender democracia habría recomendado romper con lo anterior. Y si el teatro era marca de una época, sin duda de una televisión anterior, lo normal era romper con él. La época de Martín Ferrand, que se incorpora a televisión en 1976, opta por el cine y el reportaje como espacios estrella, además de una alta atención a infantiles y juveniles. Se van incorporando periodistas y personajes vinculados a la izquierda, hasta que en 1982 la entrada de Calviño supone definitivamente una limpieza del antiguo régimen que culmina con la toma de posesión de Pilar Miró y el paso considerado por algunos sectores de la televisión del Estado a la televisión del partido, una televisión que, independientemente de la sempiterna servidumbre política, en nada se parecía a la misma de diez años antes. Pasamos de la televisión controlada evidentemente a la televisión controlada sutilmente.

---

4   En este mismo volumen puede verse una amplia relación de programas, autores y obras de toda esta época.

5   La última emisión regular, datada por Rodríguez Merchán, fue la obra de Víctor Ruiz Iriarte, *Historia de un adulterio*, dirigida por Pedro Amalio López.

La modernización de la imagen que, a su vez, pasó por el deterioro de contenidos de calidad con la retirada de este tipo de espacios, aunque posiblemente al espectador no le costó ni siquiera la nostalgia. Es probable que un espectador de *Estudio 1* no fuera consciente de estar viendo un Unamuno, un Mihura o un Miller, sinceramente, veía historias contadas de una forma que con el paso del tiempo se iban quedando en formas simples, teatralizantes y visualmente pobres en comparación con las texturas y los ritmos visuales de las series y el cine de los años 70 y 80 del siglo XX.

En 1975 la producción asciende a 26 obras y las emisiones a 23. Mientras que la tónica general de uso de autores y obras encaja con la filosofía general de los espacios teatrales de TVE de siempre, los últimos meses, ya coincidiendo con la muerte de Franco, presentan una irregularidad en las emisiones, que no cuentan con fecha fija para el espacio teatral, normalmente semanal durante todo el año. Desde noviembre solo se emiten tres obras, en las que no merece la pena extraer conclusiones, puesto que se trata de un autor extranjero y dos españoles, proporción de dos tercios, y un clásico, un contemporáneo, tragedia y comedia a partes iguales, etc. Sí es de resaltar en este año la producción de Josefina Molina. Esta falta de "movimiento teatral" desde la fecha de la muerte de Franco puede considerarse normal, tratándose de seguir con la programación o intentar terminar el año a la espera de nuevas directrices.

El año 1976 continúa con la irregularidad en las fechas de emisión, sin periodicidad, además de otro problema sintomático. Se emitieron 12 y se produjeron 10, dos de ellas recuperadas de años anteriores. La cifra indica una reducción más que importante en las emisiones y producciones en comparación con el año anterior. Pilar Miró forma parte del equipo de realizadores, junto con los habituales Guerrero Zamora o Pérez Puig. Y tampoco se nota avance en el tipo de autores y obras seleccionados para emitir. Es de resaltar la reincidencia en Tirso de Molina, uno de los más adaptados en la historia de la televisión y el teatro, y la paridad de autores españoles (6) y extranjeros (6), cuando lo habitual es mayor número de dramaturgos españoles. Frente a un clásico, el resto son obras contemporáneas y la tragedia (8) dobla en número a la comedia. Un clásico es también la emisión de *El burlador de Sevilla* en noviembre.

El año siguiente, 1977, no hace mejorar la situación; se emiten menos obras de las que se producen, 11 y 14 respectivamente. La igualdad entre españoles (6) y extranjeros (5) se mantiene, así como la abundancia de autores contemporáneos y el total dominio de la tragedia (dos comedias únicamente). Se presentan como autores reincidentes Arniches y, dentro del propio año, Pirandello. El año 1978 presenta un aumento en la producción (21), aunque la emisión continúa muy baja (16). Repiten Pemán, Mihura y Alfonso Paso e incluso se adaptan obras que no son originalmente teatro sino novela. El aumento de autores españoles (13) devuelve un poco la normalidad a las emisiones pero la comedia continúa sin remontar.

El año 1979 presenta un giro importante. De 37 producciones, dos son guardadas, y se llegan a 42 emisiones, recuperando 7 de años anteriores. De repente, las emisiones no son irregulares, sino más que semanales. Llega incluso a emitirse cada cuatro días en noviembre y cada tres en diciembre. La renovación alcanza a la modernización con inclusión de autores poco visitados por nuestro teatro y probablemente desconocidos por el gran público tanto televisivo como teatral. Aunque también están los clásicos como Arniches, Mihura, e incluso Shakespeare, poco adaptado en estas épocas de transiciones. Son españoles 29 de los autores, clásicos 5 y hay un aumento espectacular de la comedia hasta llegar a 14 con los autores citados además de Muñoz Seca, Carlos Llopis y comediógrafos contemporáneos. La aparición de autores "duros" como Giraudoux o Joyce habla de un cambio de política en la selección de autores a pesar del mantenimiento de los preferidos por la audiencia.

El año siguiente sigue siendo un año de bonanza teatral en televisión. En 1980 se alcanza la producción de 51, 41 emitidas, 2 en reserva y 6 recuperadas. Los intervalos de emisión son de tres, cuatro y siete días a lo sumo. En autores no hay novedades pero la comedia continúa su ascenso (23). Y, sin embargo, el año 1981 comienza una bajada que ya será irrecuperable. Se produce un 40 % menos, 34, emitidas de ellas 26, recuperadas 7 y guardadas 8. La comedia vuelve a bajar y aumentan los clásicos. Y finaliza el periodo con otra reducción de un tercio con respecto al 81. En el 82 se producen 23 de las que se reservan 7. Los clásicos vuelven a reducirse al mínimo como la comedia y los autores españoles (10) en favor de los extranjeros. La periodicidad es semanal, pero no segura.

En general la palabra que puede resumir la etapa es la de irregularidad, una falta de mantenimiento de una política programática para el teatro y su progresivo abandono, aunque con intentonas de recuperación con vistas a atender a esas supuestas minorías que resultaron no ser tales. Llama la atención que no haya ni un Lorca[6] en todo el periodo, cuando es un autor de los más puestos en escena, en teatro. La producción de teatro parece no tener mucho que ver con los índices de taquillas de teatro y cine y con las emisiones de series de la propia

---

6   En realidad solo dos veces figura en el catálogo: *La zapatera prodigiosa* (n.º 116) emitida el 30 de noviembre de 1986 y *Bodas de sangre* (n.º 575), el 22 de diciembre del mismo, cincuenta años después de su fallecimiento (agosto del 36), sin duda aprovechando el aniversario.

televisión. Se estrenaron obras de Alberti, Alonso de Santos, Alonso Millán, Carlos Luis Álvarez (Cándido), Amestoy, Armiñán, Arrabal, Bellido, Buero Vallejo o Fermín Cabal[7]. La evolución del gusto, la entrada de nuevos modos de representación, nuevos formatos, nuevo ritmo visual y nuevos contenidos puede haber transformado el perfil del espectador generalista, pero también del minoritario, quizá más tendente ya a historias y estilos más cercanos a la comedia madrileña o al teatro experimental. Con respecto a la comedia hay incluso contradicciones, a pesar de que la comedia no sea estadísticamente lo más emitido, no obstante, de entre los autores más repetidos en estos años encontramos a dos que son comediógrafos. De las 191 emisiones consideradas en estos ocho años, 9 corresponden a Mihura y 10 a Arniches, lo cual no es de extrañar, pues en la historia del teatro en televisión, como también en adaptaciones cinematográficas, Arniches es el autor más querido para ser adaptado[8].

A pesar del cambio político, *Estudio 1* y los dramáticos, continuaron, si bien, intentando ajustar tradición con renovación e innovación, no con mucho éxito, por el propio formato del teleteatro, ajeno ya a los nuevos lenguajes televisivos. Fueron continuadores en el mismo año de su desaparición *El teatro* (1974–1977), *Noches de teatro* (1974), *Teatro estudio* (1977–1981/82), programas que ya demostraban el desinterés político-televisivo por este tipo de espacios, reflejado en el aumento progresivo de su irregularidad en la programación, siendo cambiados de días, de periodos de emisión, lo que dinamita cualquier tipo de fidelización de la audiencia. Como afirma Calvo (2010: 349), refiriéndose al programa *Teatro Estudio*, "si ya desde su primera emisión (1977/10/07) había continuado el horario y la estela de los dramáticos anteriores, un mes más tarde los programadores lo relegarían al segundo canal, de proyección más restringida y minoritaria", poniéndolo a competir con emisiones de cine y cambiando su día de programación. Los contenidos también fueron cambiando. La entrada de nuevos autores como Valle-Inclán o Dürrenmatt, Roussin, Sastre o Buero Vallejo en estos nuevos espacios fue derivando hacia un elitismo que se termina de concretar en *Teatro Estudio*, en el que "el mismo nombre de *Teatro Estudio* remitía

---

7   El repertorio de obras de la Transición desde el punto de vista de la representación puede verse en Pérez Jiménez (1998).

8   En el catálogo de TVE desde 1965 hasta 1995 los más adaptados han sido Arniches (21), Buero Vallejo (13), Alejandro Casona (15), Chejov, Ibsen y Jardiel Poncela (9), Mihura (25), Alfonso Paso (19), Shakespeare (16), Tirso de Molina (9), Lope de Vega (21), Oscar Wilde (12). Y las obras más repetidas *El abanico de Lady Windermer* (3), *La dama del alba* (4), *Don Juan Tenorio* (6). Por nacionalidades las españolas son las más numerosas y de las extranjeras, las procedentes de dramaturgos del Reino Unido.

ya a un ámbito intelectual y selecto y, por lo tanto, distante de las expectativas de aquellos televidentes proclives a celebrar las gracias andalucistas del teatro de Pemán o de los Quintero y chascarrillos costumbristas de Antonio Garisa, Juanito Navarro, Zori o Paco Martínez Soria" (Calvo 2010: 349).

El intento de regreso de *Estudio 1* entre 1978 y 1992 fue un empeño fracasado que solo una televisión pública puede justificar en su intención de atender a todos los nichos de audiencia posible. Sus adaptaciones fueron fundamentalmente de autores contemporáneos extranjeros de alto nivel, de Brecht a Pinter, pasando por Miller, y alguna representación de autores españoles (Mihura, Paso, Jardiel Poncela). Otros programas completaron los contenidos teatrales en la Transición: *Teatro Club* (1976–77) con fórmula de teatro breve, como fuera también *Teatro breve* (1979–81), que de forma muy interesante dio cabida a autores españoles como Romero Esteo, Antonio Ruibal, Adolfo Marsillach, Luis Riaza, Domingo Miras, López Mozo, Nieva, etc. escribiendo textos pensados para el medio directamente. La función didáctica de la cadena pública también tuvo su representación en programas teatrales, como *El carro de la farsa* o *La comparsa*, de grupos infantiles y juveniles.

Pero la renovación ya estaba haciéndose. Prueba de ello es la adaptación de *Fuenteovejuna*, estrenada en 1975 por Guerrero Zamora, no como pieza teatro en televisión sino como telefilme, a pesar de lo mucho que gustaba adaptar a los clásicos en formato televisivo teatral. Y aun así, en palabras de Palacio (2012: 66), "*Fuenteovejuna* inicia en España un camino de producciones televisivas con una vocación de ser estrenadas en las salas cinematográficas, vía que fue recorrida por algunas emisoras televisivas y por los cineastas más reconocidos del momento", con un incremento de presupuestos muy considerables por las diferencias de producción, en la que iba incluido el rodaje en exteriores. La renovación estética conllevaba una renovación industrial y comercial, que corría paralela a la disidencia ideológica y que estaba también incluso en los nuevos programas infantiles. Si a ello sumamos el refresco de los programas de entretenimiento, con profesionales como Chicho Ibáñez Serrador, o de otros dramáticos no teatrales, con autores como Fernán Gómez, Mercero, Marsillach o Jaime de Armiñán, resulta evidente que la tendencia ficcional de la televisión pública española era ya otra.

El caso es que, como producto televisivo, el teleteatro ya es un formato antiguo, y como cultura, formaría parte de ese coletazo del tardofranquismo del que abominaba la cultura de la izquierda, de modo que por un lado y por otro, por el industrial y por el cultural, el teatro quedó fuera del proyecto programático de la televisión de la democracia. Dice Palacio (2012: 288) que las ficciones "buscan en muchos casos establecer un poso en el que sedimentar los procesos identitarios que conectan el pasado y el presente; y esta es una operación ineludible, desde luego, para la TVE de la Transición", de tal modo que se decidió hacer renovación total y nuevas apuestas, con la consiguiente desaparición de los dramáticos, desplegándose en tres nuevas formas: novelas y series grabadas en vídeo, telefilmes y grandes adaptaciones de novelas.

La inclusión de la televisión como parte de la cultura, en lo que a gobierno se refiere, y la intención del Ministro de Cultura, Pío Cabanillas, del primer gobierno de UCD, de hacer de esta el emblema de la nueva España democrática, se manifiesta en la aparición de numerosos programas que recuperan la ópera, las artes plásticas, el cine e incluso la cultura pop: *Revista de cine, Filmoteca TV, Raíces, La danza, Concierto, Ópera,* son algunos de esos programas, además de *Encuentros con las letras*[9], *Trazos, Imágenes, Popgrama,* etc. La primera programación de la democracia buscaba la alta cultura, en un claro "abanico que sirve para vislumbrar el, en muchos casos inasible, proyecto ideológico de la derecha posfranquista" (Palacio 2012: 269), lo que fue progresivamente suavizándose, conforme avanzaba la democracia. Y en ese deslizamiento suave, el teatro en televisión murió.

Cierre

La programación televisiva de la Transición, tanto de información como de entretenimiento, apostó por los programas culturales y la narrativa literaria adaptada a grandes relatos televisivos de ficción. Con mayor o menor intencionalidad ideológica, no fue una política televisiva sospechosa de aniquilar la cultura, sino todo lo contrario. La disolución y muerte del teatro en televisión no supuso parte de la muerte de la cultura, sino un cambio del paradigma cultural.

Palacio pone de manifiesto el valor social y las diversas funciones que la televisión ejerció en aquellos momentos, como la de erosionar el inmovilismo ideológico de la dictadura, crear un hueco para la información política a través de nuevos programas y normalizar esa situación. La creación de nuevos imaginarios sociales democráticos a través de los productos de ficción o de la selección de la programación de cine fue una apuesta derivada del nombramiento, en 1976, de Rafael Ansón como director general de la RTVE. "En la Transición se trató de elaborar una política pedagógica de los nuevos valores democráticos a partir de la producción de series" (Palacio 2002: 3), política que se ve reforzada

---

9   Para más informaciones sobre *Encuentros con las letras* véase el artículo de Francisco Rodríguez Pastoriza en el presente volumen.

en 1979, cuando el Ministerio de Cultura crea un crédito extraordinario para la producción de series y películas para televisión. Los proyectos de preferencia estaban basados en las obras monumentales de la literatura española, motivo por el que proliferaron las adaptaciones en miniseries: *Fortunata y Jacinta*, *Cañas y barro*, y tantos otros títulos, que junto con series de guion original (*Verano azul*, *Curro Jiménez*, etc.) atestiguaban el cambio de gusto del telespectador español y el golpe mortal, como espíritu de época, a la presencia del teatro en televisión, género ya arcaizante y que recordaba en exceso una época olvidable, un modo de producción más antiguo, y unas obras en exceso literarias en comparación con el ambiente cultural que se estaba fraguando en la calle, y que la propia sociedad española, en plena transición y adaptación personal, manifiesta generando la explosión cultural de los años 80 con el primer gobierno socialista. El estudio de la programación hecho por Palacio confirma que en la etapa de la Transición, el gusto de los españoles pasa de las series y ficciones familiares de plató a ficciones internacionales de factura cinematográfica.

Pasado el tiempo, y consolidada la democracia, el teatro en televisión se revisita de vez en cuando con reposiciones e incluso con alguna que otra adaptación, como homenaje nostálgico a un formato histórico, extinguido, como el montaje de *Urtain*, del grupo teatral Animalario y el Centro Dramático Nacional, emitido en 2011[10].

Bibliografía

Calvo, J. L. (2010) "Estudio 1 y otros dramáticos", en Ansón, A. et al. (eds.) *Televisión y literatura en la España de Transición (1973–1982)*, 345–355. Zaragoza: Institución Fernando el Católico.

Cremades Salvador, R. (2006) *Teatro y televisión*, Madrid: inédita.

Fernández, L. M. (2014) *Escritores y televisión durante el Franquismo (1956–1975)*. Salamanca: Publicaciones de la Universidad de Salamanca.

Palacio, M. (2002) "Notas para una comprensión sinóptica de la televisión en la Transición democrática", *Área Abierta* 3, 1–6.

Palacio, M. (2012) *La televisión durante la Transición española*. Madrid: Cátedra.

---

10 Puede verse en el enlace https://www.rtve.es/play/videos/estudio-1/estudio-1-urtain/5668333/, donde además se encuentran muchos otros espacios para libre visionado del mítico *Estudio 1*.

Pérez Jiménez, M. (1993) *La escena madrileña en la Transición Política (1975–1982)*. Madrid: Universidad de Alcalá, consultado en https://ebuah.uah.es/dspace/bitstream/handle/10017/763/1993%20L%20Escena%20madrile%c3%b1a.pdf?sequence=1&isAllowed=y.

Pérez Jiménez, M. (1998) *El teatro de la Transición política (1975-1982). Recepción, crítica y edición*. Kassel: Edition Reichenberger.

Rodríguez Merchán, E. (2014) "Antecedentes, orígenes y evolución de un programa mítico: *Estudio 1* de TVE", *Estudios sobre el mensaje periodístico 20*, 267–79.

Ana Mejón / Manuel Palacio

Los niños de la guerra. La generación de los años cincuenta en TVE: *Entre visillos* y *Los jinetes del alba*[1]

La llegada de la democracia en España, o para decirlo mejor, la salida de la dictadura franquista, supuso un severo esfuerzo de reordenación de la política cultural española. El proceso no se inició con el fallecimiento del dictador, sino que comenzó en algunas fases del tardofranquismo –1973– y luego continuó en 1976 y los gobiernos de UCD –1977/1982– para finalizar con los socialistas instalados en el Palacio de la Moncloa –la década de los años ochenta a nuestros intereses–. Recientemente, Giulia Quaggio (2014) ha trabajado en este mismo tema, indicando los cambios en las políticas culturales desde la última etapa de la dictadura franquista hasta los gobiernos del Partido Socialista en los años ochenta.

El problema es que a diferencia de otras formas de expresión, la investigación sobre televisión en España acarrea lastres pesados: falta mucho documento que, por ejemplo, explique las decisiones de los ejecutivos o la incidencia de los sistemas de producción y los azares de la programación. En suma, que cada vez que salimos a recorrer la galaxia televisiva española nos faltan muchas piezas para rellenar el mapa. Por ello, cuando se piensa en profundizar en las estrategias que la institución televisiva sobre el movimiento literario conocido como la "generación de los cincuenta" en el periodo del tardofranquismo y de la Transición, lo más simple sería concluir (provisionalmente) que como tal grupo de escritores no tuvieron ningún hueco especial en los planes culturalistas de la TVE de la época. Lo que no obsta para que algunos integrantes de esta generación, como Carmen Martín Gaite o Jesús Fernández Santos, hayan tenido una prolífica vida televisiva. Este hecho parece ser relativamente casual y se debe tan solo a respuestas o relaciones individuales. O tal vez no es así, y si algún día se conocieran hipotéticas actas de las reuniones de los ejecutivos de TVE o de responsables del Ministerio de Cultura llegaríamos a una distinta conclusión[2].

---

1   Este trabajo se ha realizado en el ámbito y con la ayuda del proyecto Cine y televisión en España (1986-1995): modernidad y emergencia de la cultura global, Ministerio de Economía y Competitividad, Secretaría de Estado de Investigación, Desarrollo e Innovación CSO2016-78354-P.

2   Para un análisis cuantitativo puede verse Guarinos (2010).

En cualquier caso, no parece un hecho baladí que los dos escritores mencionados, además de ser reconocidos por el canon de la literatura española, hayan tenido una muy activa participación en la televisión española de los años setenta y ochenta. Hasta podríamos decir que son dos de los literatos con mayor "producción" televisiva. La autora de *Usos amorosos de la postguerra española* fue guionista de las series *Teresa de Jesús* (1984), *Fragmentos de Interior* (1984) y *Celia* (1992); por su parte el responsable de *Los Bravos* fue realizador y director de espacios tales como *La víspera de nuestro tiempo* (1967-1969), *Los españoles* (1970-71), *La noche de los tiempos* (1971-72) y *Los libros* (1974). Y quizá pueda justificarse esto porque los escritores y escritoras de la generación literaria del realismo social del medio siglo establecieron de la experiencia cinematográfica un elemento nodal de su propio recorrido vital. No puede entenderse su obra creativa olvidando que se formaron como personas en la oscuridad de las salas de cine y en el mundo imaginario que les hacía escaparse de la siniestra España del franquismo. Ya lo cuenta la misma Martín Gaite en su novela *Entre visillos*, donde el cine es, junto a las visitas familiares y el casino, el divertimento más habitual (cf. Peña Ardid 2011)[3]. Y por ello no es extraño que la narrativa de los Aldecoas, Matutes, Martín Gaites o Fernández Santos tengan conexiones con una manera de abordar los diálogos y la visualidad que puede recordar a la misma estética fílmica.

En estas páginas queremos centrarnos en dos adaptaciones de sendas novelas de Carmen Martín Gaite y Jesús Fernández Santos: *Entre visillos* (1974, novela original de 1957) y *Los jinetes del alba* (1991, novela original de 1984). Desde el punto de vista televisivo, ambas adaptaciones tienen poco en común. La primera es una obra de plató, que puede ponerse en antena pocas semanas más tarde de que se tome la decisión de hacerlo; la segunda es una gran producción concebida para los horarios nocturnos de máxima audiencia con la guía de la estética cinematográfica, y por la que pasan años desde que se decide producirla hasta que se programa. Pero las dos iluminan aspectos decisivos de la política cultural de una época transicional que está naciendo en las fechas en que se emite *Entre visillos* y finalizando cuando se programa *Los jinetes del alba*. Y con ellas se revelan dos lógicas diferentes. En un principio y refiriéndonos a los años setenta, las adaptaciones realizadas por los dramáticos se establecieron sobre valores extratextuales; las cualidades de las adaptaciones realizadas en plató se basaban en la capacidad de culturizar a los ciudadanos en los procesos de política y planificación cultural, tal como se entendía en la época: conocer la obra, interesar a

---

3   Véase desde otra perspectiva Fernández (2014) y *Cahiers du cinéma* (2011).

los lectores. No obstante, ya a finales de los años ochenta, España está en otra fase: los políticos no desean culturizar en el sentido clásico del servicio televisivo europeo, sino trabajar la identidad colectiva y la posible incidencia política que desde los productos televisivos se tiene en el espacio público[4].

Entre visillos

Excusado es comenzar esta sección indicando que Carmen Martín Gaite comúnmente es reconocida como una figura básica de la literatura femenina de la posguerra. Tan es así que en 2001, *El Mundo* publicaba una lista de "Las 100 mejores novelas en castellano del siglo XX", en la que Carmen Martín Gaite figura como uno de los pocos autores (y, en cualquier caso, como la única escritora) en conseguir que figuren más de una de sus obras, a saber: *Entre visillos* y *Retahílas*. Si bien la autora salmantina había destacado en sus inicios literarios obteniendo el Premio Café Gijón de novela corta por *El balneario*, fue *Entre visillos*, su primera novela larga y con la que ganó el Premio Nadal, la que la consolidó. Precisamente, la obtención del galardón es el reclamo que funcionaba como sello de calidad en los créditos iniciales de cada uno de los quince episodios de la adaptación televisiva. Pero también hay que subrayar que, desde nuestra contemporaneidad, leemos la obra de Martín Gaite desde la perspectiva de la literatura feminista y femenina, que durante el tardofranquismo asentó los cimientos para que a finales de los años setenta emergieran nuevas generaciones de mujeres escritoras (cf. Montero 1995: 384).

Desconocemos si, cuando desde TVE se decide abordar la adaptación de *Entre visillos*, están pensando en que sea la primera obra de la generación literaria del realismo social o en que se trata de una novela femenina. Es innegable, sin embargo, que la decisión tiene que ver con la breve primavera de limitadas libertades en el tardofranquismo que se conoció con el nombre del "Espíritu del 12 de febrero", que en 1974 impulsaron desde el Ministerio de Información y Turismo el ministro Pío Cabanillas y su equipo de colaboradores. En Televisión Española se incorporaron aires liberales que impulsaron, entre otros, Narciso Ibáñez Serrador como director de programas o Juan Luis Cebrián como responsable de los servicios informativos.

En el caso de la ficción o el entretenimiento televisivo, una de las filosofías que Ibáñez Serrador trató de inculcar fue la de que los realizadores, guionistas y directores contaran con la libertad tanto artística como de elección de los temas

---

4   Sobre este tema pueden verse Palacio (2001) y Fernández (2014).

sobre los que trabajar en sus obras y el elenco para protagonizarlas. Nominalmente se acaban las "listas negras" y vuelven a trabajar actores y actrices hasta el momento vetados en TVE y teleastas como Jaime de Armiñán o Adolfo Marsillach. Y en este marco es en el que se decide adaptar *Entre visillos*. La realización se le encarga a Miguel Picazo. Experimentado director de cine, Picazo trabajó en televisión entre 1968 y 1984. Es responsable de algunas célebres adaptaciones televisivas como *Rinconete y Cortadillo* (1971) o *Cuentos de la Alhambra* (1974) para el espacio *Los libros*, episodios de *Escrito en América* (1979) o la miniserie *Sonata de primavera* (1982) de Ramón de Valle-Inclán. No podemos dejar de destacar la trayectoria de Picazo como adaptador fílmico especialmente por *La tía Tula* (1964) de Miguel de Unamuno, y *Extramuros* (1985) de Jesús Fernández Santos. El guion se le encarga a Esmeralda Adam, hasta ese momento conocida como actriz, por ejemplo a las órdenes de Picazo en la *Tía Tula*. La adaptación televisiva es muy literal hasta el punto que recoge exactamente párrafos enteros de la novela original, pero en la trasposición de lenguajes se carece de la pujanza que posee la prosa de Martín Gaite (1974). La guionista, como corresponde al aire de esos tiempos, defendía la necesidad de ser fiel al proyecto original: "En el caso concreto de *Entre visillos*, una excesiva aportación por parte del adaptador no era necesaria. Pienso que el público debe conocer la novela española de posguerra y a sus autores en toda su auténtica dimensión. Esta es para mí la verdadera importancia del espacio *Novela*".

También desconocemos los sueldos de los que allí intervinieron, pero con precios de mercado podríamos deducir que *Entre visillos* fue una serie de bajos recursos materiales y elevadas partidas de contratación de actores y actrices. Ténganse en cuenta la cierta coralidad de la obra, que cuenta con más de una cuarentena de personajes, lo que permitió que pasaran por la adaptación actores y actrices representativos del cine y la televisión de los años sesenta, setenta y ochenta, como Victoria Vera, Charo López, Inma de Santis, Alicia Hermida o José Sancho, entre otros.

Entre visillos, programada en el contenedor denominado *Novela*, se estrenó el 25 de febrero de 1974. Tiene quince episodios de unos veinticinco minutos de duración que se emitieron regularmente de lunes a viernes en torno a las ocho de la tarde.

Novela y serie suponen un relato sobre la insípida vida de las familias de clase levemente acomodada durante los años cincuenta en una capital de provincias cuyo nombre no se especifica, pero que presumiblemente podría ser la Salamanca natal de la propia Martín Gaite. En *Entre visillos* se percibe la constante dialéctica fuera-dentro característica de las representaciones de la vida provinciana. No casualmente el vagón de un tren, prototipo de viaje, es un elemento central tanto de la novela como de la adaptación. Una y otra comienzan su relato con unos personajes que llegan en este medio de transporte a la ciudad en la que se desarrolla la acción. Y ambas terminan con otro trayecto en tren en el que algunos de los personajes deciden partir/huir. En un segundo nivel de lectura, lo básico se encuentra en la clara división de sus personajes masculinos y femeninos. Este es, huelga insistir en ello, un elemento capital. La misma Martín Gaite (1974) destaca en la época de su estreno la importancia de las mujeres de su novela, al presentarla como un relato testimonial de la que opina que "su mayor acierto consiste en los tipos femeninos de muchachas casaderas, en su lenguaje y sus escasos horizontes de liberación". Inevitable concluir este aspecto remarcando que son las mujeres de *Entre visillos* las que escenifican las mayores problemáticas impuestas por la timorata sociedad de la época. Por el contrario, los personajes masculinos sirven de contrapunto sobre los anhelos y aspiraciones de estas mujeres, que habitualmente quedan a la sombra de ellos. Y huelga insistir que esta visión supone una gran novedad en las pantallas de TVE.

Por último, *Entre visillos*, como corresponde a la novela realista, es también un relato sobre las pequeñas costumbres de la vida: el jolgorio de las fiestas patronales, los encuentros en la cafetería o el casino, las salidas al cine, el guateque donde chicos y chicas pueden dar rienda suelta a un baile en el que las parejas nunca se mueven demasiado juntas, el silencio durante una clase de instituto, el paseo por el parque… En esta España de las provincias del franquismo, el relato de hiperrealidad ante lo cotidiano que Martín Gaite ofrece sirve como mecanismo de crítica y estrategia de política cultural a los responsables de TVE; de alguna manera, como denuncia de lo que hay que dejar atrás en estos tiempos de predemocracia.

Martín Gaite consideró un elemento sustantivo que Miguel Picazo se encargara de la realización. La autora estuvo presente durante el rodaje de la serie y, según sus comentarios de la época, quedó satisfecha con el resultado. En su opinión, de una manera velada se remarcaban los límites de la España del tardofranquismo; así, los diecisiete años que separaban la adaptación de su obra original no podían suponer un problema, pues "describe un contexto histórico que muchas de las personas que viven ahora han vivido y conocen, y que todavía subsisten problemas que yo describo" (Sentís 1974: 39).

Sin embargo, no eran buenos momentos para verdaderos aires democráticos. Como se ha insinuado, los limitados vientos liberalizadores del "espíritu del 12 de febrero" apenas duraron un suspiro. Por no extendernos, el 2 de marzo se produjo el ajusticiamiento de Puig Antich que de una manera dramática señaló a los españoles y al mundo la imposibilidad de regeneración del franquismo. Las dimisiones de los ejecutivos televisivos fueron produciéndose en cascada.

Finalmente, a finales de octubre de ese mismo 1974, renunció el ministro Pío Cabanillas. La oscura noche del franquismo duró hasta la muerte del General. Ya con la llegada del régimen de libertades, a Carmen Martín Gaite se le concedió el Premio Nacional de Narrativa en 1978. Y durante los años ochenta su presencia en TVE se hizo más habitual: en 1983 TVE repuso *Entre Visillos* en su segunda cadena, y Martín Gaite se responsabilizó, como se ha dicho, de los guiones de *Teresa de Jesús, Fragmentos de interior* y *Celia.*

Los jinetes del alba

Jesús Fernández Santos debe ser una referencia inexcusable para todo aquel que se acerque a las interrelaciones de cine-televisión y literatura en España. Un verdadero 'talento doble', como se dice, para el texto escrito y audiovisual. No se trata de remarcar lo relativamente superficial, como que el autor de *Los bravos,* al igual que Carmen Martín Gaite, por cierto, posea una cierta trayectoria como crítico de cine. Sino su propio origen formativo: licenciado en Letras y también en el Instituto de Investigaciones y Experiencias Cinematográficas –inicial denominación de lo que fue luego la Escuela Oficial de Cinematografía–. Y sobre todo, lo sustantivo: que, además de haber ganado los principales premios literarios que se conceden en España a los literatos, fue copartícipe esencial en esa experiencia que consistió en elaborar una televisión cultural en los años sesenta y setenta. En esas fechas, Jesús Fernández Santos trabajó en espacios que buscaban pedagógicamente divulgar la literatura entre los televidentes. Con los cambios industriales coetáneos al periodo transicional, Fernández Santos se aleja de la realización televisiva. Lo que no obsta para que en 1976 el tantas veces citado en estas páginas Miguel Picazo adapte con guion del escritor la novela *El hombre de los santos* para el espacio *Novela.* Ya en los ochenta, el introvertido Jesús Fernández Santos, a la par que aumenta su reconocimiento público como escritor, deja de participar como guionista o como director en proyectos audiovisuales. Ni siquiera cuando Picazo adapta para la pantalla grande su novela *Extramuros* en 1985. Su salud está deteriorada desde 1982. El 2 de junio de 1988, después de una prolongada enfermedad, fallece en Madrid. Y justamente en esa primavera de 1988, en TVE aprueban la adaptación de *Los jinetes del alba,* una de sus últimas obras, publicada en 1984. No tenemos ningún documento que relacione su fallecimiento con el deseo de televisión española de adaptar una novela suya. Ni tampoco de lo contrario; y mucho menos si en la decisión se tuvo en cuenta su adscripción a la generación de los cincuenta.

Digamos como dato contextual que en octubre de 1986 Pilar Miró se encarga de la Dirección General de RTVE; durará en el puesto poco más de tres años. En ese tiempo, y con independencia de la discreta gestión que hizo del conjunto de los problemas de una televisión pública, impulsó una política de decidido apoyo a la producción de series de calidad internacional. En buena parte, las líneas maestras del proceso son conocidas: o bien se escoge la vida de un prohombre ejemplar y se hace su biografía, o bien se elige una obra literaria y se produce una adaptación televisiva. En ambos casos, la serie tiene que conectar el pasado histórico de su ambientación narrativa con el tiempo y espacio social del presente. Y a la cabeza del proyecto se coloca a un director avalado por la institución cinematográfica española. Así se hizo, entre otros ejemplos, con Juan Antonio Bardem (*Lorca, muerte de un poeta*, 1987), José María Forqué (*Miguel Servet, la sangre y la ceniza*, 1989), Mario Camus (*La forja de un rebelde*, 1990), Manuel Gutiérrez Aragón (*El Quijote*, 1991), y a nuestro interés con Vicente Aranda (*Los jinetes del alba*, 1991).

Vicente Aranda acababa de ser responsable de la adaptación de un autor que puede ser adscrito a la generación de los cincuenta: Juan Marsé (*Si te dicen que caí*, 1989); años antes también había abordado *Tiempo de silencio* (1986), de Luis Martín Santos; sin embargo, no parecía muy motivado con el encargo. Así lo confiesa en varias entrevistas aparecidas con motivo del estreno televisivo de *Los jinetes del alba*: "Pilar Miró era muy testaruda porque a mí no me apetecía dirigir la serie, pero ella insistió y terminó por convencerme" (*Diario 16*, 8 de enero 1991); "Yo puse muchos reparos: no estaba conforme con algunos aspectos presupuestarios ni con los guiones iniciales" (*El País*, 9 de enero 1991). Sea como fuere, Aranda y el coguionista Joaquín Jordá escriben una adaptación para cuatro capítulos que, finalmente, se convierten en cinco en el rodaje. La filmación comienza en septiembre de 1989 y se prolonga durante cinco meses. El presupuesto de la serie está alrededor de los 500 millones de pesetas (unos tres millones de euros, una cantidad muy elevada en la época). Protagonizada en su papel estelar por Victoria Abril, en ese momento en la cúspide de su fama, el elenco se completa, entre otros, por Jorge Sanz, Fernando Guillén, Maribel Verdú, Carlos Tristancho o El Gran Wyoming.

El resultado final posee una limitada fidelidad a la obra homónima de Jesús Fernández Santos. Por supuesto que la opción es muy lícita y, de hecho, el director barcelonés explicitó muy claramente los motivos de su separación del texto base: "El libro es muy evanescente y en la serie lo que trato es, sobre todo, presentar un melodrama. No es una adaptación a imágenes de la novela de Jesús, sino una versión libre cuyo importante libro me vale de *background*, de soporte entrelazado para sostener el relato" (*El Sol*, 24 de octubre 1990).

Los jinetes del alba se estrena en gran pantalla en la sección *La serie del año* del Festival Internacional de Cine de Valladolid (octubre 1990). Luego, en la estela de unas prácticas propagandísticas que en los ochenta realizaba TVE de presentar las series en las ciudades o ambientes en que se ambientaban, se exhibe en Oviedo el 4 de enero de 1991 y, tras una importante campaña autopromocional, se estrena en TVE el 19 de enero de 1991, a las 23:00.

Desde el punto de vista textual-cinematográfico, la característica mirada masculina del director barcelonés se halla, sin ninguna concesión, muy presente en la serie; a vuelapluma: ya en el primer episodio, el telespectador ve cómo Marian (interpretada por Victoria Abril) vierte sobre sus pechos desnudos un vaso de leche a la par que se masturba. En el resto de los episodios encontraremos un inventario de prácticas y conductas sexuales tales como voyeurismo, sadomasoquismo o lesbianismo. En suma, algo habitual en la filmografía de Aranda, pero mucho menos en la pantalla pequeña: el sexo como fuerza incontrolada, y su uso al servicio de la ambición o la venganza.

Pero si en *Los jinetes del alba* es fácil encontrar la cosmovisión fílmica de Vicente Aranda, tampoco resulta complicado encontrar el poso del imaginario que se despliega en la televisión española de la postransición sobre la Guerra Civil. Recordemos que la contienda está prácticamente ausente de la novela de Jesús Fernández Santos, pero se convierte en un elemento clave de la serie de Vicente Aranda, hasta el punto que los sucesos que acontecieron a partir de las elecciones de febrero de 1936 ocupan dos de los cinco episodios. El hecho no puede ser catalogado de intrascendente; y de hecho Aranda no había ambientado ninguno de sus trabajos previos en ese periodo histórico: lo hará más tarde con *Libertarias* (1996). Tampoco el guionista Joaquín Jordá tiene obra sobre la Guerra Civil, así que no hay otra forma que concluir que TVE podía tener interés en abordar ese periodo, tal como ocurre en otras series de la época como *Lorca, la muerte de un poeta* o *La forja de un rebelde*. Desde la seguridad de que las representaciones y perspectivas del periodo convulso de los años veinte y treinta permiten diversas interpretaciones de la memoria colectiva (cf. Ibáñez / Anania 2010) y teniendo en cuenta que no hay nada tan decisivo para la de los españoles como las imágenes que circulan públicamente sobre la guerra civil española, habrá que observar cómo se hace desde *Los jinetes del alba*. Fijémonos en algo tan simple como la descripción de la sinopsis de la serie aparecida en dos diarios de cobertura estatal: *El País* (9 de enero 1991): "La trama [de *Los jinetes del alba*] se sitúa a finales del verano de 1922 en Las Caldas, un pueblecito asturiano. La revolución obrera del 34 y la Guerra Civil *trastocarán el destino de los personajes*"; *ABC* (9 de enero 1991): "El relato gira en torno al balneario asturiano de Las Caldas, en una *etapa de violencia y revolución* que dará paso a la Guerra Civil". Obviamente, las cursivas son nuestras y resultan tan claras sobre los distintos puntos de vista que nos excusan de cualquier hermenéutica.

Aranda coparticipa en la ininterrumpida reformulación de los discursos audiovisuales sobre la II República, la guerra y la dialéctica olvido-recuerdo. Como corresponde a un discurso pedagógico televisivo pero con ribetes identitarios, poco hay de una contextualización social, económica o política de los acontecimientos y de hecho, en *Los jinetes del alba*, a diferencia de otras obras del director barcelonés, no se fecha el inicio de la acción; el resultado es que se crea un tiempo histórico vacío de sentido para el telespectador común (dígase, no obstante, que al iniciado se le prestan pistas suficientes para datar el comienzo de la acción, tales como una noticia de periódico que lee uno de los personajes y que versa sobre el golpe de estado del general Primo de Rivera).

Los jinetes del alba, al igual que otras series de los ochenta, está narrativamente configurada tanto para dar voz a los vencidos en la guerra como para denunciar las ignominias de los vencedores. Pero también incorpora novedades que prefiguran tratamientos menos traumáticos del enfrentamiento fratricida. Y ese es, sin lugar a dudas, el poso que se encuentra en la narrativa de Jesús Fernández Santos. Por ejemplo, la presentación que se hace de los presupuestos anarquistas, que cabe pensar que son queridos a Vicente Aranda; por un lado existe un esfuerzo por reproducir la iconografía del movimiento (recordemos aquel *tablaux vivant* de una mujer en pelota picada con un máuser en las manos que recita unos textos libertarios mientras un puño cerrado surge de la parte inferior del plano formando una verdadera composición pictórica), pero por otro lado se muestra la violencia impopular que generan (Quincelibras –Carlos Tristancho– gratuitamente capa de un disparo al santero Froilán –Antonio Iranzo–, que, por cierto, en una política que podemos denominar de reconciliación, dará cobijo a su agresor cuando termina la guerra). Y mucho más modélico: por vez primera en democracia, en *Los jinetes del alba* pueden verse personajes principales como el caso de Marian (Victoria Abril), que no se nos presentan a los telespectadores como especialmente antipática pese a su adscripción ideológica al campo franquista.

Para finalizar. La repercusión pública de la serie fue limitada. Tuvo un mal competidor: a las 0:42 del jueves 17 de enero, apenas terminado el pase de la segunda entrega, aviones norteamericanos empezaron los bombardeos con los que se iniciaba la Guerra del Golfo. Sirvió de poco que antes, el 15 de enero, *Los jinetes del alba* consiguiera uno de los más prestigiados premios de la televisión: 'FIPA de oro' del Festival de Televisión de Cannes. Posteriormente, la serie ha tenido una apreciable circulación no solamente en sus reposiciones en televisión sino también en el mercado doméstico.

180 Ana Mejón / Manuel Palacio

Bibliografía

Cahiers du cinéma (2011) *Realismos contra la realidad. El cine español y la generación literaria del medio siglo.* Valladolid: Cahiers du cinéma.

El Mundo (2001) "Lista completa de las 100 mejores novelas en castellano del siglo XX", *El Mundo* (13.01.2001), consultado en http://www.elmundo.es/elmundolibro/2001/01/13/anticuario/979503106.html.

Fernández, L. M. (2014) *Escritores y televisión durante el franquismo (1956-1975).* Salamanca: Universidad de Salamanca.

Guarinos, V. (2010) "El teatro en TVE durante la Transición (1975-1982). Un panorama con freno y marcha atrás", en Ansón, A. et al. (eds.) *Televisión y Literatura en la España de la Transición (1973-1982),* 97-118. Zaragoza: Institución Fernando el Católico.

Ibáñez, J. C. / Anania, F. (eds.) (2010) *Memoria histórica e identidad en cine y televisión.* Zamora: Comunicación social.

Martín Gaite, C. (1974) "Entre visillos", *La Vanguardia* (10.02.1974).

Palacio, M. *Historia de la televisión en España.* Barcelona: Gedisa.

Peña Ardid, C. (2011) "Más allá de la cinefilia y la Mitomanía. Las escritoras Españolas ante el cine", *ARBOR, Ciencia, Pensamiento y Cultura* 187/748, 345-370.

Sentís, J. A. (1974) "Novela. Los actores de *Entre visillos*", *TeleRadio* 846, 38-39.

Quaggio, G. (2014) *La cultura en transición.* Madrid: Alianza Editorial.

Montero, R. (1995) "The Silent Revolution: The Social and Cultural Advances of Women in Democratic Spain", en Graham, H. / Labanyi, J. (eds.) *Spanish Cultural Studies, an introduction,* 381-385. Nueva York: Oxford University Press.

Luis Miguel Fernández

Los clásicos en la ficción televisiva filmada de los primeros años de la transición política española (1974–1977): *Contaminatio*, contestación y modernidad en *Los milagros de Nuestra Señora*[1]

Quienes nacieron en España hacia mediados de la década de los años cincuenta del siglo pasado lo hicieron al mismo tiempo que dos medios de difusión del conocimiento y de la información que alguna repercusión habrían de tener en la visión del mundo de quienes eran niños por aquel entonces. Se trata de la *Enciclopedia Álvarez* y de la televisión. La primera se empezó a editar en 1955, un año antes de que la televisión fuese inaugurada oficialmente en nuestro país, cuando aún estaba en fase experimental y eran solamente unos pocos los aparatos receptores de sus emisiones. Libro dirigido a los niños que no habían iniciado el bachillerato, decía lo siguiente en el apartado de "Conmemoraciones escolares" dedicado al "Día de la información":

> Este día está dedicado a poner de relieve la gran importancia que tiene el saber utilizar bien estos dos medios de información: la prensa y la radio.
> En cuanto a la prensa, debemos leer periódicos moral y políticamente sanos, dando preferencia a los artículos literarios y crónicas de buenos escritores […].
> El hábito de leer es fuente de satisfacción y cultura, y ésta nos proporciona el aprecio de nuestros semejantes […].
> En cuanto a la radio, debemos prestar especial atención a los programas de la buena música y a las emisiones de interés cultural, científico o literario […]
> El hombre que aprende a deleitarse con la prensa y con la radio no se aburre; ahorra el dinero que otros gastan en el café o en el cine y se dignifica. (Álvarez Pérez 1962: 626)

En honor a la verdad hay que admitir que la *Enciclopedia Álvarez* no anduvo muy madrugadora a la hora de añadir la televisión a los medios de comunicación allí mencionados, pues ya bien entrada la década de los años sesenta todavía se seguía citando exclusivamente como tales a la prensa y la radio. Pero si los dos medios a los que se refiere el texto escolar los sustituimos por la televisión observaremos

---

1 Este artículo se inscribe en el Proyecto I+D+i FFI2013-43785-P "Pensamiento crítico y ficciones en torno a la Transición: literatura, teatro y medios audiovisuales".

que, con pequeñas variantes, esta fue la concepción que de la misma tuvo el franquismo, la de una tecnología con la información controlada y al servicio de un empeño cultural esencialmente didáctico. Había que hacer llegar al conjunto de una población deficientemente escolarizada la riqueza artística del país, sus costumbres, su historia, su literatura, un imaginario, en suma, capaz de socializar a los españoles en torno a los valores del nacional-catolicismo, en un afán por afirmar la propia identidad. Era una televisión dirigista, paternalista y autoritaria que consideraba que la formación de los españoles debía venir también de los autores clásicos, fuese por medio de las ficciones filmadas y dramáticos, de las tertulias o las biografías sobre escritores. Esto es, "las emisiones de interés cultural, científico o literario" que ensalzaba la *Enciclopedia Álvarez* y que habían encontrado en la televisión el dispositivo óptico de masas más efectivo como principal mediador cultural de la literatura.

Por eso a aquellos mismos niños, cuando ya estaban dejando la adolescencia y entrando en la vida adulta, no les sorprendieron las palabras del ministro Sánchez Bella –que habría de estar al frente del Ministerio de Información y Turismo desde 1969 hasta mediados de 1973–, cuando consideraba a los medios informativos como instrumento del desarrollo cultural, de promoción social y de progreso económico, que no eran enemigos de la cultura porque "quien lee seguirá leyendo […] y quien no lee es posible que acepte la invitación directa o indirecta a leer aquello que la pantalla de televisión, la radio, etc. hagan llegar a su conocimiento", de forma que la política cultural de su ministerio (del que dependía la televisión, no se olvide), "es de hecho complementaria y está al servicio de la política nacional, que, desde más altos niveles, realiza el Ministerio de Educación y Ciencia" (García Jiménez 1980: 504).

Lo que TVE entendía que había de leerse era sobre todo, y siguiendo el espíritu "enciclopedia Álvarez", lo que estaba consagrado por los libros de texto, aquellos autores clásicos que otorgaban la coartada de una televisión cultural destinada a la divulgación de la alta cultura entre un público que no había tenido la oportunidad del acceso a la formación escolar en su momento, y que, por otro lado, garantizaba la asepsia ideológica que ofrecen las épocas históricas ya clausuradas en el tiempo, las cuales al estar provistas de una significación referida al pasado resultaban poco conflictivas en el presente. De ahí que, en consonancia con esta orientación, en un programa de tiempo atrás dirigido por Gaspar Gómez de la Serna y de título más prescriptivo que descriptivo, *Libros que hay que tener* (1967–68), los cerca de cincuenta autores allí considerados básicos e imprescindibles respondiesen en su gran mayoría a un canon clasicista, mientras que apenas se distinguían entre ellos a autores contemporáneos, especialmente los posteriores a la Guerra Civil.

No extraña, por tanto, que estos últimos apenas se sintiesen concernidos por el nuevo medio de comunicación. A la mala imagen de la televisión forjada por los escritos de los seguidores de la Escuela de Frankfurt y del marxismo marcusiano, secundados en España por los libros de escritores como Manuel Vázquez Montalbán y José M.ª Rodríguez Méndez[2], habría que sumar el desentendimiento por parte de TVE a la hora de divulgar lo más vivo y creativo de la literatura española del presente, escasamente representada en algún que otro programa de la segunda cadena –que apenas cubría el cincuenta por ciento del territorio– y de forma muy esporádica en los espacios teatrales y alguna ficción de la primera. Consecuencia de ello fue el que escritores de generaciones anteriores, como Camilo José Cela, Miguel Delibes o Gonzalo Torrente Ballester manifestaran su desapego hacia el medio televisivo. Los más jóvenes y nacidos a las letras con posterioridad al emblemático año de 1968, cinéfilos empedernidos, solo tendrán ojos para el séptimo arte, transigiendo con el consumo de televisión únicamente en el caso de la emisión de ciertas películas o ciclos de cine que difícilmente se podían ver en ningún otro sitio[3]. Alejamiento del medio que hasta el día de hoy sigue siendo lo habitual entre la mayoría de los escritores.

Sin embargo, en la televisión de aquellos años estaban pasando muchas cosas. Entre ellas, la incorporación de todo un grupo de autores que, como guionistas o como directores, iban a crear algunos de los programas más originales de la televisión del franquismo y de la Transición, muy especialmente Jaime de Armiñán, Jesús Fernández Santos y Fernando Fernán-Gómez[4]. En segundo lugar, la llegada al medio de varias promociones de realizadores del cine español, en ciertos casos con una mayor o menor producción de filmes a sus espaldas (José Luis Borau, Mario Camus, Miguel Picazo, Julio Diamante, Francisco Regueiro, Pedro Olea, etc.), y, en otros, recién salidos de la Escuela de Cine (Pilar Miró, Josefina Molina, Claudio Guerín, etc., más tarde Jaime Chávarri, Fernando Méndez-Leite, Alfonso Ungría, Emilio Martínez Lázaro, etc.).

---

2 Véanse *El libro gris de televisión española*, de Vázquez Montalbán, y *Los teleadictos* y *Carta abierta a Televisión Española*, de Rodríguez Méndez.

3 Refiriéndose a su generación, la de los autores que comienzan a publicar en torno a 1968, dice el escritor Martínez Sarrión (2002: 76) que "una buena película de los cuarenta-cincuenta, vista por televisión, era también medicina muy apreciada, cuando la segunda cadena de TVE programaba cual si fuera el mismísimo Henri Langlois".

4 Para la relación de los escritores con la televisión en el período franquista cf. Fernández (2014). A esos nombres citados más arriba podrían añadirse los de quienes escribieron guiones o series, y recrearon textos de otros, como Antonio Gala, Carlos Muñiz, Alberto Méndez, Alejandro Núñez Alonso, Isaac Montero, Ana Diosdado, y varios más.

Esto último fue debido en parte a las consecuencias derivadas de la creación
de la segunda cadena en 1966, el conocido UHF, pues al no disponer esta casi
de estudios ni de telecámaras, cobraron un gran impulso los programas filmados en 16 mm y rodados en exteriores, así como también se estimó necesario el
contar para ello con quienes procedían del cine. Gentes que veían en la televisión
la posibilidad de llevar a cabo aquellos experimentos con el lenguaje que en el
cine no les estaban permitidos al considerárselos demasiado arriesgados, y que
nunca dejaron de reivindicarla como un medio muy adecuado para poder expresarse[5]. Gracias en gran medida a ellos (y a los directores que venían del teatro
o se habían formado en TVE, como Juan Guerrero Zamora, Alberto González
Vergel, Pedro Amalio López, José A. Páramo, Alfredo Castellón, y, muy especialmente, Adolfo Marsillach y Narciso Ibáñez Serrador, entre otros), la televisión de
los años que van desde mediados de los sesenta hasta bien entrada la Transición,
fue capaz de producir programas a la altura de cualquier otra televisión europea
del momento y del mejor cine español del período. A estos y otros escritores y
directores se debió, igualmente, una lectura de los clásicos, tanto españoles como
extranjeros, poco acomodaticia y en modo alguno arqueológica, sino más bien
llena de las insatisfacciones, las críticas y los desencuentros con el régimen franquista de los que participaban amplios sectores de la población española durante
aquel tiempo de tantas incertidumbres como lo fue el comprendido entre el asesinato del almirante y presidente del gobierno Carrero Blanco, a finales de 1973,
y las primeras elecciones democráticas de 1977. Lectura que, y esto conviene
subrayarlo, se plasmó en imágenes de una gran originalidad, próximas en los
más jóvenes al experimentalismo de la *nouvelle vague* y los "nuevos cines" de los
años sesenta.

Durante bastante tiempo el eje de los espacios dramáticos originados en textos literarios de la televisión española estuvo constituido por dos programas de
la primera cadena, *Estudio 1* y *Novela*. El primero, de contenido teatral, continuó
a lo largo de la Transición con repetidos cambios de nombre (*Noche de teatro*, *El
teatro*), el segundo, por el contrario, llegó con muchas dificultades al año 1979,

---

5   Josefina Molina, realizadora de algunas de las recreaciones más novedosas y originales
     tanto de la televisión del franquismo como de la Transición, decía lo siguiente acerca
     del nuevo medio de masas: "Personalmente creo que no tiene límites en sus posibi-
     lidades artísticas y creadoras, aunque pueda tenerlas en las económicas […]" (Baget
     Herms 1970: 51). Mientras, el joven director Emilio Martínez Lázaro, preguntado
     sobre las ventajas de la televisión sobre el cine, destacaba la de la creatividad: "Ventajas,
     partiendo de las limitaciones que todos conocemos, sabiendo que no puedes meterte
     en 'camisas de once varas', sí, al menos a nivel de creatividad" (Gil 1976: 12).

en el que ya había cambiado la política de producción de dramáticos de TVE, orientada ahora, en los años del gobierno de la UCD y primeros del PSOE, hacia la creación de grandes relatos seriados, de elevados costes y basados en novelas de autores españoles de los siglos XIX y XX más o menos reconocidos por los lectores. Esas nuevas historias que desde finales de los años setenta dominarán la ficción durante los ochenta y parte de los noventa, del tipo de *La saga de los Ríus, Cañas y barro, La barraca, Fortunata y Jacinta, Los gozos y las sombras, La forja de un rebelde, Los jinetes del alba,* etc., vinieron a copar y uniformar casi por completo el espacio de las recreaciones de textos literarios que en los años anteriores había sido mucho más variado y con propuestas narrativas muy poco complacientes con la situación por la que atravesaba nuestro país[6]. En ambos casos, sin embargo, el dominio de estas recreaciones televisivas de los clásicos impidió, salvo algunas excepciones, la existencia de otro tipo de ficciones que, centradas en la España del presente, pudiesen hablar de lo que estaba ocurriendo en el país durante la Transición.

A la altura del año 1974 aquellos dos dramáticos –*Estudio 1* y *Novela*– estaban ya bastante agotados y con dificultades crecientes para su necesaria renovación, pero tampoco la segunda cadena, que desde su creación había sido el reducto de los programas culturales y más innovadores, era capaz de producir nada parecido a lo que habían sido *Teatro de siempre,* la *Hora 11* de los primeros años, o ciertas historias de *Narraciones* y la primera etapa de *Cuentos y leyendas.* Fue en 1974 cuando se iniciaron dos de las series más importantes del tardofranquismo y la Transición, *Los libros* y *El pícaro,* a las que habría que añadir, con un punto menos de calidad que las anteriores, *Cuentos y leyendas,* ahora en su segundo período. Si a ellas les sumamos una de las mejores telecomedias de Jaime de Armiñán, la de *Suspiros de España,* y un programa tan singular dedicado a la pintura, aunque emitido por la segunda cadena, como *Pintores del Prado,* resultará que ese año fue uno de los más fructíferos de toda la historia de la RTVE en cuanto a la oferta cultural y la excelencia de las ficciones[7]. Es de las tres primeras

---

6 Para el significado y análisis de las series de la Transición, estas y otras varias, puede verse a Peña Ardid (2010: 71–95). Igualmente ha de consultarse a Palacio (2012).

7 La revista *Reseña* 81 (1975: 34) en su balance de los programas del año 1974 señalaba como los mejores en el apartado de "Dramáticos" a *Suspiros de España, Los libros* y *El pícaro.* El crítico de televisión Baget Herms (1975: 62) decía de *Los libros* que "aparece ya como un hito en la historia de la TVE [...]. El símbolo de esta nueva etapa no es por tanto un realizador [...] sino la obra colectiva de todo un grupo de realizadores que, operando a título individual si se quiere, han creado una nueva forma de entender la TV". Por su parte, Enrique del Corral (1974: 96), crítico de televisión del diario *ABC,* afirmaba acerca del mismo programa que "*Los libros* es -repitámoslo- un formidable

de las que querría decir algunas cosas por tratarse de recreaciones de los textos de autores clásicos de la literatura, tanto españoles como extranjeros, mucho
menos estudiadas y conocidas que las grandes series de los ochenta y noventa
antes mencionadas. Series esas tres a las que en parte se puede acceder en la
actualidad a través de la página web de RTVE por estar alojados en la misma
algunos de sus capítulos.

Los libros y El pícaro fueron dirigidas por Jesús Fernández Santos y Fernando
Fernán-Gómez, respectivamente; dos realizadores y escritores al mismo tiempo
con distintas trayectorias en la televisión. Fernández Santos obtuvo como autor
literario los premios españoles más importantes, después de haber sido en 1954
el iniciador del neorrealismo en la narrativa española de los años cincuenta con
Los bravos y miembro del grupo al que también pertenecían Carmen Martín
Gaite, Rafael Sánchez Ferlosio e Ignacio Aldecoa. Venía trabajando para el medio
de forma continuada desde 1967 y fue el director de varios programas relevantes
para las dos cadenas de TVE, el que más La víspera de nuestro tiempo (1967–69),
primera serie que se vendió a otras televisiones extranjeras gracias a su calidad
dentro del género documental[8]. Fernán-Gómez, aunque había participado como
actor de varias series en la televisión, se incorporó como director en 1973 con
Juan Soldado, aquella versión de una historia de Fernán Caballero que, a pesar de
los premios internacionales, fue muy maltratada por la censura y por los propios
programadores de TVE cuando se emitió en España. Cuentos y leyendas, por
su parte, se debió en su segunda etapa a dos guionistas, Rafael J. Salvia y Rafael
García Serrano, a quienes se la había encargado el por entonces director general
de RTVE, Juan José Rosón.

Todas ellas fueron emitidas por la primera cadena con periodicidad semanal
y supusieron la aplicación en esta de un modelo iniciado y desarrollado en la
segunda desde varios años antes. Un modelo que utilizaba el filmado en 16 y

---

e insuperado programa cultural que demuestra que lo docente no está reñido con lo
ameno". De los otros dos el mismo crítico habría de señalar algo semejante: "El pícaro es
una serie ambiciosa y extraordinaria en sus resultados [...] sólo comparable [la dimen-
sión] a la que está consiguiendo la otra producción paralela en bondades: Cuentos y
leyendas" (Corral 1975: 62).

8   Además de las series dirigidas por él como La víspera de nuestro tiempo, Los españoles,
     La noche de los tiempos y Los libros, Fernández Santos se encargó de otros muchos
     programas y capítulos de series, ejerció de guionista, y recreó para la televisión las
     obras de otros autores (Lope de Vega, Eça de Queiroz, Miguel Ángel Asturias, Ana Mª
     Matute, etc.) y una de sus novelas en el año 1977, El hombre de los santos, que era en
     realidad una refundición de esta y de su novela anterior Laberintos.

35 mm como en el cine, el rodaje en exteriores, y que se servía de directores a los que se dejaba mayor libertad a la hora de crear que la que hubiesen podido tener en el cine o en los programas habituales de la primera cadena. Pero si por su formato, por el rodaje en exteriores y por su estética se aproximaban al lenguaje cinematográfico, en cuanto a la duración de cada programa, a su carácter episódico y a su menor presupuesto y tiempo de rodaje, se mostraban como productos claramente televisivos. A esto habría que sumar el fuerte componente de divulgación cultural y de reivindicación de un imaginario nacional autóctono.

El rodaje y la emisión de las tres coincidieron con un período lleno de incertidumbres en la historia de este país, durante el que se sucedieron varios gobiernos y ministros, más aperturistas unos, más reacios otros a dejar entrar algo de aire en un ambiente cultural muy cerrado; vaivenes que se notaron en el funcionamiento de una censura que no desaparecería formalmente hasta 1977, y que afectaron a varios de los episodios.

Los libros fue la serie más duradera, ya que se prolongó desde febrero de 1974 hasta diciembre de 1977 a lo largo de tres temporadas, de las que Fernández Santos dirigió la primera, y con un total de veintinueve programas encargados a diferentes realizadores, mientras que *El pícaro* fue la más breve, pues se inició en octubre de 1974 y terminó a comienzos de febrero de 1975, después de trece episodios. Entremedias *Cuentos y leyendas*, la más antigua de las tres, comenzó su segunda etapa casi en paralelo con la de Fernán-Gómez, en octubre de 1974, y finalizó en febrero de 1976, una vez emitidos los veintinueve capítulos que la integraron[9].

---

9 *Cuentos y leyendas* en su primera etapa se había emitido por la segunda cadena desde noviembre de 1968 hasta 1969, a excepción del último episodio, el de *Miau*, que se emitió en enero de 1970. Años más tarde volvió a proyectarse por la primera cadena desde el 31 de enero hasta el 3 de abril de 1972. Estaba dirigida por Pío Caro Baroja y constaba de nueve capítulos de entre 23 y 30 minutos de duración, rodados en 35 mm y en blanco y negro, menos uno que lo fue en 16 mm. Los textos recreados y sus directores fueron: *La sima*, de Pío Baroja (Pío Caro Baroja); *La ronca*, de Clarín (Pedro Olea); *Los ilusos*, de Susana Gómez de la Serna (Luis María Delgado); *La niña que se convirtió en rata*, de Susana Gómez de la Serna, basado en el texto medieval *Calila y Dimna* (Francisco Regueiro); *Soledad*, de Unamuno (Miguel Picazo); *Tarde llega el desengaño*, de María de Zayas (José A. Páramo); *La justicia del buen alcalde García*, basado en un capítulo de *El escuadrón del Brigante*, de Pío Baroja (Mario Camus); *Miau*, de Pérez Galdós (José Luis Borau); y *Timoteo el incomprendido*, de Cela (Benito Alazraki). La página web de RTVE mantiene todavía sin corregir algunos datos erróneos con respecto a la emisión de esta serie, igual que ocurre con otros programas del período franquista.

El diseño, la orientación y los contenidos de cada una de ellas fueron diferentes, pero a través de sus capítulos se coló en los hogares de entonces todo el ruido procedente de una sociedad no tan uniforme como la que TVE se empeñaba en proclamar diariamente, y ya que los clásicos eran los únicos que no infundían sospechas en los dirigentes del medio y del Régimen, ellos fueron los encargados de hablar de sí mismos y de los demás, poniendo de relieve ante los espectadores las disonancias y los conflictos de la vida real de los españoles reiteradamente negados por el discurso de quienes dirigían el país y la televisión. En este sentido, algunos de los episodios de estas y de otras series que se venían produciendo desde principios de los años setenta, especialmente las de Jaime de Armiñán, fueron mucho más incisivos y beligerantes con la situación del presente que las más edulcoradas ficciones que ya el siglo XXI habrían de narrar el período de la Transición.

Fernández Santos se inspiró para *Los libros* en un programa de la televisión francesa, *Les cent livres des hommes*, iniciado en 1969[10]. Los veintinueve episodios se rodaron en 35 y 16 mm, en color, y con una duración entre los cincuenta minutos y una hora, emitiéndose a lo largo de tres temporadas y alternando la recreación de escritores españoles y extranjeros (estos últimos fueron Edgar Allan Poe, Giovanni Boccaccio, Washington Irving, Herman Melville, José Hernández, Thomas Mann, Emily Brontë, Lewis Carroll, Luis de Camões, Robert Louis Stevenson, Honoré de Balzac y Oscar Wilde). Los realizadores procedían de distintas generaciones, de manera que lo mismo nos encontraremos a los de la época anterior a la Guerra Civil (A. Ruiz Castillo), o a los que en su momento fueron agrupados en el Nuevo Cine Español (Fernández Santos, Miguel Picazo, Julio Diamante, etc.), que a los más jóvenes recién salidos de la Escuela de Cine (Jaime Chávarri, E. Martínez Lázaro, Alfonso Ungría, etc.), de los que algunos ya tenían una cierta experiencia en televisión (Josefina Molina, Pilar Miró, Ramón Gómez Redondo, José A. Páramo o Fernando Méndez Leite, por ejemplo).

El objetivo de la serie era el de dar a conocer unos textos que por varias causas no se podían ofrecer en su integridad, fuese por una acción reducida, por su lentitud o por otro tipo de circunstancias. Lo original ahora, especialmente en su primera temporada y en las recreaciones a cargo de Jesús Fernández Santos, era el uso de una técnica que se basaba en el hibridismo de elementos muy diferentes (presentador, voz en *off*, imágenes documentales, uso de la *contaminatio*, fotos fijas, dramatización, música, etc.) y que resaltaba las contradicciones entre esos

---

10 Un análisis mucho más pormenorizado de la serie *Los libros* puede verse en Fernández (2010).

componentes, permitiendo una lectura no cerrada ni unívoca del texto literario, como podría serlo la visión más o menos admitida del mismo dada por el académico de turno y la voz en *off* que se servía de citas y documentos; una lectura abierta a otras interpretaciones más allá de la institucional. La combinación de todos esos elementos buscaba rescatar por medio de procedimientos icónicos la ambigüedad propia de la literatura, de un lenguaje no dependiente de la representación de una realidad preexistente al texto ni sometido al referente realista de las imágenes, y vertido en un discurso más racional que emocional; con lo que, además de escapar del esquematismo que amenaza a este tipo de productos televisivos, se intentaba salvar el obstáculo principal a la hora de recrear cualquier texto literario en una pantalla.

Un ejemplo muy ilustrativo de todo lo dicho y de la contestación frente a los valores de un nacionalcatolicismo sustentado en gran medida por la Iglesia Católica, lo tenemos en la versión que Fernández Santos dirigió –y de la que también fue guionista– basada en el texto del primer escritor en castellano de nombre conocido, Gonzalo de Berceo. *Los milagros de Nuestra Señora* es una obra del siglo XIII escrita en verso que pertenece a la tradición de los milagros de la Virgen María, muy presente en la Edad Media. Se narran veinticinco sucesos de orden sobrenatural, que tienen como protagonista a la Virgen y a quienes le son devotos, por medio de un enunciador que en primera persona realiza un discurso didáctico destinado a sus oyentes o lectores cristianos con objeto de ensalzar la figura de la madre de Cristo y la devoción mariana.

La recreación televisiva se rodó en 16 mm después de la muerte de Franco y se emitió el 19 de abril de 1976, ya en la segunda temporada de *Los libros*, por la primera cadena a las 22.20 de la noche, en horario de máxima audiencia. Fue durante el mandato de Carlos Arias Navarro, y unos meses antes de ser sustituido por Adolfo Suárez al frente de la presidencia del gobierno. Son momentos muy tensos en la vida política española, con secuestros y asesinatos por parte de ETA y el GRAPO, y con huelgas que dejarán en ocasiones varios muertos entre los obreros, como en el caso de los acontecimientos de la ciudad de Vitoria de principios de marzo. Todo ello en medio de un conflicto político en el que los sectores procedentes del franquismo, con Arias Navarro a la cabeza, pretenden mantener el sistema anterior sin dar paso alguno hacia la democracia.

Fernández Santos seleccionó aquellas historias de Berceo que tradicionalmente se han considerado más interesantes pero, como ya había hecho anteriormente en otras versiones de textos literarios, cambiándolas notablemente por medio de varias operaciones discursivas, habituales unas en los casos de transposición del sistema literario al icónico (como las adiciones y supresiones de pasajes del texto literario de origen), y más novedosas otras, como el uso de la

contaminatio (la unión de dos relatos para formar uno solo), la transcaracteri-
zación de los personajes con respecto a los de Berceo (personajes que varían su
sentido), y un cambio de la trama que conllevaba una transformación del significado primitivo, en un proceso transductivo próximo al *contrafactum*. Si a ello
se suman el uso de la polifonía, o las varias voces que narran las historias, y el
tono farsesco de las mismas que contradice en gran medida el carácter más dramático, aunque no exento de humor, del original literario, el producto resultante
será una recreación que tiene poco que ver con el texto del siglo XIII y mucho
con el presente.

El personaje de Gonzalo de Berceo (interpretado por el actor Juan José Ote-
gui) es, como en el original, quien narra las historias, a veces con su presencia
física ante el espectador, y otras mediante la voz en *off*. Dicho discurso es com-
plementado por otra voz narradora extradiegética, la primera en aparecer, que
enmarca los hechos y los explica atendiendo al contexto histórico. Ambas voces
tienen funciones diferentes en tanto que esta última responde a la narración de
tipo documental que pretende certificar la verosimilitud de lo narrado, mientras
que la de Berceo-Otegui aparenta pertenecer al dominio de la enunciación más
que al de la narración; es decir, un "yo" que aquí y ahora, en tiempo presente, se
dirige a los espectadores explicándoles la historia, como si fuese cualquier locu-
tor de reportajes o de los espacios en directo y de plató que anteceden o siguen a
ese programa. Ese papel comunicativo, que intenta traducir a términos televisivos la misma función que tenía en Berceo, viene marcado por un leve contrapi-
cado que orienta la mirada hacia un espectador sentado, y que es la que sitúa de
modo figurado a esa voz en el ámbito de la enunciación en presente más que en
el de la narración. Recoge, además, esta presencia la figura de un narrador que,
perteneciente al tiempo de la historia que se cuenta o a otro actual y distanciado
de aquella, venía utilizándose con alguna frecuencia en varios capítulos de *Los
libros* por influencia del *Leonardo da Vinci* de Renato Castellani, emitido por la
televisión española en 1972, y ensalzado por muchos como modelo de programa
cultural a seguir.

Las historias que por medio de esa voz se nos cuentan son cuatro y en tres de
ellas se utiliza la *contaminación* o refundición de dos en una sola: la primera es la
de "El ladrón devoto" y "El clérigo ignorante"; la segunda, la de "La abadesa preñada"; la tercera une la de "El milagro de Teófilo" y la de "La deuda pagada"; y la
última suma "El romero de Santiago" y "El clérigo embriagado". Conviene hacer
aquí un inciso: está todavía por estudiar el uso que los escritores que trabajaron
en aquella televisión hicieron de mecanismos muy utilizados en los ámbitos literario y teatral, desde la mencionada *contaminación*, el metarrelato, y las variadas
formas de *extrañamiento*, hasta la utilización de géneros como la fábula, el dicho

popular, el sainete y otros. Quién sabe si con el fin de intentar esquivar la censura y como fórmula de combate y de modernidad televisiva, o con el de protegerse ante la estandarización propia de tal medio de masas. La *contaminatio* aquí parece tener dos funciones, la de enhebrar el relato de modo coherente eludiendo al mismo tiempo la censura, caso de las dos mencionadas al final, ya que el romero que va a Santiago, contrariamente a lo que ocurre en Berceo, es un lego que todavía no ha profesado como clérigo, y de ahí que los pecados de fornicio y de embriaguez no le puedan ser atribuidos a un eclesiástico; y, la segunda, la de mostrar el cambio producido en el comportamiento de los personajes después de haberse arrepentido de su vida anterior, como en las otras dos. Como contrapartida, se incrementan la estulticia y el espíritu pragmático de los personajes clericales, pues a los errores e ignorancia de estos representantes de la Iglesia se une en el caso de Teófilo un pragmatismo poco acorde con los valores religiosos, que sí están en Berceo. Por ejemplo, el de la necesidad de arrepentimiento público, ante clérigos y feligreses, de quien acababa de firmar un pacto con el diablo para recuperar la posición de privilegio que antes tenía, que se produce en el Teófilo del autor riojano, pero que en el del personaje televisivo no se da, pues cuando la Virgen recupera el documento firmado por el clérigo que obra en poder del diablo, lo primero que hace Teófilo es quemarlo para que nadie se entere.

Ahora bien, en donde ese espíritu pragmático y utilitarista que se impone al sentimiento religioso se observa mejor es en la historia más corrosiva de todas, que todavía hoy sorprende por su osadía, la de "La abadesa preñada". Digamos, en primer lugar, que Fernández Santos sustituyó a la monja del relato original por una dama de alcurnia por razones obvias, al haber un embarazo de por medio y un padre desconocido. En el texto de Berceo la monja tiene al niño pero en el momento del parto la Virgen la socorre, entrega al recién nacido a unos ángeles que se lo llevan a un ermitaño de probada devoción que lo educará cristianamente consiguiendo que años más tarde se convierta en obispo por sus virtudes. En la recreación de Fernández Santos se produce un aborto, pues la Virgen elimina al niño del vientre de la dama, y cuando el obispo ante el que ha sido acusada llegue para comprobar lo del embarazo, se encuentra sin niño y con una mujer que, igual que en el caso de Teófilo, se calla lo que no le conviene decir –cosa que no ocurría en el autor medieval en el que la monja le decía la verdad de lo ocurrido al obispo–, pero que, además, y aquí está el segundo cambio relevante, frente a lo que manifiesta la voz del narrador, "la buena amistad" entre dicha dama y el obispo no parece reducirse a eso, sino que va más allá si se atiende a los gestos, toqueteos y coqueteos de ambos. Esto último nos remite a uno de los rasgos ya aludidos de las versiones de Fernández Santos, las contradicciones entre unos elementos y otros: el tono serio y meramente descriptivo de la voz narradora que refiere la "amistad" entre la dama y el obispo no se corresponde con la dramatización del episodio tal como es representado por los actores. Al terminar este relato, la voz en *off* del narrador extradiegético nos informa de los riesgos de los partos medievales, en los que las muy habituales cesáreas acababan con la vida de las madres para salvar a los niños. No parece que la Virgen María de Fernández Santos comulgase con dicha idea cuando prefería a la madre en vez de al no nacido, enfrentándose así a uno de los tabúes del nacionalcatolicismo y apuntando un asunto, el del aborto, apenas tratado por la televisión posterior.

Al final, los campesinos que al comienzo de la historia veíamos entrar en el convento para protegerse de guerras y rapiñas de los nobles, víctimas del poder político y de la Iglesia, se marchan hacia un cielo azul que aparece al fondo mientras la voz del narrador, el que nunca aparece en escena, dice en *off* las palabras con las que termina esta recreación televisiva y que son una reivindicación del sistema democrático:

> Los reinos cristianos continuaron prosperando. Y es uno de ellos, el reino de León, el que en el siglo XII crea las primeras Cortes. En ellas el pueblo llano se hallaba representado como miembro a consultar junto a la Iglesia y la nobleza. Así, mucho antes que el resto de Europa, un país que al cabo se llamaría España, ensayó en su nacimiento lo que siglos después aún seguimos llamando democracia.[11]

Democracia que, a tenor de lo afirmado sobre el gobierno de Arias Navarro, aquel mismo pueblo seguía reclamando en los primeros meses de 1976. En definitiva, estas versiones para la pequeña pantalla de los clásicos de la literatura supusieron uno de los momentos más originales y creativos por su modernidad de la televisión de los años 1974 al 1977, y aún de la posterior, a la vez que señalaron las hendiduras de una situación política y social en situación de desguace que estaba a punto de naufragar en el mar de la historia. Y lo hicieron sirviéndose de unos autores en los que se podían encontrar los conflictos con el universo en que vivían de unos españoles vencidos y silenciados, algo que era también una de las señas de identidad del cine de los últimos años del franquismo, y que películas como *La prima Ángelica* y *El espíritu de la colmena* se habían preocupado por subrayar. *El pícaro* y *Los libros*, junto a otros programas

---

11 Puede verse la serie, de donde se extraen estas palabras, en el Archivo de RTVE: http://www.rtve.es/alacarta/videos/los-libros-ficcion/libros-milagros-nuestra-senora-gonzalo-berceo/3454420/.

de la época, no se quedaron atrás en este empeño que apuntaba hacia la visión desprejuiciada de unos nuevos valores políticos, sociales y morales que no tardarían en abrirse paso.

Bibliografía

Álvarez Pérez, A. (1962) *Enciclopedia Álvarez. Tercer Grado*. Valladolid: Miñón.

Baget Herms, J. M. (1970) "Los nuevos realizadores. Josefina Molina, una línea coherente", *Imagen y Sonido* 87, 49–51.

Baget Herms, J. M. (1975) "Notas en torno a la historia de los programas dramáticos. Y IV. Tiempos modernos: la nueva estética", *Imagen y Sonido* 138, 60–62.

Corral, E. (1974) "Martín Fierro", *ABC* (21.04.1974), 96.

Corral, E. (1975) "Un deje de amargura", *ABC* (12.01.1975), 62.

Fernández, L. M. (2010) "Clásicos y modernos. La serie *Los libros* y la televisión de la Transición", en Ansón, A. et al. (eds.) *Televisión y Literatura en la España de la Transición (1973-1982)*, 71–95. Zaragoza: Institución Fernando el Católico.

Fernández, L. M. (2014) *Escritores y televisión durante el franquismo (1956-1975)*. Salamanca: Ediciones de la Universidad.

García Jiménez, J. (1980) *Radiotelevisión y política cultural en el franquismo*. Madrid: CSIC.

Gil, M. (1976) "RTVE, directores: La nueva generación (IV). Emilio Martínez Lázaro", *TeleRadio* 965 (21.07.1976), 12–13.

Martínez Sarrión, A. (2002) *Jazz y días de lluvia. Memorias (y III)*. Madrid: Alfaguara.

Palacio, M. (2012) *La televisión durante la Transición española*. Madrid: Cátedra.

Peña Ardid, C. (2010) "Las primeras grandes series literarias de la Transición: *La saga de los Ríus* y *Cañas y barro*", en Ansón, A. et al. (eds.) *Televisión y Literatura en la España de la Transición (1973-1982)*, 71–95. Zaragoza: Institución Fernando el Católico.

Manuel Palacio

Televisión y literatura en España[1]

Están tan imbricados los sistemas narrativos del cine y de la novela que puede no ser exagerado afirmar que no existe bibliografía más continuada y extensa sobre las interrelaciones y contactos que une a ambos medios de expresión. Además, el fenómeno parece universal y transhistórico porque en todas las lenguas existen expertos sobre las variables históricas, formales, lingüísticas, sociales, económicas que los combinan. El tema resulta mucho menos explorado cuando hablamos de televisión y literatura. A pesar de ello, y centrados en España, en lo referente al franquismo, el tema ha sido abordado por volúmenes coordinados por profesores de literatura de la Universidad de Zaragoza (cf. Anson et al. 2010), y por la publicación de Luis Miguel Fernández (2014) adscrito al Departamento de Literatura española de la Universidad de Santiago de Compostela.

Lo cierto es que las relaciones entre literatura y televisión poseen mayor número de aristas que las que existen entre el séptimo arte y la expresión escrita. En esencia, en la televisión caben las relaciones con más géneros literarios que los que permite la institución cinematográfica y, en otro sentido, y por mor de una relación diversa con los públicos, la representación física del escritor o su voz posee una destacada importancia. Y por si lo anterior no fuese suficiente, además, televisión y literatura son dos importantes industrias culturales que por lógica empresarial poseen conexiones e intereses comunes. Un gráfico con vocación de abordar la complejidad podría ser el que vemos en la página siguiente.

Cada caja del gráfico permite un cierto desarrollo, incluso en los casos en que su desarrollo parece clausurado, como ocurre en las relaciones entre televisión y teatro. La lectura no es únicamente vertical, aunque aquí la privilegiemos. Este ensayo se centra en el periodo democrático en el que se produce en España la emergencia de una cultura global. En consecuencia, haremos una especial atención a la etapa del modelo televisivo competencial entre emisoras de titularidad pública y privada. En un primer bloque abordaremos los aspectos informativos que sobre el mundo de la literatura se dan desde la pequeña pantalla. En un segundo nos centraremos en la figura del escritor. Y finalmente, un apartado

1 Este trabajo se enmarca en el proyecto "Cine y televisión 1986–1995: modernidad y emergencia de la cultura global" (CSO2016-78354-P), Ministerio de Ciencia, Innovación y Universidades-Agencia Estatal de Investigación, Gobierno de España.

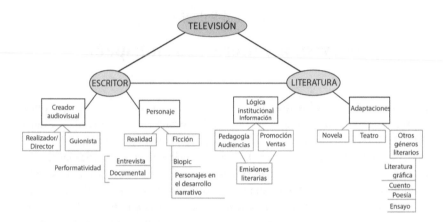

Imagen 1: Las relaciones entre literatura y televisión

sobre las adaptaciones literarias, un profundo océano ya presente desde los mismos orígenes de la televisión.

1. La información sobre literatura en televisión

Ya ha pasado el tiempo en que la vocación pedagógica o identitaria parecía gobernar la lógica institucional de la televisión europea. En la actualidad, la literatura está presente en las parrillas televisivas de muchas maneras. Digamos inicialmente que la industria editorial, los libros, poseen una destacada pujanza económica en España. Y por ese simple motivo necesita a la televisión como promoción de sus libros. Siempre se puede debatir sobre la mayor o menor cobertura que se hace del universo de los libros desde la pequeña pantalla. Aun así, es innegable la existencia de una cierta presencia de la 'vida literaria' en las rutinas y prácticas del periodismo cultural televisivo. Cierto es que este atraviesa horas bajas, pero en todas las emisoras existen personas en nómina (o contratados por sus servicios externos), encargadas de cubrir las noticias literarias a base de informaciones concretas o reportajes. Excusado es decirlo, estas piezas televisivas siempre se relacionan con la actualidad literaria e indirectamente con la televisión como promoción. También es evidente que muchas de ellas tienen que ver con los procesos de integración económica que hacen que emisoras y editoriales puedan compartir propietarios (por ejemplo, en la actualidad Atresmedia –Antena 3– y Editorial Planeta –la mayor del mundo en lengua castellana–).

Sin negar ni un instante que la televisión no da, ni lo intenta, una cultura literaria estructurada, no se ha evaluado en ningún lugar las conexiones entre la presencia mediática de los temas literarios en televisión con el vigor de la actividad creativa o con el desarrollo de la industria cultural (un tema sí debatido para otras disciplinas como el cine o el teatro, siempre exigentes en sus peticiones de mayor visibilidad para sus actividades). Sin embargo, en España existe el Premio Nacional de Fomento a la Lectura, que concede el Ministerio de Cultura. Recientemente, el galardón recayó en los servicios informativos de La 2 (2002).

La base de la promoción televisiva de la actividad editorial lo constituyen las emisiones literarias. Estas constituyen un aspecto vertebral de la categoría informativa. Y desde luego poseen una larga trayectoria en la historia de la televisión, no siempre como oferta de emisoras de titularidad pública. Todos los países han creado unos presentadores especialistas en la transmisión del conocimiento sobre la literatura y su combinación con las reglas vehiculares del medio. En España ningún hombre (apenas hay mujeres en este apartado) ha conseguido la notoriedad que, por ejemplo, adquirió Bernard Pivot en Francia. Sin embargo, no hay que omitir que el ensayista y periodista cultural Fernando Sánchez Dragó ha armado media docena de espacios literarios en cadenas de cobertura estatal o autonómica, y consiguió el Premio Nacional de Fomento a la Lectura en el 2000. Pocos han sido los momentos en los que no ha habido algún programa de libros en las parrillas televisivas. Empero, cuando se produce una ausencia, el *establishment* literario protesta por ese pretendido menosprecio que desde el medio televisivo se hace a una de las nobles artes como la literatura. Francisco Rodríguez Pastoriza (2003) ha realizado un recorrido sobre las emisiones culturales o literarias en la televisión en España que resulta especialmente completa.

Entre los programas contemporáneos *Página Dos,* en antena en La 2 desde 2007, es el espacio más reconocido. El espacio ha sido galardonado con el Premio Nacional de Fomento a la Lectura en 2012, y está producido por la empresa catalana Goroka, muy probablemente la productora que en España ha logrado armar el mayor catálogo de espacios formalmente innovadores centrados en el campo cultural. El formato de *Página Dos* es muy característico de la manera como la televisión contemporánea aborda los programas literarios/culturales: importancia de la visualidad (montaje y puesta en escena) y de la banda sonora; especial cuidado en las localizaciones, en la planificación, en el grafismo de la cabecera o en las transiciones entre secciones. Está presentado por Óscar López, activo periodista cultural que en más de una ocasión ha comentado que el objetivo del programa es informar sobre la literatura que se publica, y hacerlo de una forma televisiva, amena, con el objetivo profundo de que sirva para fomentar la lectura. En los espacios de información literaria de las emisoras comerciales el

espectador detecta más inmediatamente la combinación de intereses editoriales
para la venta de ejemplares. En épocas recientes el más remarcable ha sido *Con-
vénZeme* (2016–2017, BeMad) dirigido por la periodista y presentadora Mercedes Milá y que se caracterizó por estrategias novedosas y en ocasiones agresivas
de llamar la atención para recomendar los libros que gustan a los invitados.

Dentro de las relaciones entre información televisiva y literatura es necesario
mencionar las operaciones de legitimación del autor literario en las retrasmi-
siones de eventos mediáticos culturales, tales como los espacios dedicados a la
entrega de premios destacados como el Nadal, el Cervantes, los hoy denominados Princesa de Asturias o a las fiestas literarias de Sant Jordi y la Feria del Libro
en Madrid. El hecho no es baladí porque todos ellos son cita anual inexcusable
en las programaciones televisivas, y mucho más importante, parte de la identidad y cohesión nacional.

2. Los escritores en la pequeña pantalla

En la expresión televisiva relacionada con la literatura, el escritor, su imagen, su
voz, su cuerpo es importante. En ocasiones, el escritor aparece en la pequeña
pantalla en registros audiovisuales de no ficción o documentales y en otras se
utiliza como personaje en relatos narrativos.

2.1. Formatos de no ficción y documentales

La entrevista con el escritor es la forma más prestigiosa culturalmente de los
formatos de no ficción. Posiblemente porque con ella se busca trasmitir legitimi-
dad a partir de la disponibilidad real visual y auditiva del escritor. La entrevista
es un género que combina las reglas audiovisuales con las del periodismo y ahí
es donde se coloca al escritor. Por supuesto, la limitación de tiempo es un lastre
muy pesado para el subformato. Existen dos maneras de analizar los espacios
de entrevistas televisivas: por un lado, incidir en las peculiaridades de la puesta
en escena (iluminación, posición de cámara, decorados o localizaciones...), y
por otro centrarse en la profundidad o calado de lo que dice el entrevistado. Y
por otro lado, los escritores no suelen proporcionar informaciones ilustrativas
sobre su vida o sobre los rasgos de su obra; lo más frecuente es que en ella se
repitan lugares comunes. Sin embargo, estos espacios poseen un valor adicional
de enorme sentido: la entrevista proporciona al espectador (al ciudadano) testimonios de la corporeidad visual y auditiva del literato y este es un factor decisivo
para los procesos comunicativos de una contemporaneidad dominada por las
redes sociales y YouTube.

En España, el ejemplo más recordado de programa de entrevistas con escritores es el histórico *A fondo* (1976-1981, TVE), un espacio dirigido por Joaquín Soler Serrano que marcó el periodo de la transición democrática. Existen otros muchos ejemplos que con frecuencia se han recuperado recientemente en los extras de las ediciones de DVD o simplemente son accesibles en la red. Un caso singular lo constituye el espacio *Epílogo* (1998-2014, Canal +) concebido por Begoña Aranguren como manera de presentar a la audiencia una postrera intervención de casi una hora de duración realizada a una personalidad del ámbito cultural. En fin, entrevista póstuma tal como es remarcado en la conversación en la que la voz en *off* recuerda a la audiencia que el programa se está viendo una vez que el homenajeado "se ha ido, ha muerto". Y cuya primera pregunta es la siguiente: "Díganos, ¿cómo le gustaría ser recordado?". La puesta en escena es minimalista, aun en los casos en que se ambienta en lo que parecen ser las viviendas de los entrevistados. Se han emitido más de setenta programas con una amplia representación de escritores. Las dos últimas entregas han sido Mercedes Salisachs y Ana María Matute (2014).

Los formatos documentales sobre literatura tienen una gran tradición en la historia de la televisión. En el pasado estuvieron unidos a operaciones ideológicas o de prestigio (el deseo de incidir en la cultura de los ciudadanos, según se establecía por el sistema educativo, o en colaborar con los procesos identitarios de la nación). En la contemporaneidad a los objetivos reseñados se superpone otro motivo con base crematística: muchas emisoras han digitalizado el patrimonio audiovisual del archivo histórico y han comprobado que pueden armar programas con un coste económico reducido. Se trata de grabar relativamente poco y utilizar las imágenes del archivo usando los fragmentos remontados para tener nuevos programas dirigidos ahora a otros públicos y otros usos. Lo anterior no es óbice para que estos programas no posean interés, muy por el contrario, los mejores responden adecuadamente al aire de los tiempos y son capaces de encontrar el punto adecuado de las nuevas formas de sensibilidad.

Muy probablemente sea *Imprescindibles* (2012-, TVE) el espacio más sólidamente característico de este estilo de hacer hoy televisión. El programa se concibe como un acercamiento a personajes culturales "imprescindibles" para el siglo XX español, una manera pulcra de plantear productivos debates en el medio televisivo. En la esfera de la literatura encontramos a escritores tales como Ana María Matute, Josep Pla, Álvaro Cunqueiro, Antonio Gala, Jorge Semprún o Enrique Jardiel Poncela, en una apresurada lista con clara vocación de mostrar la diversidad. A pesar de que *Imprescindibles* es una marca y como serie no cuenta con una unidad estilística formal el conjunto posee como globalidad el hacer característico de los nuevos programas culturales. Se han sobrepasado los cien episodios, cada uno de ellos ronda la hora de duración y se emiten en el *prime time* de TVE 2. En algunos capítulos está auspiciada por organismos oficiales como Acción Cultural Española o la Asociación Estatal de Conmemoraciones Culturales, y cuenta con realizadores prestigiados de la nómina de cineastas españoles tales como José Luis López Linares, Antón Reixa o Juan Caño Arecha.

Un subbloque de este apartado vincula el registro documental con la *performatividad* del escritor ante la cámara. En ocasiones porque su participación visual es crucial para el resultado formal del producto. Aquí, se debe incluir el modélico y reivindicable *Esta es mi tierra* una serie dirigida por Juan Martín de Blas que se prolongó durante casi dos décadas (1981–2013, TVE), y en la que cuarenta escritores de distintas generaciones de España o Latinoamérica como José Saramago, Julio Llamazares, Luis García Montero, José Manuel Caballero Bonald o Luisa Castro hablan de su vida y de sus lugares de procedencia. En *Esta es mi tierra* se combina la ilustración visual de los textos de los escritores con la muestra al espectador de la corporeidad del autor frente a la cámara y, desde luego, su voz. *Esta es mi tierra* tiene algo de ilustración de texto, un subgénero muy dado a las experimentaciones visuales como lo atestiguan los poco frecuentes en España debates entre poesía y televisión (o cine). Como puede deducirse por el título de la serie, los elementos biográficos se combinan con una mirada a los espacios, ciudades, mares, campos que constituyen la 'tierra' que cabe deducirse está en la base del trabajo del escritor que se representa.

En la contemporaneidad, aprovechándose de circuitos económicos mucho más diversos que las simples emisiones, las estaciones televisivas han coproducido documentales en los que la propia subjetividad del escritor es tan importante como su obra. Pueden destacarse *Aunque tú no lo sepas* (Charlie Arnaiz y Alberto Ortega, 2016, Canal Sur/TVE,) que traslada la vitalidad que emana del poeta Luis García Montero; o *La verdad sobre el caso Mendoza* (emitido por TVE en el día del libro de 2018 y realizado por Emilio Manzano un año antes), por la documentación novedosa sobre los inicios de Eduardo Mendoza.

2.2 Escritores detrás de la cámara

En España no han proliferado los trabajos televisivos de literatos. Es decir, piezas audiovisuales en los que, al margen de la elaboración técnica por parte de profesionales de la imagen, la participación activa del escritor hace que sea considerado como "una serie de…". Las diferencias entre el texto escrito y audiovisual son evidentes. Pocos autores han sabido conseguir obras reputadas en ambos campos. En el marco internacional puede mencionarse los casos muy distintos entre sí de Samuel Beckett o Jean Genet. En España, y al margen de los trabajos de Fernando Arrabal para la televisión francesa, uno de los casos más conocidos es el de Antonio Gala, prolífico autor televisivo con series como *Paisaje con figuras* (en 1976–1977 y 1984–1985, TVE). En épocas más recientes hallamos los programas de los hermanos Goytisolo: Juan Goytisolo (Premio Nacional de las Letras españolas y Premio de las Artes y las Culturas de la Fundación Tres Culturas) o Luis Goytisolo (académico de la Lengua y Premio Nacional de Narrativa).

Juan Goytisolo es el responsable de *Alquibla* (trece episodios de aproximadamente una hora de duración emitidos por TVE en 1988). La serie es la obra por excelencia que acerca el mundo musulmán al televidente español. En sus capítulos, a partir de un determinado lugar (El Cairo, Estambul, Marruecos, etc.), se analizan temas diversos de las singularidades de su cultura. Audiovisualmente resulta hoy día añeja, pero consigue su fuerza por el texto escrito por Goytisolo y, desde luego, por la propia presencia del escritor, que sirve de hilo conductor al desarrollo de cada uno de los episodios. Por su parte, Luis Goytisolo es el autor de *Índico* (tres temporadas, más de veinte capítulos, 1998–2002, TVE) y de *Mediterráneo* (once capítulos, 2000, TVE). En ambos casos se trata de dos series fuertemente comprometidas con las rupturas de la hegemonía eurocéntrica y con la visión comprometida con los pueblos que analiza.

Ya en la contemporaneidad imposible prescindir del trabajo de Juan José Millás en *Un cuento para año nuevo. La parte de atrás*: un mediometraje emitido por La 2 el 31 de diciembre de 2011. El proyecto, ideado por Pablo López Leis y Luis Campoy, consistía en que, a partir del base del relato de Juan José Millás, el propio escritor y once artistas de otras tantas disciplinas creativas (El Brujo, Amaral, Jorge Galindo, Isabel Galindo, Sol Picó, Rodrigo Zarapaín, Miguel Gallardo, Ana Laura Aláez, La Fura dels Baus, Juana Macías, Suso Sáiz), realizan una ilustración de fragmentos utilizando las herramientas expresivas de su especialidad artística. Y supongo, que también debe mencionarse el caso de David Trueba, multifacético creador en los campos del audiovisual y de la literatura. Ganador de prestigiosos premios en ambos ámbitos. En la televisión es el responsable de *¿Qué fue de Jorge Sanz?* (2010/2017, Canal +), una serie autorreflexiva que por derecho propio se ha convertido en un referente inexcusable de la televisión de autor española.

2.3. Representar a los escritores. Los *biopics*

Merece la pena detenerse en un apartado que resulta capital para las opiniones sobre la literatura en la esfera pública. Me refiero a las representaciones en registro ficcional que presentan y representan al/a la escritor/a. El ejemplo más modélico son las biografías ficcionadas, los denominados *biopics,* que en casi todos

los casos están basadas en operaciones ideológicas o de prestigio: un aniversario, un acomodo de aspectos vitales del biografiado a las reglas del presentismo
histórico, una operación de legitimación cultural… Pero sea cual sea el motivo
que genera la producción siempre conecta con los procesos identitarios que se
manejan en una colectividad y, en consecuencia, también pueden leerse como
operaciones de divulgación desde la pequeña pantalla. Un sinóptico recorrido
histórico nos señalaría que en el franquismo se insistía en las visiones románticas de la actividad creativa del escritor. Más tarde, esa imagen fue sustituida
por otra que incidía en las dificultades sociales que tuvo para el desarrollo de su
trabajo; de esta forma, en la postransición los ejemplos ahondaban en la manera
que el genio del escritor fue cercenado por las fuerzas conservadoras y reac-
cionarias de una España intransigente: *Cervantes* (Alfonso Ungría, 1981, TVE),
Teresa de Jesús (Josefina Molina, 1984, TVE) *Lorca, muerte de un poeta* (Juan
Antonio Bardem, 1987, TVE) e indirectamente *La forja de un rebelde* (Mario
Camus, 1990, TVE).

En los años noventa el tiempo histórico ha cambiado y como resultado los
biopics de los escritores se conciben de otra manera: *Vicente Blasco Ibáñez. La
novela de su vida* (Luis García Berlanga TVE/Canal 9, 1998) establece una forma
de mirar en la que predominan las peripecias vitales del biografiado y que, desde
luego, es un apreciable antecedente de posteriores biografías en cine y televisión. En los años dos mil los televidentes han podido ver productos híbridos en
los que la actividad del escritor queda (parcialmente) difuminada por el conjunto de otras actividades: *Viento del pueblo, Miguel Hernández* (José Ramón
Larraz, 2002, TVE/Canal 9), *Toledo* (dirigida por Emilio Díez, sobre Alfonso X,
conocido como El Sabio, 2012, Antena 3) o *Concepción Arenal, la visitadora de
cárceles* (Laura Mañá, 2014, TVE/, TVG/TV3). Finalmente, pareciese como en
fechas muy recientes se retornase a privilegiar los elementos más personales de
los escritores en las ya obligatoriamente parciales biografías; de esta forma, la
televisión catalana ha puesto en antena *Un benerar a Ginebra/La merienda en
Ginebra* (Ventura Pons, 2013, TV3) sobre Mercè Rododera o la emisora autonómica andaluza, Canal Sur, ha financiado el film *La luz con el tiempo dentro*
(Antonio González, 2015) sobre el premio nobel andaluz Juan Ramón Jiménez.

En los últimos años hemos asistido a un proceso relativamente inédito. Ahora
en las últimas ficciones seriadas diversos escritores se han convertido en personajes secundarios de la trama central, pero muy destacados en el diseño de los
rasgos básicos del comportamiento o de las acciones de los personajes principales. Ocurre, por supuesto, con el Francisco de Quevedo, consejero favorito
del capitán Alatriste en *Las aventuras del Capitán Alatriste* (2014, Tele 5). O con
Benito Pérez Galdós, testigo privilegiado de las peripecias que llevan al asesinato

del general Juan Prim en *Prim, el asesinato de la calle de Turco* (Miguel Bardem/ Nacho Faerna/Virginia Yagüe, 2014, TVE/TV3). Y desde luego con *El ministerio del Tiempo* (Pablo y Miguel Olivares, 2015–, TVE), cuyos protagonistas en sus viajes temporales se encuentran y comparten sus cuitas con personajes como Federico García Lorca, Miguel de Cervantes, Félix Lope de Vega y hasta con el mismísimo Lázaro de Tormes. Prácticamente, ninguno de estos autores clásicos de la literatura en castellano se presenta en real actitud de escribir, tal como pasaba en los *biopics* de los años precedentes. Tiene lógica porque la representación de los escritores en estas ficciones nos habla de nuevas concepciones de la españolidad y del uso del histórico del pasado, y no lo hacen (tanto) del papel del literato en la configuración de la nación.

Un último caso destacado es el original *Cervantes contra Lope* (2016, TVE), un largometraje dirigido por Manuel Huerga centrado en la histórica animadversión de los dos grandes genios de las letras españolas. El planteamiento inicial ya es rupturista, pues convierte la genialidad del escritor en una parte del oficio de escribir en el que también se hallan actitudes y comportamiento menos nobles; también lo es la forma audiovisual que se utiliza: ficción que imita al reportaje televisivo, al margen de las prácticas habituales de la televisión convencional.

3. Las adaptaciones

Las adaptaciones literarias con frecuencia son consideradas como el epicentro de las relaciones entre audiovisual y literatura. Y lo son desde los mismos orígenes. Hay tantas y tan diversas adaptaciones que parece adecuado el fijar unos bloques que sirvan para distinguir las líneas maestras de cómo se ha ido conjugando el dueto televisión y adaptación. Así, en primer lugar, hablaremos de las adaptaciones realizadas a partir de textos que pueden inscribirse en el canon de la literatura del país; en general coincide con la etapa de las grandes series, genéricamente los años ochenta. Para este modelo de adaptaciones la fidelidad con el original es un valor incuestionable hasta el punto de anteponerse, en ocasiones, al mismo valor audiovisual del texto televisivo. Y en segundo lugar atenderemos a unas adaptaciones que dejan de ser un género con fronteras establecidas, sino que estas se hallan contaminadas por otras concepciones audiovisuales; de una manera simple, lo acaecido en los últimos veinte años. En esta categoría la fidelidad al original carece de importancia.

3.1. El periodo clásico de las adaptaciones. Transición y postransición

La llegada de la democracia en España supuso un severo esfuerzo de reordenación de la política cultural española, tanto por los gobiernos de UCD –1977-1982– como por los socialistas –1982-1996– (cf. Quaggio 2014). He denominado en otro lugar ese periodo como el "clásico" de las adaptaciones televisivas (cf. Palacio 2012), en lo que tuvo de búsqueda de las raíces nacionales populares a partir de la adaptación de obras que perteneciesen genéricamente al canon de la historia de la literatura en castellano. Incluso hubo una plasmación legal de lo anterior en 1980 con la convocatoria de un concurso público para la producción de series de carácter cultural. El elemento más característico del periodo clásico de las adaptaciones fue que estas se realizaron por cineastas avalados por su carrera en la pantalla grande y, en consecuencia, con los presupuestos audiovisuales de la estética cinematográfica. Eso influyó, para bien y para mal, en la factura formal final. Para bien porque se consiguió que muchas de las adaptaciones de los años ochenta poseyeran unos niveles de calidad que no se habían alcanzado con anterioridad, y para mal porque los cineastas nunca estuvieron implicados en el desarrollo del medio televisivo. Se suele considerar que *Cañas y barro* (Rafael Romero Marchent sobre la obra homónima de Vicente Blasco Ibáñez, 1978, TVE), *Fortunata y Jacinta* (Mario Camus/Benito Pérez Galdós, 1980, TVE) y *Los gozos y las sombras* (Rafael Moreno Alba/Gonzalo Torrente Ballester, 1982, TVE) constituyen la verdadera terna sobre las que se elabora el sentido formal –pero también político– de las adaptaciones del periodo clásico. El criterio principal para encontrar la productividad de las adaptaciones clásicas fue, como se ha dicho, la fidelidad al original; tal vez en la creencia que de alguna manera en el texto literario se encuentra algo de la identidad colectiva de los españoles.

En el siguiente giro de la historia televisiva, las adaptaciones clásicas perdieron su lugar prevalente en las estrategias de producción televisiva. A pesar de ello no puede decirse que han desaparecido, y ejemplos como *Entre naranjos* (Josefina Molina/Vicente Blasco Ibáñez, 1998, TVE), *El abuelo* (José Luis Garci/Benito Pérez Galdós, 1998, TVE) o *Martes de Carnaval* (José Luis García Sánchez/Ramón María del Valle Inclán, 2010, TVE) lo atestiguan. Recientemente el caso más destacado y apreciable ha sido la adaptación realizada por el cineasta Mariano Barroso de la novela *El día de mañana* (2018, Movistar +), basada en la novela homónima de Ignacio Martínez de Pisón, y que se ha convertido en uno de los trabajos más notorios de los últimos tiempos. Este caso es doblemente interesante porque responde al modelo de adaptación clásica, pero ya se preocupa de una manera reducida por la fidelidad con el original. Y eso nos lleva al siguiente apartado.

3.2. Un cambio de modelo televisivo. Adaptaciones híbridas y convergentes

Los últimos veinte años han cambiado la televisión por completo. El fenómeno de la adaptación está en expansión. En pocas palabras, podría decirse que las operaciones ideológicas que en el pasado podían combinarse con la política de cohesión e identidad ahora se armonizan con la obligatoria necesidad de conseguir beneficios[2]. Por ello hoy se privilegian en la adaptación aquellos ejemplos de literatura avalados por el éxito previo en las ventas de libros, y no tanto por criterios que tengan que ver con el canon literario en sentido estricto. Novelas o cualquier otra forma de literatura que sea popular (cf. de Felipe / Gómez 2008). Así, encontramos las adaptaciones emanadas de historietas gráficas tales como *Makinavaja* (Carlos Suárez y José Luis Cuerda sobre los personajes de Ivà, 1995–1997, TVE), *El botones Sacarino* (José Antonio Escrivá sobre las historias de Francisco Ibáñez, 2000–2001, TVE), *Zipi y Zape* (Claudio Biern sobre los tebeos escritos por José Escobar, 2003–2005, Disney Channel) o *Maitena: Estados Alterados* (Eva Lesmes sobre personajes de Maitena Inés Burundarena, 2008–2010, La Sexta).

Tiene lógica que en este nuevo contexto proliferen las adaptaciones de novelas policíacas protagonizadas por detectives. Recuérdese, las adaptaciones de *Petra Delicado* (Julio Sánchez Valdés sobre las novelas de Alicia Giménez Barlett, 1999, Tele 5), *Pepe Carvalho* (Enrique Urbizu y otros/Manuel Vázquez Montalbán, 1999, Tele 5), *Quart. El hombre de Roma* (basado en los personajes de *La piel del tambor,* de Arturo Pérez-Reverte, 2007, Antena 3) o *Víctor Ros* (creado por la pluma de Jerónimo Tristante, 2015, TVE).

Y en la misma frecuencia han proliferado las adaptaciones de argumentos de base delictiva o criminal. Justamente en este territorio se han producido algunas de las adaptaciones más reconocidas; empezando por la exitosa *Fariña,* una serie sobre el origen del narcotráfico en las costas de Galicia basada en el libro homónimo de Nacho Carretero (2018, Antena 3). Y, sobre todo, la adaptación que se

---

2   En este marco, autores españoles han sido adaptados por cadenas televisivas de otros lugares. Es el caso de Arturo Pérez-Reverte con las versiones estadounidenses de *La Reina del Sur* (*Queen of the South* 2016–2018) o de Almudena Grandes cuya novela *Atlas de Geografía Humana* fue adaptada por la televisión chilena con el título de *Geografía del Deseo* (2004).

hizo de *Crematorio*, la novela de Rafael Chirbes y fundamento de la serie homónima (Jorge Sánchez Cabezudo, 2010, Canal +), considerada en muchos lugares como la más sólida de todas las series las realizadas en los últimos veinte años. Desde luego, en estos casos, la noción de fidelidad no supone un valor relevante. En una entrevista Chirbes lo dejaba bien claro: "La serie, sí, bueno, pues es otra cosa... Han cogido la novela y han hecho su lectura [...] La televisión necesita tensión e intriga, son lenguajes y cosas distintas" (Hermoso 2011).

Una vuelta de tuerca al eje de la fidelidad se da en la adaptación de *La Reina del Sur*, una novela publicada por Arturo Pérez-Reverte en 2002. Con ese material original las emisoras Antena 3 (España) y Telemundo (Estados Unidos en lengua española) realizan una coproducción internacional que se presenta a los espectadores en dos versiones: en España se emitieron trece episodios de unos 45 minutos cada uno, en Estados Unidos y otros países latinos de América la serie se convirtió en telenovela de 63 episodios. Ambos trabajos se vieron a lo largo de 2011. Huelga decirse que cualquier trabajo analítico unificador de la adaptación de *La Reina del Sur* será baldío, y ello porque las reglas estilísticas de una serie de *prime time* no coinciden de ninguna manera con los de una telenovela. También resulta obvio que lamentarse por la fidelidad perdida tiene un fundamento un poco inasible, pues: ¿cuál es el original? ¿Lo que se vio en España o lo emitido en América?

El paulatino acomodo de las adaptaciones a intereses comerciales, con el correlato de aumento de ejemplos de adaptación de literatura popular, no es el único cambio observable en los últimos años. Ni siquiera podemos vislumbrar que sea el de mayor calado. Hasta se podría hablar de la irrupción de un nuevo 'género' audiovisual que combina las estrategias televisivas con los procesos de la convergencia mediática y del nuevo ecosistema comunicativo. El efecto que ahora se trastoca completamente el ancestral binomio de literatura adaptada y televisión. Las cadenas españolas han puesto en escena proyectos observables.

Un caso inicial fue *El tiempo entre costuras*, la novela publicada por María Dueñas en 2009. Las cifras publicitadas indican que el volumen consiguió más de un millón de ventas y se ha traducido a dos docenas de lenguas. No solo fue uno de los mayores *best sellers* en lengua castellana de los últimos años, sino que en general tuvo buenas críticas. Un año más tarde Antena 3 adquirió los derechos para su adaptación a la pequeña pantalla. La editorial y la estación televisiva son propiedad del mismo grupo multimedia (Planeta). La serie *El tiempo entre costuras* apareció en la pequeña pantalla entre octubre de 2013 y enero de 2014 (once episodios de unos 80 minutos, dirigidos por Iñaki Mercero y otros) con éxito de audiencia y buenas críticas televisivas. En los años ochenta, si alguien se le hubiera ocurrido comprar los derechos de una novela de éxito se hubiera producido y emitido sin más. Ahora ya no es así. No me refiero a las inevitables e imprescindibles operaciones desde la parrilla: programas especiales después de la emisión de los capítulos, difusión de los contenidos de las tramas en multitud de otros espacios en diversos horarios. Es algo más amplio que tiene que ver con la convergencia de medios y las potencialidades y maneras con las que una adaptación puede circular por la red. *El tiempo entre costuras* es pionera en su utilización de las redes sociales para coadyuvar con la adaptación televisiva. Aun hoy puede comprobarse que su Facebook tiene más de cien mil seguidores.

Más recientemente una serie como *La catedral del mar*, sobre la novela del mismo título de Ildefonso Falcones que vendió un millón de ejemplares, fue puesta en antena por un acuerdo entre TVE y la catalana TV3 (2018). El texto audiovisual resulta aceptablemente igual en sus versiones en castellano y catalán, pero las páginas web creadas por las emisoras son distintas: en catalán por TV3 (http://www.ccma.cat/tv3/la-catedral-del-mar/) o en castellano por Antena 3 (https://www.antena3.com/series/la-catedral-del-mar/). Como anécdota puede añadirse que, en la web de Antena 3, un concurso tiene como premio que los ganadores se llevarán un libro firmado por el autor de la novela.

Y tal vez no sea ocioso finalizar este ensayo reseñando que la plataforma internacional en *streaming* HBO ha anunciado que su primera producción original para España será la adaptación de la novela *Patria,* escrita por Fernando Aramburu, uno de los últimos grandes éxitos españoles de crítica y ventas. Y lo hará con la dirección del argentino Pablo Trapero, ganador de los principales premios del cine argentino o español.

Bibliografía

Ansón, A. et al. (2010) *Televisión y Literatura en la España de la Transición (1973–1982)*. Zaragoza: Institución Fernando el Católico.

De Felipe, F. / Gómez, I. (2008) *Adaptación*. Barcelona: Trípodos.

Fernández, L. M. (2014) *Escritores y televisión durante el franquismo*. Salamanca: Universidad de Salamanca.

Gallo, I. (2011) "Pérez-Reverte reniega de *La Reina del Sur*", *El País* (02.06.2011), consultado en http://elpais.com/diario/2011/06/02/radiotv/1306965606_850215.html.

Hermoso, B. (2011) "Fuego real en el 'crematorio' de Chirbes", *El País* (07.03.2011), consultado en http://elpais.com/diario/2011/03/07/cultura/1299452402_850215.html.

López, O. (2006) "Cine y literatura, una historia de amor", *Qué leer* 111, 4.

Palacio, M. (2012) "Enseñar deleitando. Las adaptaciones literarias en televisión", *Cuadernos de la Academia* 11/12, 519–537.

Quaggio, G. (2014) *La cultura en transición.* Madrid: Alianza Editorial.

Rodríguez Pastoriza, F. (2003) *Cultura y televisión.* Barcelona: Gedisa.

IV. La literatura hispánica en el ámbito transnacional

Matthias Hausmann

Viejos fantasmas europeos en un texto español contemporáneo: *Los enamoramientos* de Javier Marías

Javier Marías es un ejemplo *par excellence* de un artista transnacional, tema que nos ocupa en este volumen, pues además de ser escritor es traductor. Entre otros libros tradujo *Tristram Shandy*, traducción recompensada por el "Premio Nacional de Traducción" (cf. Neuschäfer 2011: 217). También en sus novelas aparecen varios traductores; el ejemplo más conocido es, sin duda, el narrador de *Corazón tan blanco*, un intérprete que manipula a través de traducciones intencionalmente falseadas una conversación entre Margaret Thatcher y Felipe González. Esta manipulación es solo una entre muchas en los textos de Marías, que casi siempre son manipulaciones mediante palabras –y por eso es tan importante que todos los narradores de sus novelas tengan profesiones estrechamente ligadas a la lengua y se ocupen constantemente del significado de las palabras–.[1] Desde este punto de vista María, la relatora de *Los enamoramientos*, es una narradora típica de Marías aunque es la primera vez que una mujer cuenta una novela suya: no solo es una yo-narradora, como casi todos sus narradores, sino también se ocupa profesionalmente de la lengua, trabaja en una editorial. Esto ya insinúa, además, la importancia de la literatura en esta obra de 2011, que será decisiva para mis reflexiones.

Pero antes de profundizar en estas reflexiones quisiera recordar rápidamente el argumento de *Los enamoramientos*, cuya trama comienza con la matanza brutal y aparentemente gratuita de Miguel Deverne. María, quien siempre observaba a Deverne y a su esposa Luisa en un café, empieza una relación con el mejor amigo de la víctima, Javier Díaz-Varela, quien resulta estar enamorado de la viuda. Por casualidad, María se entera de que Díaz-Varela ha organizado la matanza de Miguel; horrorizada, lo evita los próximos días, hasta que Díaz-Varela la invita a su casa y admite haber planeado el asesinato. Pero afirma que Miguel estaba

---

1   Cabe recordar que además del narrador de *Corazón tan blanco*, quien es intérprete, el de *Mañana en la batalla piensa en mí* es guionista y *ghostwriter*, el de *Todas las almas* imparte cursos universitarios de traducción y es también el relator de *Tu rostro mañana*, donde analiza declaraciones verbales, etc.

grave e incurablemente enfermo y como no quería morir en un hospital, pidió
a Díaz-Varela, siempre según este, que fuera matado para morir rápidamente,
sin sufrir y sobre todo sin saber que su última hora ya había llegado. María no
está segura si creer esta explicación o considerarla una mentira con la que Díaz-
Varela quiere engañarla, pero no logra averiguar sustancialmente más sobre el
caso y tampoco insiste. Dos años más tarde vuelve a ver a Díaz-Varela junto con
Luisa, con la que está casado entretanto; como antes, María desiste de decirle
algo a Luisa sobre el involucramiento de Díaz-Varela en el asesinato de su primer
esposo.

Abundan en *Los enamoramientos*, como en muchos textos de Marías, referencias a Shakespeare,[2] en este caso sobre todo a *Macbeth*. Sin embargo, parecen
aún más interesantes e instructivas las referencias a dos obras francesas que se
citan varias veces y pueden considerarse los intertextos centrales de la novela: *Le
colonel Chabert* de Balzac y *Les trois mousquetaires* de Alexandre Dumas. En
ambas novelas del siglo XIX se relata el retorno de un muerto: en el texto de Balzac regresa contra toda expectativa el coronel Chabert, en el de Dumas Mylady
de Winter y ambos personajes influyen después de su regreso decisivamente en
la vida de los que los habían creído muertos. En este sentido, ambos intertextos
reflejan el tema principal de *Los enamoramientos*, pues Miguel también regresa
en cierta manera porque no solo influyen fuertemente los nuevos conocimientos sobre su muerte en la vida de María y su relación con Díaz-Varela, a quien
abandona, sino también marca su recuerdo cada instante de la vida de Luisa así
como la de Díaz-Varela.

Por lo tanto, los dos textos pueden considerarse *mises en abyme* puesto que
reflejan el tema que domina esta novela de Marías –y también otros libros suyos–:
la influencia, o quizás más bien la sombra, que procede de un muerto y persigue
a los vivientes y se sintetiza en la palabra inglesa "to haunt", decisiva en *Mañana
en la batalla piensa en mí*, donde el narrador repetidas veces reflexiona sobre esta
palabra, para la cual no encuentra ninguna traducción española adecuada.[3] Este

---

2   Las frecuentes referencias a obras de Shakespeare se explican particularmente por los
    temas que dominan las novelas de Marías y que también marcan las obras del drama-
    turgo inglés: la fidelidad, el azar, la vida en el recuerdo de los demás, la violencia, la
    sospecha y la traición (cf. Pozuelo Yvancos 2014: 33s. y Neuschäfer 2011: 222).
3   Cf. las explicaciones que da el narrador Víctor sobre este concepto, que parece también
    una obsesión de su autor (Marías 2009: 83, acentuaciones en el texto original): "Hay
    un verbo inglés, *to haunt*, un verbo francés, *hanter*, muy emparentados y más bien
    intraducibles, que denominan lo que los fantasmas hacen con los lugares y las personas
    que frecuentan o acechan o revisitan; también, según el contexto, el primero puede
    significar *encantar*, en el sentido feérico de la palabra, en el sentido de *encantamiento*, la

término expresa exactamente su preocupación, que es a la vez el motivo central de tantas obras de su autor: ¿qué queda de una persona muerta? La respuesta que se desprende de los textos de Marías trasluce un interesante doble fondo: mientras que, por un lado, sus enteras propiedades materiales pierden con la muerte enseguida todo su valor y aún más toda significación,[4] por otro lado, el muerto queda mentalmente muy presente para los vivientes durante un largo lapso de tiempo; su imagen influye a largo plazo en la vida de los otros como Marías indica ya en *Mañana en la batalla piensa en mí* y como lo desarrolla sobre todo en *Los enamoramientos*. Sin embargo, en este último texto, *Le Colonel Chabert* ilumina también otro aspecto clave del argumento: "la manera cómo los vivos terminan deshaciéndose de los muertos" (Pozuelo Yvancos 2014: 36), y es con esta intención con la que cuenta Díaz-Varela a María en un largo monólogo el *plot* de la novela corta de Balzac. De esta manera, *Le Colonel Chabert* sirve una segunda vez como *mise en abyme*.

En las páginas que siguen quisiera discutir por qué Marías hace un uso tan intenso del procedimiento de la *mise en abyme* en *Los enamoramientos* y por qué escoge precisamente los dos textos franceses mencionados para ello. Presentaré primero una hipótesis para cada uno de los textos y las combinaré después. Para la primera hipótesis, que se refiere a *Le Colonel Chabert*,[5] cabe recordar al principio que una *mise en abyme* pone el acto de narrar en el primer plano.[6] Con esa acentuación de la narración la *mise en abyme* ya marca distancias con el realismo tradicional y el "Transparenzphantasma", que lo caracteriza según

---

etimología es incierta, pero al parecer ambos proceden de otros verbos del anglosajón y el francés antiguo que significaban *morar, habitar, alojarse* permanentemente [...]".

4   El narrador de *Mañana en la batalla piensa en mí* refleja largamente sobre este proceso y comenta entre otras cosas (Marías 2009: 43): "la muerte [...] que a todo afecta, lo que era útil y formaba parte de la historia de alguien pasa en ese momento único a ser inútil y a carecer de historia, ya nadie sabe por qué, o cómo, o cuándo fue comprado aquel cuadro o aquel vestido o quién me regaló ese broche [...]; cuanto tenía significado y rastro lo pierde en un solo instante y mis pertenencias todas se quedan yertas y, incapacitadas de golpe para revelar su pasado y su origen".

5   En cuanto a este texto uno puede preguntarse si el relato de Balzac no tiene también un atractivo especial para Marías por razones de su historia familiar: cuenta en *Negra espalda del tiempo* como un antepasado suyo sobrevivió por milagro un fusilamiento y es capaz de liberarse después trepando sobre muchísimos muertos, lo que recuerda el destino del coronel francés.

6   Para profundizar en la manera en la cual una *mise en abyme*, como otros procedimientos paradójales, pone el acto de narrar en relieve y se opone a una narración tradicional véanse las observaciones pertinentes en Grabe/Lang/Meyer-Minnemann (2006).

Andreas Mahler (2013: 30): su intento de encubrir la instancia narrativa y en general todas las condiciones mediáticas que necesariamente forman parte de cada ficción. Para este distanciamiento la *mise en abyme* parece particularmente apropiada ya que es un procedimiento especular, es decir, basado en el símbolo por antonomasia del realismo, el espejo.[7] Marías lucha en todas sus obras contra el realismo tradicional[8] y utiliza para este objetivo también su metáfora célebre procedente de Stendhal, como lo demuestra particularmente el inicio de *Corazón tan blanco*. Comienza esta novela con el suicidio de Teresa, quien se mata delante del espejo del cuarto de baño; cuando la familia encuentra a la muerta, la mirada de uno de los caracteres, y con ella la mirada del lector, se dirige al espejo (Marías 1997: 13):

> Uno de los invitados no pudo evitar mirarse en el espejo a distancia y atusarse el pelo un segundo, el tiempo suficiente para notar que la sangre y el agua (pero no el sudor) habían salpicado la superficie y por tanto cualquier reflejo que diera, incluido el suyo mientras se miró.

Este espejo lleno de sangre, que, por lo tanto, refleja una imagen desfigurada, se puede considerar poetológicamente un rechazo a un realismo ingenuo que se basa en técnicas del siglo XIX e insinúa la posibilidad de representar objetivamente lo ocurrido. En esta perspectiva se pone de manifiesto que en su novela de 2011 Marías escoge como intertexto una *nouvelle* de uno de los autores realistas más influyentes para agudizar esta crítica.

Se podría hablar de un ataque doble contra la poética del realismo: primero, Marías atenta contra el ya mencionado "Transparenzphantasm" del realismo y sobre todo su encubrimiento del acto enunciativo. En sus textos el acto de narrar ocupa un rol primordial, es quizás el tema más importante de Marías, quien enfoca sobre todo el poder del narrador. Desde esta perspectiva es altamente significativo el hecho, mencionado antes, de que tradujo entre otras obras *Tristram Shandy*, que además califica de su "libro favorito" (Marías 2007: 362–365) –una

---

7 Para la metáfora del espejo siguen siendo de alto interés las reflexiones de Erich Köhler (1987: 26–28).

8 Este rechazo del realismo y sus procedimientos ya marca su primera novela, *Los dominios del lobo*, como lo revela un prólogo agregado años después, donde Marías explica cómo el origen de la obra se debe a una refutación "de los métodos a lo Zola" (Marías 2001: 7). 40 años más tarde, en *Los enamoramientos*, esta postura crítica contra el realismo no ha cambiado en absoluto, como indica una sátira que se dirige otra vez contra Zola (Marías 2011: 41): "[un autor de la editorial de María] era como Zola y algún otro: hacía lo imposible por vivir lo que imaginaba, con lo cual todo sonaba en sus libros artificioso y trabajado".

obra en la cual el acto de narrar tiene una importancia fundamental–.[9] Tal poder del relator se comenta en todas las obras del autor madrileño; por ejemplo, en *Mañana en la batalla piensa en mí,* Víctor no se cansa de explicar que "el mundo depende de sus relatores" (Marías 2009: 176 y 286); siguiendo su opinión son únicamente los narradores quienes deciden cómo sus propias experiencias, pero también experiencias ajenas o incluso inventadas llegan al oyente. Víctor ilustra esta convicción, entre otras ocasiones, en un comentario iluminativo sobre los pensamientos que él atribuye a Marta antes de morir ella (Marías 2009: 260, mi acentuación): "Qué sabía yo lo que se le había pasado por la cabeza, pero lo dije, era yo quien contaba".[10] Esto implica un poder enorme del narrador, que también se comenta varias veces en *Los enamoramientos* –donde el acto de narrar es otra vez decisivo–, como se pone de manifiesto en el siguiente comentario de María acerca de la confesión de Díaz-Varela sobre las razones del asesinato de Miguel (Marías 2011: 303): "[…] se depende siempre de quien nos cuenta algo, éste decide por dónde empieza y cuando para, qué revela y qué insinúa y qué calla, cuándo dice verdad y cuándo mentira o si combina las dos y no permite reconocerlas […]".

Como ya lo indican estas citas, el poder del narrador implica también el poder de falsear su relato; siempre puede manipular lo que dice.[11] Esto pasa en

---

9   El hecho de que "Marías hails [Laurence Sterne's adage that digression is a sort of progression] famously as 'one of the most fertile narrative formulas'" (Vandaele 2018: 452) no solamente proporciona una caracterización oportuna del estilo de sus obras, sino que es también una decidida demostración de este poder del narrador que juega asimismo en *Los enamoramientos* un papel fundamental. Sobre todo en esta perspectiva es tan llamativo que el narrador intradiegético más importante, Díaz-Varela, que personifica el poder de la narración, tiene el aspecto del propio Marías (cf. Possi 2014: 157s. y Pérez Gracia 2011: "El propio autor presta su rostro al personaje de Díaz-Varela"). Hay que agregar que también la narradora extradiegética, María, aunque es mujer, tiene obvias facetas del exterior del autor empírico (cf. Possi 2014: 155–159) y no puede no notarse que su nombre, María, evoca asimismo el del autor –como el de Javier Díaz-Varela–.

10   Esta cita que enfoca Marta, muerta en las primeras páginas de la novela, es también otro indicio que para Marías el poder del narrador es en muchos casos un poder de los vivientes sobre los muertos –este aspecto está también muy presente en *Los enamoramientos,* por ejemplo cuando comenta Díaz-Varela (Marías 2011: 162): "hay una sensación grata de supervivencia y de mejor perspectiva, de ser uno quien asista a la muerte del otro y no a la inversa, de poder contemplar su cuadro completo y al final contar la historia" –.

11   Este poder del narrador así como su posibilidad de tergiversar los acontecimientos son en *Mañana en la batalla piensa en mí* como en *Los enamoramientos* también tan

Los enamoramientos y justamente en relación con el primer intertexto: Díaz-Varela traduce las últimas frases de *Colonel Chabert* para María y cambia un detalle importante como comprueba María más tarde cuando lee el texto original. Como muchos otros puntos en este libro queda insoluble si la traducción errónea se debe a una equivocación o negligencia por Díaz-Varela –o si él la comete deliberadamente para reforzar su modo de argumentar–.[12] María sugiere esta última opción y el hecho de que Díaz-Varela, como tantas otras figuras de Marías, siempre mide muy precisa y escrupulosamente el significado de todas las palabras que utiliza también hace sospechar una deliberada traducción falsa. Esto parece aún más probable porque ya antes María se muestra convencida de que Díaz-Varela quizás no ha inventado su versión del contenido de la *nouvelle* de Balzac, pero "seguramente sí interpretada o tal vez tergiversada" (Marías 2011: 159). Tenemos aquí, por lo tanto, otro ejemplo de las manipulaciones mediante la lengua tan esenciales en la obra de Marías, que mencioné al principio de este artículo.

Este primer punto, el poder del narrador y su capacidad de manipular, nos lleva directamente al segundo aspecto del ataque de Marías contra el realismo, que se centra, esta vez, en el concepto de "una sola realidad", que promueve el

---

grandes porque ambas novelas se centran en eventos cuyas verdaderas circunstancias las conoce solo una persona, el respectivo narrador: de las últimas horas de Marta y de Eva en la novela de los años 90 y de la conversación entre Deverne y Díaz-Varela (¡si tal conversación tuvo lugar!) en *Los enamoramientos* solo pueden dar testimonio Víctor, Deán o Díaz-Varela respectivamente. Hay que agregar, además, aunque no es posible profundizarlo en el marco de este artículo, que en el entender de Marías las evocadas tergiversaciones por parte de los narradores no se explican necesariamente todas por malos propósitos. Otra razón altamente importante se encuentra en la insuficiencia de la lengua misma, el único instrumento del que disponemos para narrar lo que nos aconteció; la lengua no es capaz de describir eventos objetivamente, pues las palabras mismas no son objetivas y aún menos precisas, como subraya Marías en una frase de *Mañana en la batalla piensa en mí* que vuelve casi literalmente en *Negra espalda del tiempo*, lo que subraya su importancia para el autor: "las palabras son casi siempre retóricas o excesivas o metafóricas y por lo tanto inexactas" (2009: 312–313) y "la palabra –incluso la hablada, incluso la más tosca– es en sí misma metafórica y por ello imprecisa" (1998: 10) respectivamente. Cf. también Pérez-Carbonell (2016: 14): "not only our perception of reality deceives us but also, the only instrument to reproduce it, language, plays an important role in failing to represent reality accurately".

12 Cf. Marías (2011: 180): "Al llegar al final de la novela [...] me llamó la atención que [Díaz-Varela] hubiera incurrido en un error de traducción, o acaso era que había entendido mal, tal vez involuntariamente o tal vez a propósito para cargarse aún más de razón [...]".

realismo clásico con su narrador omnisciente. Marías no deja de mostrar que tal realidad única no existe, no puede existir, porque cada uno tiene su propia versión de los hechos. Tal versión propia es inevitable en su entender debido a la "permanently partial experience of reality in life" (Pérez-Carbonell 2016: 12) que compartimos todos y que impide ver "la realidad" en su "totalidad".[13] Por eso hay necesariamente varias realidades que dependen menos de los hechos en sí, y más de la manera en cómo los percibimos y esta manera depende a su vez mucho de cómo nos enteramos de los hechos (cf. Possi 2014: 148–149). Esto significa que, excepto para las experiencias propias, desempeña un papel fundamental quién nos cuenta un evento y con qué finalidad, lo que subraya otra vez la importancia del acto de narrar.[14] Pero hay más: estas realidades individuales no solo se nutren de relatos sobre verdaderos acaecimientos, sino también de ficciones, lo que es otra razón para el rol importante de los intertextos franceses en la novela de Marías. Antes de volver a este aspecto voy a presentar la hipótesis correspondiente al segundo de estos intertextos, *Les trois mousquetaires*.

Marías parece integrar esta novela de Alexandre Dumas en la suya para contrastar su propio texto sobre crímenes abyectos, la persecución de estas fechorías y su punición con ejemplos clásicos de tales obras del siglo XIX, iluminando de esta manera la especificad de su propia versión. Mientras que los héroes de Dumas actúan para lograr sus metas, y sobre todo para castigar a los "malos", lo que subraya el destino de Mylady de Winter, que está en el centro de los pasajes referidos de *Les trois mousquetaires*, los protagonistas del texto de Marías solo escuchan. Contra la actividad de los héroes de las novelas de aventuras del siglo XIX, de Dumas, Verne o Salgari, Marías pone la pasividad de sus protagonistas. También bajo este ángulo es llamativa la escena de *Les trois mousquetaires* citada en *Los enamoramientos*, en la que Athos cuelga a su mujer: una acción, quizás precipitada, pero rotunda (Marías 2011: 267: "sin dudar, sin atender a razones ni buscar atenuantes"), que contrasta fuertemente con las profundas dudas que

---

13 El hecho de que nuestros conocimientos de la realidad son siempre solo parciales encuentra una expresión rotunda en muchas obras de Marías con escenas en las cuales los protagonistas escuchan algo sin ver nada (p. ej. la confesión de Ranz en *Corazón tan blanco*) o ven algo sin oír nada (p. ej. la película sin sonido durante la agonía de Marta en *Mañana en la batalla piensa en mí*).

14 Herzberger analiza este aspecto para *Corazón tan blanco* y *Mañana en la batalla piensa en mí*, pero sus resultados valen también para todas las otras obras de Marías y también *Los enamoramientos*: son todos textos en los cuales el autor madrileño muestra "the way in which storytelling lies at the heart of how we construct our understandig of the world". (Herzberger 2011: 139)

caracterizan a los protagonistas de Marías e impiden cualquier procedimiento activo.

Para mostrar que esta pasividad no es algo nuevo en la obra de Marías, quiero volver al comienzo de *Corazón tan blanco*; la primera frase de la novela es la siguiente (Marías 1997: 11):

> No he querido saber, pero he sabido que una de las niñas, cuando ya no era niña y no hacía mucho que había regresado de su viaje de bodas, entró en el cuarto de baño, se puso frente al espejo, se abrió la blusa, se quitó el sostén y se buscó el corazón con la punta de la pistola de su propio padre, que estaba en el comedor con parte de la familia y tres invitados.

Con este comienzo, "no he querido saber, pero he sabido", se ve una pasividad del héroe, que no busca verdaderamente nuevos conocimientos (cf. también Neuschäfer 2011: 218)[15] –y es significativo que es su mujer, quien al final instiga a Ranz a descubrir la verdad mientras que el narrador escucha escondido–.

Tal pasividad también se puede comprobar en María (aunque al principio sí quiere indagar, mediante informes de periódicos y buscando el contacto con Luisa, las circunstancias de la muerte de Miguel), que también solo por casualidad se entera de la maquinación del asesinato. Asimismo su pesquisa que sigue al descubrimiento que el asesinato de Miguel no fue casual revela una actitud detectivesca particular, porque María, como todos los otros "detectives" de Marías, no examina lugares o comprueba indicios, sino que se limita a analizar declaraciones. Por ejemplo, se pregunta si "los términos excesivamente profesionales en boca de Díaz-Varel" (Marías 2011: 359) son más bien un argumento a favor o en contra de la verdad de su versión de la historia. Esta búsqueda de la verdad, que se basa en la exacta examinación de declaraciones, palabras y expresiones, se acerca notablemente a la hermenéutica literaria y de esta manera, pone en relieve el carácter autorreflexivo de todas las obras de Marías –que es particularmente manifiesto en *Los enamoramientos* por la fuerte intertextualidad de la que me ocupo en esta contribución–. De esta manera, la actuación de María recuerda el procedimiento de Isidro Parodi, el célebre detective de Borges y Bioy Casares, que asimismo se limita (y tiene que limitarse por su situación como preso) a examinar los relatos sobre crímenes que otros le cuentan. Es interesante notar que en los dos casos, en los cuentos sobre Isidro Parodi como en la novela que analizo aquí y que ambos agudizan el trabajo racional de los detectives clásicos

---

15 Además es interesante que esta primera frase de la novela ponga de manifiesto una diferencia reveladora entre el narrador y el lector, porque el lector sí quiere saber lo que pasó –es por eso que abre una novela–.

hasta un análisis meramente literario, se introduce una ambigüedad que caracteriza en general los *hard boiled novels*, que substituyen el trabajo puramente mental de los detectives por su actuación activa, totalmente inexistente en los textos de Marías y Bioy Casares/Borges.[16] Se trata primero de una ambigüedad mental porque la cuestión del culpable queda sin solución segura; cabe recordar que las "soluciones" de Parodi nunca son totalmente fiables, a pesar de su aparente inevitabilidad: queda siempre una última duda que no solo se debe a la falta total de una confirmación de sus conclusiones por hechos exteriores, sino sobre todo al hecho de que Parodi, a pesar de su supuesta genialidad, no es capaz de probar su propia inocencia lo que daña fuertemente su credibilidad y por lo tanto también la de sus abducciones. Esta ambigüedad adquiere un aspecto altamente moral en el caso de Marías porque es difícil juzgar el comportamiento de Díaz-Varela siempre que su versión de los hechos es la verdad: ¿tiene el derecho de corresponder a un deseo como lo formuló Desverne y además de una manera tan brutal?

Con esta ambigüedad moral, que marca también muchas otras obras de Marías, *Los enamoramientos* se aleja ya del modelo de los relatos de Isidro Parodi, a los cuales se ha acercado tanto gracias al carácter autorreflexivo mencionado, y hay que agregar que también la protagonista de la novela de Marías se distingue llamativamente del "penado de la celda 273" de Borges y Bioy Casares: mientras que Parodi puede considerarse con toda razón un detective, María declara que "mi espíritu no es detectivesco, o no lo es mi actitud" (Marías, 2011: 355). Esta caracterización la une otra vez a Víctor de *Mañana en la batalla piensa en mí*, quien se describe también como pasivo (Marías 2009: 166), subrayando que los protagonistas de Marías son, como mucho, detectives contra su voluntad que se distinguen, además de por su gran interés por la lengua y peculiaridades lingüísticas, por cierta indolencia.

Ahora bien, combinando las dos hipótesis podría decirse que *Los enamoramientos* muestra "una pesquisa pasiva", tan típica de las obras de Marías, que consiste en examinar relatos. Sin embargo, a causa del poder del acto narrativo y su potencial de falsear evocado antes, tal búsqueda de la verdad en los relatos de otros casi necesariamente tiene que quedar sin resultados seguros. Esto se manifiesta en esta novela: no hay ninguna duda de que Díaz-Varela maquinó la matanza de Miguel, pero no puede decidirse si lo hizo por motivos nobles o por

---

16 Cf. también Possi (2014: 161): "la actitud pasiva, pero al mismo tiempo sutil y ambiguamente indagatoria, de la mayoría de sus narradores [los de Marías], que casi nunca actúan [...]".

razones ignominiosas. Y esto no es todo: Marías ensancha el tema –argumenta
que por tales falseamientos de relatos es casi imposible para alguien que no vive
personalmente un acontecimiento, distinguirlo de un cuento ficticio–. Por lo
tanto, dentro de la novela el relato de Díaz-Varela sobre las circunstancias de la
muerte de Miguel no tiene más valor de verdad que la novela corta de Balzac,
como comenta finalmente María (Marías, 2011: 331):

> [Diaz-Varela había dicho:] "Es una novela y lo que ocurre en ellas da lo mismo y se
> olvida, una vez terminadas." Quizá pensaba que con los hechos reales no sucedía así,
> con los de nuestra vida. Probablemente sea cierto para el que los vive, pero no para
> los demás. Todo se convierte en relato y acaba flotando en la misma esfera, y apenas se
> diferencia entonces lo acontecido de lo inventado. Todo termina por ser narrativo y por
> tanto por sonar igual, ficticio aunque sea verdad.[17]

Así, para un carácter dentro del universo diegético las narraciones de otros
caracteres y las novelas referidas, que ambas introducen un nivel metadiegético,
parecen tener *a priori* el mismo fondo de verdad. Esta parece ser la razón principal por qué Marías, al lado de todos los intertextos literarios, siempre integra
largas confesiones de sus figuras en sus novelas, y esta combinación instiga al
lector a preguntarse si en el mundo real no es también así, si la declaración de
María no vale también para nosotros: ¿somos capaces de distinguir entre relatos
sobre acontecimientos verídicos y ficciones o no podemos establecer una diferencia segura? Marías, ya por su convicción mencionada antes, de que cada "realidad" solo puede ser parcial e individual, claramente tiende a la segunda opción
y "equates all narrations with fictional stories" (Pérez-Carbonell 2016: 15).

Esta pregunta es solo una de las que el lector de *Los enamoramientos* tiene que
hacerse; otra importante es evidentemente la ya evocada cuestión de si la versión
de Díaz-Varela sobre el pedido de Miguel es la verdad o no, y en este caso una

---

17 Hacia el final de la novela María repite este pensamiento subrayando su importancia –y
otra vez precede directamente una alusión al *Colonel Chabert* (Marías 2011: 361)–: "Lo
que alguien nos cuenta siempre se parece a ellas [las novelas], porque no lo conoce-
mos de primera mano ni tenemos la certeza de que se haya dado, por mucho que nos
aseguren que la historia es verídica, no inventada por nadie sino que aconteció". Es llamativo que se integre en la novela también un pasaje, otra vez en relación con el evento
central –la matanza de Miguel–, que exprime claramente que incluso el testimonio
de varias personas no garantiza más credibilidad para hechos que no vimos nosotros
mismos (Marías 2011: 48: "los testimonios de los vecinos volvían a ser discrepantes,
como sucede siempre que se pide o se confía un relato a más de una persona"), lo que
problematiza aún más la posibilidad de obtener una versión fiable de acaecimientos
que no vivimos personalmente.

respuesta segura resulta definitivamente imposible (cf. también Pozuelo Yvancos 2014: 43). Existe una "concurrencia de las versiones" para retomar una constatación acertada de Pedro Luis Barcia sobre el cuento "El perjurio de la nieve" de Adolfo Bioy Casares (2011: 24), con la que la novela de Marías no solo comparte la búsqueda de una verdad sobre una muerte misteriosa que se efectúa solamente en la investigación de declaraciones, sino muchos rasgos más. Esta concurrencia de las versiones debe instigar a la protagonista, así como al lector, a decidirse por una de las dos soluciones, pero al mismo tiempo está construida de tal manera que tal decisión nunca puede tomarse de manera terminante.

En el nivel intradiegético esta incertidumbre sobre la culpa real o solamente presumida de Díaz-Varela puede ser muy desagradable, como lo muestra el ejemplo de María,[18] pero focalizando otro nivel se revela un lado positivo que prueba el carácter metaliterario de esta obra de Marías, que ya constatamos en cuanto a la búsqueda detectivesca tan acercada a la hermenéutica: el madrileño deja claro que generar tales dudas es un prerrequisito imprescindible de una lograda narración porque (solo) así el narrador se asegura del interés continuo de su interlocutor, como lo sugiere la narradora-protagonista con una de sus últimas reflexiones (Marías 2011: 394):

> Bastaría con que me levantara y me acercara a su mesa [la de Díaz-Varela y de Luisa] y le dijera [a Díaz-Varela]: "Vaya, al final lo conseguiste, quitar de en medio el obstáculo sin que ella haya sospechado." No tendría que añadir nada más, ni dar ninguna explicación, ni contar la historia entera, me daría media vuelta y me iría. Sería suficiente con eso, con esas medias palabras, para sembrar el desconcierto en Luisa y que ella le pidiera cuentas muy arduas. Sí, es tan fácil introducirle la duda a cualquiera.

Así no puede sorprender que las obras de Marías se caracterizan por la creación de dudas, como lo constata también Marta Pérez-Carbonell (2016: 8): "Uncertainty is certainly intrinsic to the very nature of the style of Marías". En este punto

---

18 Sin embargo, es altamente llamativo que para el Miguel de la versión de Díaz-Varela, el Miguel mortalmente enfermo, la incertidumbre sea enormemente preciosa (Marías 2011: 345): "[Prefiero seguir] sobre todo con la incertidumbre, la incertidumbre es lo único que me puede ayudar". Díaz-Varela agrega además que ayudó a Miguel a "instalarse en su salvadora incertidumbre" (Marías 2011: 348). También en *Mañana en la batalla piensa en mí* se habla de la importancia de la duda cuando tenemos que enfrentarnos a eventos horribles (Marías 2009: 65: "siempre ha de haber lugar o hueco para la duda") y estas recurrencias indican claramente la importancia del concepto de la duda para el arte de Marías, que en general centra sus novelas alrededor de tales eventos horribles cuya historia se conoce en el transcurso de la obra –pero casi nunca completamente…

se observa una cercanía de las convicciones literarias de Marías con las que tiene Ricardo Piglia, que subraya a su vez en una entrevista la importancia de crear incertidumbres para una literatura eficaz y destaca en el mismo momento que para tales dudas la relación entre lo real y lo no real, que tiene tanta importancia para Marías, es decisiva (Macedo Rodríguez 2013: 265–266):

> [L]a ficción, justamente, se define porque no es ni verdadera ni falsa; la ficción es esa indeterminación, que es al mismo tiempo verdadera pero no lo es, es el registro de la ficción que en la literatura encuentra su plano más exigente, [...] la ficción es esa indeterminación en el sentido de que nos produce un efecto que es el efecto de suspenso.

En estas declaraciones de Marías y Piglia vislumbra una cercanía orgánica entre una narración eficaz y el género de lo fantástico según los criterios de Todorov (para quien, como es sabido, la incertidumbre es el criterio decisivo para la literatura fantástica), la cual explica desde otro punto de vista el célebre dicho de Borges (1985: 18) "Podría decirse que la literatura fantástica es casi tautológica, pero toda literatura es fantástica".

Además es justamente esta "indecisión última" que fascina a Marías (2007: 334) en la obra de Shakespeare y entre otras obras en *Macbeth* (cf. Herzberger 2011: 140, Pérez-Carbonell 2016: 8 y Richardson 2012: 238), y con esta observación quisiera ampliar la discusión de posibles consecuencias de la combinación de mis dos hipótesis por *Macbeth*, citado frecuentemente en la novela:[19] No solo el lector sino tampoco María es capaz de decidirse si la versión de Díaz-Varela sobre el ruego de Miguel es la verdad o no; y como no quiere investigar más (clara señal de su pasividad), no hay ningún castigo para el crimen contra Miguel (salvo el contra el asesino, pero este casi no tiene importancia para el *plot* y apenas ocupa las reflexiones de María). Esta impunidad para los que maquinaron la muerte de Miguel se relaciona con *Macbeth*, donde "las fechorías que permanecen impunes" (Pozuelo Yvancos 2014: 34) desempeñan un papel central. Pero se relaciona también con los dos intertextos franceses: la impunidad en *Los enamoramientos* contrasta fuertemente con el esquema de *Les trois mousquetaires*, donde los malos tienen su justo castigo al final, pero reproduce el destino del coronel Chabert, quien no consigue justicia. Es más: el convencimiento de Balzac de una corrupción ubicua se ve transferido al mundo de hoy en día, lo que indica también que si, por un lado, la novela de Marías ataca la forma de la

---

19 Entre muchos ejemplos más que se podrían citar quisiera destacar el comentario, "She should have died hereafter" de Macbeth, que Díaz-Varela cita a María y que, a continuación, penetra los pensamientos de la joven narradora y se combina para ella de manera indisoluble con la muerte de Miguel (cf. Marías 2011: 136–137 y 216–217.).

nouvelle de Balzac, criticando su realismo como no adecuado para una narración de hoy en día, por otro lado, su mensaje se valora como todavía atinado.[20] Así Díaz-Varela comenta que "las cosas [siguen] siendo hoy como las describió [Balzac] entonces, o quizá peor" para proseguir "siempre han sido así" (Marías 2011: 173). Es interesante notar que un pensamiento de María revela que esta situación deplorable se debe no en último término a la ya discutida pasividad de los investigadores (cf. Viestenz 2013: 402), sobre todo porque María admite de plano que para ella, como para muchos otros, vale que "al fin y al cabo la justicia no es cosa nuestra" (Marías 2011: 258).

Los dos narradores centrales de nuestra novela indican, por lo tanto, que algunas cosas nunca cambian en ninguna parte lo que parece una razón importante por la que Marías integra intertextos de diferentes siglos y diferentes países:[21] subraya así que algunos libros todavía nos enseñan mucho y por cierto mucho más que la mayoría de los relatos de otras personas sobre verdaderos acontecimientos. Evoca una gran fuerza de la literatura, que está en general muy presente en sus libros y llega a un punto culminante en *Los enamoramientos*, donde no es ninguna casualidad que la primera sospecha de María de un posible crimen de Díaz-Varela se le ocurra después de su lectura del *Colonel Chabert* –un libro que hace publicar al final en su editorial. Esta publicación dentro de la ficción se ve acompañada de una publicación de la obra en la realidad por el propio Marías[22]

---

20 En general la novela de Marías puede considerarse un comentario sobre la obra de Balzac, como lo ve por ejemplo Pérez Gracia (2011), quien habla de una "apoyatura" en *Le Colonel Chabert*. Pero es más importante aún resaltar que Marías comenta permanentemente sus propios textos con sus nuevas obras. Por eso parece pertinente hablar de un "broader project" (Richardson 2012: 235), en el cual los textos se iluminan mutuamente (y la relación entre *Todas las almas* y *Negra espalda del tiempo* es solo el ejemplo más obvio), lo que, evidentemente, significa otra relación a Balzac y su *Comédie humaine*. En esta perspectiva es importante que Marías también preste el procedimiento del *retour des personnages* a Balzac, que apoya el comentario recíproco de sus textos (y además refuerza su comentario de la obra de Balzac): Ruibérriz de Torres aparece en esta novela como en otros textos de Marías y es otra vez un *ghostwriter*, es decir, una personificación *par excellence* de la combinación de las palabras (la literatura) y el engaño, que marca tantos textos de Marías y está tan presente en *Los enamoramientos*.

21 Hay que agregar que también el Covarrubias, que se cita repetidas veces, juega un rol importante en la novela y esto vale sobre todo por su definición de "envidia" que no solo todavía vale perfectamente en el mundo de hoy, como lo constata María (cf. Marías 2011: 292–293), sino también puede contener la verdad sobre el asesinato de Miguel o por lo menos dar una pista hacia Díaz-Varela al lector atento (cf. Marías 2011: 83).

22 Cf. Pérez Gracia (2011): " 'El Coronel Chabert' de Balzac, [...], cuya edición simultánea publica Reino de Redonda [la editorial del propio Javier Marías], con traducción de

y ambas deberían, junto a los aspectos debatidos, instigar al lector de *Los enamoramientos* a (volver a) leer este texto clásico.

Bibliografía

Borges, J. L. (1985) "Coloquio", en Borges, J. L. et al. *Literatura fantástica*, 13–36. Madrid: Siruela.

Balzac, H. (1964 [1844]) *Le Colonel Chabert*, ed. por Maurice Allem. Paris: Garnier.

Barcia, P. L. (2011) "Introducción biográfica y crític", en Bioy Casares, A., *La trama celeste*, ed. por Pedro Luis Barcia, 9–63. Madrid: Castalia.

Dumas, A. (1928 [1844]) *Les trois mousquetaires*. Paris: Calmann-Lévy.

Köhler, E. (1987) *Vorlesungen zur Geschichte der Französischen Literatur. Das 19. Jahrhundert II*, ed. por Henning Krauss y Dietmar Rieger. Stuttgart: Kohlhammer.

Mahler, A. (2013) "Akte narrativer Selbstermächtigung. Über transitive und intransitive Erzählmacht", en Hahn, K. / Hausmann, M. / Wehr, C. (eds.) *ErzählMacht. Narrative Politiken des Imaginären*, 21–43. Würzburg: Königshausen & Neumann.

Marías, J. (2011) *Los enamoramientos*. Madrid: Alfaguara.

Marías, J. (2009 [1994]) *Mañana en la batalla piensa en mí*. Barcelona: DeBolsillo.

Marías, J. (2007) *Literatura y fantasma*. Barcelona: DeBolsillo.

Marías, J. (2001) "Nota a la edición de 1987", en *Los dominios del lobo*, 7–16. Barcelona: Punto de lectura.

Marías J. (1998) *Negra espalda del tiempo*. Madrid: Alfaguara.

Marías, J. (1997 [1992]) *Corazón tan blanco*. Barcelona: Anagrama, 7ª edición.

Grabe, N. / Lang, S. / Meyer-Minnemann, K. (eds.) (2006) *La narración paradójica. "Normas narrativas" y el principio de la "transgresión"*. Frankfurt: Vervuert.

Herzberger, D. (2011) *A companion to Javier Marías*. Woodbridge: Tamesis.

Neuschäfer, H.-J. (2011) *Klassische Texte der spanischen Literatur: 25 Einführungen vom "Cid" bis "Corazón tan blanco"*. Stuttgart: Metzler.

Mercedes López-Ballesteros". Esta coincidencia deliberada apoya la interacción de la ficción y la realidad, que a Marías le es tan cara.

Possi, V. (2014) "Javier Marías por Javier Marías: autoficción y metanarrativa en *Negra espalda del tiempo* y *Los enamoramientos*", *Castilla. Estudios de Literatura* 5, 148–167.

Pozuelo Yvancos, J. M. (2014) "Elementos discursivos en *Los enamoramientos* de Javier Marías", *Rassegna iberistica* 37, 33–46.

Pérez Gracia, C. (2011) "Marías o las fullerías del amor", *Heraldo* (6.4.2011), consultado en https://www.heraldo.es/noticias/ocio-cultura/2011/04/07/marias-las-fullerias-del-amor-134631-1361024.html.

Pérez-Carbonell, M. (2016) *The fictional world of Javier Marías. Language and uncertainty*. Leiden / Boston: Brill.

Macedo Rodríguez, A. (2013) "Literatura fantástica y realismo: Estética y sociedad en la narrativa de Ricardo Piglia", *Latinoamérica. Revista de estudios Latinoamericanos* 56, 245–272.

Richardson, N. (2012) *Constructing Spain: The Re-imagination of Space and Place in Fiction and Film, 1953–2003*. Cranbury: Bucknell University Press.

Vandaele, J. (2018) "The Philosophy Is in the Telling: How Narrativity Embodies Cogitation in Javier Marías's *The Infatuations*", *Neophilologus* 102, 451–470.

Viestenz, W. (2013) "Everything Left to Chance: Contingency Against Ethics in Javier Marías's *Los enamoramientos*", *Modern Language Notes* 128 (2), 384–405

Romina Irene Palacios Espinoza

El traspaso hacia los confines de la metrópoli: Ritos de iniciación y la Ciudad de México en Rosario Castellanos y Guadalupe Nettel

Los ritos de iniciación, representativos del grupo de los ritos de paso, abarcan la idea de transición y se sintetizan en el traspaso de un estatus a otro mediante el desempeño de ciertas actividades. Estos ritos los define el filósofo rumano Mircea Eliade (2008: 7) como los "que tienen por finalidad la modificación radical de la condición religiosa y social del sujeto iniciado". En cuanto a algunos ritos que en su concepción sacralizada asumen capital importancia en sociedades tradicionales, Eliade llega a sentenciar que es casi inexistente su práctica en la sociedad occidental y el entorno urbano de nuestros días. Empero, da cuentas también, aunque superficialmente, de otras variantes rituales no necesariamente sacralizadas, que se adaptan a diferentes estructuras sociales y horizontes culturales diversos. Es esta última variante la que se observa en las obras seleccionadas de las autoras Rosario Castellanos ("Las amistades efímeras", 1964, y *Rito de iniciación*, 1999) y Guadalupe Nettel (*El cuerpo en que nací*, 2011), en las que se desenvuelven ritos de iniciación en el marco del *coming of age* de las figuras protagónicas.

La equivalencia en las tres narraciones se percibe en la "actuación" de la metrópoli mexicana y, específicamente, en el traspaso de sus límites marcado por las entradas y salidas de las protagonistas en/de esta en sus procesos de metamorfosis. Es así que se advierte que la Ciudad de México actúa a manera de catalizador de la búsqueda de identidad que materializa en las narraciones una metáfora territorial.

Por más que estas historias se encuentren integradas en su mayoría en el ambiente urbano de la capital mexicana, las reflexiones y las acciones de las protagonistas deambulan por los confines que demarcan la frontera entre la metrópoli (lugar que acoge, provoca una postura alienada y estimula transgresiones) y otro lugar (ya sea el de proveniencia o de residencia temporal, a veces añorado, a veces vilipendiado).

Un constante parangonar entre el circuito social de donde salieron y el que les ofrece la metrópoli mexicana u otra ciudad extranjera a la que llegan, como en el caso de la novela de Nettel, reposa sobre el reclamo de la memoria, arma de anclaje en un pasado con el cual disienten. La Ciudad de México propuesta a modo de meca de inmigración (Rosario Castellanos) y de lugar habitual con espacios de calidad heterotópica al cual se retorna (Guadalupe Nettel) se impregna en estas obras de una fuerza de atracción para todo individuo transgresor que comprende y acepta la frontera como elemento axial que imprime sus identidades.

La marca de los desplazamientos de las figuras protagónicas manifiesta una constante correspondencia con la metrópoli, la cual produce frecuentemente una sensación de fascinación antes de ser parte de ella, acentuando a su vez la perplejidad que se experimenta una vez que se ingresa. Por consiguiente, en esta contribución se reflexionará sobre la ciudad en términos de "ciudad umbral" (Stavrides 2007: 122) y su interacción con el rol simbólico que el traspaso provoca en los ritos de iniciación de las protagonistas.

1. Aproximaciones teóricas

El análisis de los ritos de iniciación en el cuento "Las amistades efímeras" y en la novela *Rito de iniciación* de Rosario Castellanos, así como en *El cuerpo en que nací* de Guadalupe Nettel, demanda indicar el planteamiento al que se suscribe el concepto de rito estimado. Respecto a este, son las acciones (reales o simbólicas) de traspaso y transgresión que conlleva las que determinan su relación con los ritos de paso estudiados por Arnold van Gennep.

Con el argumento de que "la vida individual, cualquiera sea el tipo de sociedad, consiste en pasar sucesivamente de una edad a otra y de una ocupación a otra", introduce Gennep (2008: 15) esta experiencia ritual en un proceso tridimensional que comprende una fase de separación seguida por una fase liminal, la cual antecede a una ulterior anexión a un estado de integración social. A pesar de dar la impresión de tratarse de experiencias que delinean un movimiento circular cerrado con un inicio y fin únicos, estas se extienden a lo largo de la existencia del sujeto, "de modo que la vida individual consiste en una sucesión de etapas cuyos finales y comienzos forman conjuntos del mismo orden: nacimiento, pubertad social, matrimonio, paternidad, progresión de clase, especialización ocupacional, muerte" (Gennep 2008: 15–16).

Con base en estos enunciados parte el estudio de Victor Turner (1969: 95) sobre la fase intermedia, la liminal, la cual determina la naturaleza del sujeto durante su experiencia ritual:

The attributes of liminality or of liminal *personae* ("threshold people") are necessarily ambiguous, since this condition and these persons elude or slip through the network of classifications that normally locate states and positions in cultural space. [...], their ambiguous and indeterminate attributes are expressed by a rich variety of symbols in the many societies that ritualize social and cultural transitions.

La liminalidad, el umbral a través del cual es indispensable pasar para consumar el sentido del rito de iniciación, evoca una especie de lienzo en el cual convergen el bagaje que transporta el sujeto liminal y el conjunto de nuevos atributos y conocimientos que este va a obtener y trasladar consigo a su posterior estatus. Es decir, este proceso que apela tanto a la emancipación del sujeto ritual de su anterior estatus y a la vinculación a uno posterior supone un traspaso temporal y espacial.

En su concepción como "una ciudad del espacio disputado, del espacio homogéneo, del espacio colectivizado, del espacio negociado, del espacio ancestral y del espacio insular" (Duhau / Giglia 2008: 25), la Ciudad de México motiva la reflexión a partir de las diferentes posibilidades determinadas por la "verbalización del terreno urbano" (Cziesla 1996: 243) presentadas en las narraciones elegidas. De este modo, la ciudad propone uno o varios espacios de acción y también, por intermedio de implicaciones de calibre social, histórico y cultural, es partícipe en la construcción de personajes, promueve decisiones que implican un cambio en la intriga argumental y provoca transgresiones a nivel personal en los personajes.

En los ritos de iniciación de las protagonistas de los textos seleccionados la Ciudad de México aparece como una suerte de referente predominante general y, asimismo, es figurada a través de espacios concretos (casa, complejo residencial, universidad, locales sociales, etc.) que a modo de sinécdoque (*totum pro parte*) asimilan la carga simbólica que los equipara con la metrópoli.

Es sugerente, por ello, observar la representación de la capital mexicana en los ritos de iniciación de las narraciones escogidas en su función como "ciudad umbral". Este término acuñado por Stavros Stavrides y reafirmado en lo anteriormente apuntado sobre los ritos de paso desarrollados por Van Gennep y Turner, describe una "red espacial que proporcione oportunidades de encuentro, intercambio y reconocimiento mutuo" (Stavrides 2007: 122).

En las narraciones de Castellanos y Nettel, la Ciudad de México escenifica un "cruce de caminos, de umbrales que conectan diferentes destinos potenciales" (Stavrides 2007: 122) y que del mismo modo como espacio intermediario puede "ser el lugar de una cultura emancipadora [...] cuando las personas asumen el riesgo de aceptar la otredad como un elemento formativo de sus identidades" (Stavrides 2007: 123).

La otredad se expresa en una característica que comparten las protagonistas de los relatos que se analizarán: son mujeres que se distinguen por sus personalidades disidentes y un cuestionamiento constante, tácito o explícito, de sus *statu quo*, lo que provoca en las respectivas tramas, *mutatis mutandis*, el paso de estos personajes hacia la metrópoli o el retorno a este. La insatisfacción con sus respectivas situaciones de vida es, efectivamente, uno de los tópicos literarios comunes en relatos que se enfocan en el *coming of age* de sus personajes principales. La Ciudad de México, en cuanto ciudad umbral, equivaldría a cualquier otra ciudad que asuma este carácter determinante y participativo en los ritos de paso. Claro está que esto no debe guiar a pasar por alto aquellos pliegues que la mera presencia de la Ciudad de México implica en los argumentos.

2. Migración interna en Rosario Castellanos: De la provincia a la metrópoli

De las mujeres protagonistas de las narraciones de Castellanos se distinguen experiencias que se revelan a modo de piezas de rompecabezas de la vida de la autora, las cuales se complementan con otras características, derivando en su conjunto la imagen de una mujer "múltiple y contradictoria: víctima y culpable, superflua y frágil, ambivalente ante los deseos de su cuerpo y masoquista en su visión del matrimonio y el parto" (Vergara 2007: 55).

El paso de la provincia a la ciudad hecho por Gertrudis ("Las amistades efímeras") y Cecilia Rojas (*Rito de iniciación*) condiciona sus trayectos hacia un cambio espacial y existencial que causa no únicamente un quiebre con el pasado, sino que también se plasma como un puente hacia un futuro inesperado. De este modo se articula dicho paso en un *cronotopo*, es decir, en la materialización del tiempo en espacio.[1]

"Las amistades efímeras" (1964)

Este cuento forma parte del conjunto de relatos *Los convidados de agosto* (1977), publicado después del éxito obtenido con *Balún Canán* (1957). Castellanos mantiene en él su interés por personajes cuestionados por no ajustarse a los dictámenes del entorno tradicional chiapaneco. La Ciudad de México aparece casi

---

1   "Somit bildet der Chronotopos als die hauptsächliche Materialisierung der Zeit im Raum das Zentrum der gestalterischen Konkretisierung, der Verkörperung für den ganzen Roman" (Bajtín 2008: 188).

al final de la historia y representa una opción de escape y un espacio que ofrece segundas oportunidades.

La protagonista Gertrudis, quien reside en un colegio de monjas alejada de su núcleo familiar, vuelve a casa bajo la tutela de su padre en el municipio de La Concordia (Chiapas) cuando este decide reunir a su dispersa familia tras su nuevo casamiento. Como encargada del negocio del padre, la vida de Gertrudis se vuelve monótona y se tiñe de una profunda "somnolencia" (Castellanos 1977: 16), y el espacio de la tienda con sus productos de "estadía" pasajera llegan a trazar paralelo con su sentir: "[...] aquí no encontraba estabilidad alguna ni fijeza. Los objetos, provisionales siempre, se colocaban al azar. Las personas estaban dispuestas a irse" (Castellanos 1977: 15).

La inercia cotidiana se ve interrumpida con la llegada de Juan Bautista, quien se presenta en la tienda en donde trabaja Gertrudis para hacer un descanso tras huir del seguimiento de las autoridades. Sin un previo intercambio de datos personales, Juan le propone a Gertrudis escapar para que así ella pueda abandonar el estado de letargo en el que ha caído. Sin oponer resistencia acepta Gertrudis seguir a Juan y convertirse en aliada en su plan de huida, sellando con la posesión de su cuerpo en manos del forastero este acto de transgresión.

Un nuevo estado de letargo se produce en Gertrudis, pero esta vez no a modo de producto de la monotonía cotidiana, sino más bien como descanso físico tras la experiencia vivida. Este momento de quietud es quebrantado por la irrupción de Don Estanislao, padre de Gertrudis, en el lecho. Para remediar el acto de transgresión cometido por Gertrudis por haber huido con un desconocido y habérsele entregado sin antes obtener la venia matrimonial paterna, Don Estanislao obliga a Juan a casarse con su hija. Gertrudis y Juan contraen nupcias en una improvisada ceremonia entre sábanas, policías y el padre de la novia. El casamiento funciona para don Estanislao como remedio ante las apariencias y para atenuar los humores, pues no solo su hija ha sido cómplice de un "acto inmoral", sino que también su ahora yerno es un delincuente que está a punto de cumplir una condena carcelaria.

Esta situación podría traducirse claramente a modo de un rito de paso, el acto definitivo que otorga a Gertrudis un nuevo estatus social como esposa de Juan. Empero, el rito de iniciación no ve su consumación ni en el acto sexual ni en el matrimonio, sobre todo porque dicho episodio no contempla una previa disposición de los implicados en participar en las pruebas que preparan a los preiniciados para alcanzar el estatus de "otro", el cual describe Eliade (2008: 8) como "el neófito [que goza] de una vida totalmente diferente de la anterior a la iniciación: se ha convenido en *otro*". En el caso de Gertrudis esto no ocurre. Tras el encarcelamiento de Juan se muda a casa de sus ahora suegros, espacio en el que se repite el esquema de relaciones de mando que vivió en casa de su padre. Se convierte en la nueva sirvienta, lo que incita un nuevo aletargamiento, pues, aunque casada, mientras esté sola no es considerada mujer digna de respeto por su nuevo entorno.

Se presume que al salir Juan de la cárcel el rito de iniciación de Gertrudis va a completarse, pero al revelarle él que quiere divorciarse porque sigue pensando en un antiguo amor, ella se opone a volver a casa de su padre, decide dejar todo atrás y trasladarse a la metrópoli mexicana, la que conoce a través de las cartas que recibe de su amiga de la infancia y narradora de esta historia. A esta mitad del camino que para Gertrudis hubiera supuesto liberación y transformación social, la frustración la empuja a marcar distancia con su presente, lo que lleva a estimar para esta situación el término *"failed Bildungsroman"* propuesto por Cynthia Steele (1983: 327): "For instance, my research suggests that one typical female plot may be the failed Bildungsroman, with a final twist involving the heroine's total failure or death".[2]

Es en la Ciudad de México en la que Gertrudis intenta encajar en esa sociedad idílica de iniciados con la ayuda de su amiga. Aunque logra romper los lazos con un pasado inscrito en un espacio en el que el futuro de la mujer adquiere su cenit en su posición como esposa y madre, la memoria la mantiene aferrada al recuerdo e impide que el rito de iniciación tome cauce. Al no depender más ni de un padre opresor ni de un marido transgresor, traspasa su necesidad de sujeción a la figura de su amiga.

Al recibir la noticia de la muerte de Juan, Gertrudis decide romper con el recuerdo, mas admite a la memoria prestar de vez en cuando testimonio de su identidad. Para aliviar su congojo por la infausta noticia su amiga le propone ir al cine, invitación que acepta Gertrudis y la impulsa a despojarse de su luto y a acicalarse. Al verla ya lista, su amiga/narradora indica: "Gertrudis me ofreció un rostro del que se habían borrado los recuerdos; unos ojos limpios, que no sabían ver hacia atrás" (Castellanos 1977: 28-29).

Los actos de desvestirse y lavarse han sido frecuentemente interpretados a manera de ceremonias rituales de purificación y liberación ante una situación de rechazo.[3] Rechazo, en este caso, a un estado de inconformismo que evidentemente

---

2   En cuanto al *failed Bildungsroman* (o el *Bildungsroman* fracasado) en narraciones de autoras hispanoamericanas con protagonistas mujeres, véase Aizenberg (1985).

3   El lavado y el maquillaje aparecen a modo de rituales de purificación en otros ejemplos de narrativa escrita por mujeres, como por ejemplo en "Ceremonias de rechazo", cuento que conforma el libro *Cambio de armas* de Valenzuela (2004). Véase el artículo de Laura Sesana (2004) para una reflexión más profunda de este asunto.

se conecta con un pasado que mantienen atada a la protagonista a una condición de opresión. Queda aún más clara esta intención con el énfasis en las palabras de la narradora: "un rostro del que se habían borrado los recuerdos".

La lectura propuesta traduce las vivencias de Gertrudis como las tareas pendientes por realizar hasta llegar a la toma de conciencia necesaria para la conclusión del rito de iniciación. El abandono de Gertrudis por parte de su amiga aporta el último componente para que aquella asuma el carácter de iniciada: rompe totalmente con su pasado en Chiapas y tiene ahora la potestad de construir su futuro en la capital, resaltando así una dualidad de tradición y modernidad presentada por Chiapas y la Ciudad de México, respectivamente.

Rito de iniciación (1999)

Esta novela ha sido calificada por la crítica como la obra urbana por excelencia de Rosario Castellanos, "una novela completamente diferente a lo que la autora había publicado hasta entonces" (Bustamante Bermúdez 2007: 90). Esto se debe a que el proceso de iniciación de la protagonista, Cecilia Rojas, se da en su totalidad en el marco de la Ciudad de México. Además, se manifiesta de manera reiterada una reflexión sobre la ciudad como espacio liberador que facilita la construcción del yo femenino y se exponen también enunciados que azuzan la idealización de esta metrópoli y que la consolidan como antónimo del lugar de proveniencia de Cecilia, el cual es representado como sinónimo de retraso, opresión y monotonía.

Cecilia es un personaje que en su entorno familiar es visto como un ser extraño e intransigente, pues no está dispuesta a aceptar etiquetas regidas socialmente. Una desilusión amorosa y el aumento de la ansiedad frente a un futuro poco prometedor motivan el viaje de Cecilia a la capital mexicana, lo que a su vez se presenta a modo de "borrón y cuenta nueva" para su persona.

Quien le propone irse a la ciudad en busca de un nuevo panorama de oportunidades sociales y profesionales es su padre, José María. Aunque su madre, doña Clara, no comparte el juicio de ver en la ciudad una fuente de conocimientos que beneficie al carácter de su hija, acepta esta propuesta porque la magnitud espacial de la ciudad en comparación con la de la provincia ayudaría a que los errores de Cecilia fueran "menos visibles y quizá más perdonables" (Castellanos 1999: 28).

El sentido de anonimato, característica inherente a la capital, es frecuentemente indicado tanto por Doña Clara como por Cecilia. Para doña Clara, la salida de la provincia y el viaje a la Ciudad de México se convierte en relación con su hija en el deseo de nulidad de su ser, el enmudecimiento de su voz y la adhesión al común denominador sin sucumbir al menor deseo de distinción en la masa capitalina.

Doña Beatriz, tía y madrina de Cecilia que reside en la metrópoli desde hace varios años, es quien le da alojamiento. Beatriz es presentada como personaje de carácter análogo al de Cecilia, pues ella es para su familia al igual que su sobrina/ ahijada una figura transgresora, puesto que al ser nombrada única heredera de la fortuna de sus padres decide "algo que no había tenido precedentes ni en su familia ni en su pueblo: viajar" (Castellanos 1999: 30).

Beatriz y Cecilia huyen de aquella "secta" de las mujeres casadas, tal como lo indica Castellanos. La diferencia entre ambas radica, sin embargo, en que Beatriz lleva una vida de plegaria y a pesar de haber roto esquemas tradicionales y asentarse por opción propia en la ciudad, su "rito de iniciación" no se ha llevado aún a cabo, ya que su intención nunca fue asumir su nueva residencia como espacio de construcción de una voz propia y una nueva identidad. Es decir, aunque ha salido del espacio de la provincia en el que era señalada como el "otro", en la ciudad no reconoce su otredad, sino que más bien lucha por mitigarla.

En el capítulo "Primeros pasos" se hace una apreciación detallada de la Ciudad de México y su rol en el proceso de transformación de la protagonista, el cual inicia con un párrafo que indica el semblante homogeneizador del ser ante la dimensión social de la ciudad:

> La ciudad fue, para Cecilia, la revelación brutal de su propio anonimato. En la mirada perentoria de los demás […], en la prisa que no se detiene a reconocer, en la distracción que confunde todos los objetos y los superpone, se borraba, se desvanecía su imagen. (Castellanos 1999: 49)

La idealización de la ciudad en la percepción de la Cecilia de provincia cambia rotundamente una vez que llega a la metrópoli, aumentando su ansiedad y sus dudas frente a la decisión tomada:

> […] los edificios, que aprovechaban la misma pared para bifurcarse […] las calles, que se sucedían sin interrupción; la gente, que se revelaba […] para no desamparar los lugares ni dejarlos expuestos a la soledad, producían la impresión –falsa, y por ello mismo angustiosa– de que el espacio tenía límites, de que existían diques múltiples y precisos para contener la proliferación inagotable, de que la ciudad, en fin, no era infinita. (Castellanos 1999: 51)

Este primer encuentro se traduce en un enfrentamiento con la imagen ideal de la ciudad, aquella figura sin límites y dispuesta a quebrar su carácter infinito para alojar al nuevo huésped.

Cecilia, no obstante, intuye desde su ingreso en la ciudad que una transformación en su persona está por suceder y deja en claro su disposición para aceptarla: "Estos paseos por la ciudad, [...] no son más que entretenimientos para engañar a la espera. Lo que yo espero es algo que va a producirse en mí, a través de mí, gracias a mí" (Castellanos 1999: 65).

El punto de quiebre se da en la universidad en la que Cecilia decide estudiar historia, siendo uno de sus propósitos el fortalecer el contacto con su padre, quien en una atmósfera de ensimismamiento en el que cohabitan él y sus documentos indaga en el pasado. Pero, al querer inscribirse en la universidad, proceso burocrático que oficializaría su ingreso en un nuevo grupo social y la adopción de un nuevo estatus (el de estudiante), aparece Sergio del Castillo, estudiante de Filosofía y Letras, quien asume en este contexto el rol de guía.

Sergio es el causante de poner en tela de juicio la elección de Cecilia, logrando convencerla de que cambie su decisión y se inscriba en la carrera de Letras. Este aspecto es relevante, ya que la opción de Cecilia por la carrera de historia influenciada por el anhelo a una mayor comprensión del carácter de su padre significaría mantener los lazos con su pasado familiar y el sistema opresor del cual huyó. Elegir la carrera de Letras motivada ahora por Sergio, figura ligada a la ciudad, facilita la ruptura con esquemas que en su provincia le negaron apropiarse de una voz propia y la marcaron de incomprensión hacia una postura que intentaba defender su singularidad. En este sentido, la mudanza de Cecilia a la metrópoli es equivalente a la imagen del héroe descrita por Joseph Campbell (2004) en *The Hero with a Thousand Faces*: para reconocer su capacidad de quebrar reglas a favor de sus aspiraciones personales ha sido inevitable que realice el rito de iniciación, el cual se refleja en la separación de su pasado y su lugar de proveniencia, y en la ulterior adhesión a un nuevo lugar, que en términos de la "ciudad umbral" representa, como ya indicado, un cruce de caminos que conectan diferentes destinos potenciales (Stavrides 2007: 122).

Cecilia encuentra en la Ciudad de México y en la universidad, en particular, los espacios que le brindan el reconocimiento social de su entorno y le permiten adquirir un nuevo estatus, ahora como mujer adulta, independiente y constructora de su identidad, a través ya no de voces ajenas, sino de la suya propia.

3. Salidas y entradas de/en la metrópoli: *El cuerpo en que nací* (2011) de Guadalupe Nettel

En una consulta con su psicoanalista, la doctora Sazlavski, la protagonista de esta novela recorre mediante un soliloquio los momentos más decisivos de su vida e incluye a las personas que han dejado huella en ella.

El cuerpo y los sentidos cobran relevancia en esta obra: la mancha congénita sobre la córnea de un ojo de la protagonista es una característica física que la distingue desde su infancia del entorno en el que crece y repercute en su interacción con las personas que va conociendo.

La "Villa Olímpica", complejo residencial en la Ciudad de México, representa en la novela una suerte de espacio "heterotópico de desviación", donde se ubican los individuos cuyo comportamiento es visto como desviado con respecto a la norma exigida (Foucault 1984). En este habita la protagonista y se concentra un universo de personajes cosmopolitas vinculados, en su mayoría, por un pasado políticamente activo y marcado por dictaduras y exilios.

Los límites territoriales son ambiguos bajo la percepción de la narradora cuando niña debido a la constante búsqueda de sus padres de una solución a su diagnóstico oftalmológico más allá de las fronteras mexicanas. Las idas y venidas provocan cierta indiferencia en la narradora en relación con los viajes que realiza, dejando en evidencia su consciencia como ente global. Sin embargo, esto cambia al trasladarse a Francia, específicamente a Aix-en-Provence, junto a su madre y su hermano, hecho que preludia el rito de iniciación que está por acontecer y refuerza la otredad de su identidad:

> Nuestro barrio se llamaba Les Hippocampes y era considerado la parte más conflictiva de la ZAC (zona de urbanización concentrada), construida en las afueras de la ciudad. [...] Muchas veces, mientras paseaba con mi familia por el barrio, la gente nos miraba con desconfianza por nuestro aspecto excesivamente occidental (el pelo tan rubio de mi hermano y los ojos claros de mi madre los desorientaban), sin embargo, en cuanto escuchaban que nuestro idioma era otro y, sobre todo, cuando comentábamos que éramos de México, se nos abrían automáticamente las puertas de su simpatía. (Nettel 2011: 104–105)

A la distancia, México reaparece una y otra vez en las vidas de la protagonista y su familia, convirtiéndose así en un elemento de presencia ubicua:

> Aunque llevábamos más de un año en Francia, México seguía siendo omnipresente en nuestras vidas. [...] No es que pensáramos todo el tiempo en la vida que habíamos dejado atrás o que comparáramos el DF con Aix, cosa que muy raramente hacíamos, sino que, de cuando en cuando nuestro país llevaba a cabo grandes desplantes de protagonismo en la escena internacional. (Nettel 2011: 121)

Los retornos a la Ciudad de México sitúan a la protagonista en el caserón de su abuela, con quien no lleva una relación armónica. Un evento trascendental durante una de las visitas a la capital es la primera visita a su padre, quien está preso por delito de peculado:

> Papá estuvo internado en el Reclusorio Preventivo Norte, conocido también como RENO, una prisión para personas que aún no han sido juzgadas definitivamente. [...] Mi abuela, quien ya había ido antes a verlo, fue nuestro Virgilio hasta aquella institución,

un lugar que no era un infierno sino un purgatorio y también una especie de casino donde la suerte podía favorecerte de golpe o dejarte en la peor de las bancarrotas. [...] Al iniciar cada una de esas esperas, nos pedían anotar en una lista nuestro nombre y el nombre de nuestro familiar, debajo de la columna «Reo», como un extraño ritual de iniciación o pertenencia. (Nettel 2011: 128–129)

Análogamente a *Rito de iniciación* (Castellanos) cuando Cecilia cuenta con la orientación de Sergio en la capital, en *El cuerpo en que nací* asume la abuela tácitamente el rol de guía ya no en la ciudad, espacio conocido por la protagonista, sino en la cárcel, cuyo ingreso es clave para coronar su rito de iniciación empezado ya fuera de las fronteras mexicanas, pues le da las pautas para la reconstrucción de una identidad que, para aceptar su nuevo estatus, exige ciertas explicaciones al pasado.

4. Reflexiones finales

El abandono de la provincia y el viaje a la ciudad en el cuento "Las amistades efímeras" y en la novela *Rito de iniciación* de Rosario Castellanos son los puntos de quiebre que determinan la fragmentación entre un pasado y un futuro, los cuales forman una relación dicotómica entre un entorno tradicional opresor y uno moderno y abierto lleno de oportunidades. Por el contrario, en *El cuerpo en que nací* de Guadalupe Nettel no se manifiesta la oposición conformada por la pareja provincia-ciudad, sino que más bien una ciudad mucho más pequeña en dimensiones (Aix-en-Provence) y, más concretamente, el barrio de Les Hippocampes, a las orillas de la ciudad, es el que se presenta a modo de imagen dispar de la metrópoli mexicana. Es el carácter e historia de los vecinos y amigos de juego de la protagonista en Francia y las experiencias que la ubican en el ámbito de la otredad los que elaboran una atmósfera más liberal y por ende, más disidente en relación con la que vincula a la Ciudad de México. Es esta disputa de espacios topográficos y simbólicos el que formaliza el reconocimiento del nuevo estatus de las tres protagonistas.

Gertrudis ("Las amistades efímeras"), Cecilia (*Rito de iniciación*) y la narradora en *El cuerpo en que nací* cuentan con un guía en sus ritos de iniciación: la amiga narradora, Sergio del Castillo y la abuela, respectivamente. El proceso de transformación en Cecilia Rojas y en la protagonista de la novela de Nettel es quizá algo más complejo y menos tenso que el de Gertrudis: por un lado, Cecilia está de acuerdo desde el primer momento con su ingreso en la capital y su afiliación a la universidad, y la narradora en *El cuerpo que nací* vislumbra con cierta expectativa una transformación en su persona, que, si bien se da fuera de la Ciudad de México, son la emigración y el retorno a la capital las que la refuerzan.

Si bien hay ciertos paralelos entre *Rito de iniciación* y *El cuerpo en que nací*, los antecedentes de las protagonistas varían: la protagonista de la novela de Nettel nace y crece en un círculo social liberal en el que las fronteras no se palpan del todo, pues su traspaso es habitual. El peso de la frontera se hace recién tangible tras su mudanza a Francia. Sin embargo, el regreso a la ciudad de México y los eventos ocurridos durante esas visitas pueden interpretarse en palabras de Stavrides (2007: 123) como "una metrópoli recuperada y posiblemente emancipadora, [de la cual] emerge, en realidad, una ciudad de umbrales".

La Ciudad de México se impregna en estas narraciones de una fuerza de atracción singular y representa no únicamente un espacio, sino también un componente esencial que estimula el reconocimiento de sus identidades. En el caso de las novelas *Rito de iniciación* y *El cuerpo en que nací* se aprecia, además, que la metrópoli interviene en la búsqueda de un "yo femenino" liberado de un silencio instaurado por cláusulas tradicionales o códigos que las protagonistas rechazan, coincidiendo ambos relatos en la evidencia de cierto capital autobiográfico.

Bibliografía

Aizenberg, E. (1985) "El *Bildungsroman* fracasado en Latinoamérica: el caso de *Ifigenia* de Teresa de la Parra", *Revista Iberoamericana* LI (132–133), 539–546.

Bajtín, M. M. (2008 [1975]) *Chronotopos*. Berlin: Suhrkamp.

Bustamante Bermúdez, G. (2007) "Rasgos autobiográficos en *Rito de iniciación* de Rosario Castellanos", *Literatura Mexicana* XVIII (1), 89–105.

Campbell, J. (2004) *The Hero with a Thousand Faces*. Princeton: Princeton University Press.

Castellanos, R. (1977 [1964]) "Las amistades efímeras", en *Los convidados de agosto*. México: Editorial Era.

Castellanos, R. (1999) *Rito de iniciación*. México: Aguilar.

Cziesla, W. (1996) "Metrópolis latinoamericanas como escenarios en la literatura", en Rall, D. / Rall, M. (eds.) *Letras comunicantes. Estudios de literatura comparada*, 219–248. México: Coordinación de Difusión Cultural UNAM.

Duhau, E. / Giglia, A. (2008) *Las reglas del desorden. Habitar la metrópoli*. México: Siglo XXI Editores.

Eliade, M. (2008) *Muerte e iniciaciones místicas*. La Plata: Terramar.

Foucault, M. (1984) "Des espaces autres", *Architecture, Mouvement, Continuité* 5, 15–26.

Gennep, A. (2008 [1969]) *Los ritos de paso*. Madrid: Alianza Editorial.

Nettel, G. (2011) *El cuerpo en que nací*. Barcelona: Editorial Anagrama.

Sesana, L. (2004) "Procesos de liberación. *Cambio de Armas*: Luisa Valenzuela (Buenos Aires, 1938)", *Concept* 27, 1–16.

Stavrides, S. (2007) "Espacialidades de emancipación y la 'ciudad de umbrales'", *Bajo el volcán* 11, 117–124.

Steele, C. (1983) "Toward A Socialist Feminist Criticism of Latin American Literature", *Ideologies and Literature. A journal of Hispanic and Luso-Brazilian literatures* 4 (16), 323–329.

Turner, V. (1969) *The Ritual Process: Structure and Anti-Structure*. London: Routledge.

Valenzuela, L. (2004) *Cambio de armas*. Buenos Aires: Grupo Ed. Norma.

Vergara, G. (2007) *Identidad y memoria en las poetas mexicanas del siglo XX*. México: Universidad Iberoamericana.

Sabine Schlickers

Reescrituras literarias en el ámbito transnacional hispano

1. Consideraciones teóricas y conceptuales

"El cuento no era bueno, pero era mío: no estaba escrito con la voz prestada de García Márquez ni de Cortázar ni de Borges", dice el narrador autodiegético y autoficcionalizado en la novela *La forma de las ruinas* de Juan Gabriel Vásquez (2015: 43). Esta cita lleva directamente al grano de las cuestiones que quisiera abordar en esta contribución: un exitoso escritor colombiano coetáneo reclama un estilo original y autónomo, renegando de "la voz prestada" de tres de los autores latinoamericanos internacionalmente más conocidos: su compatriota García Márquez, ganador del premio Nobel, y dos argentinos a los que me referiré un poco más adelante.

El tema de la reescritura literaria me parece idóneo para repensar la relación entre las categorías de lo global/transnacional, la estética y las formas artísticas de creación literaria. Antes de presentar algunas reescrituras que corresponden a distintas estéticas y vertientes en el ámbito transnacional hispano, quisiera reflexionar sobre el concepto de la reescritura, cotejándolo con conceptos similares como adaptación, imitación, apropiación, hipertextualidad o 'transficcionalización', reinterpretación y recreación. Me interesa particularmente cómo se marca la intertextualidad en una reescritura que debe considerarse como forma intramedial (Rajewsky 2002), y trataré de distinguir entre distintos tipos de reescrituras como peculiar forma de adaptación que carece de un cambio mediático.

En mi monografía *Verfilmtes Erzählen* (Schlickers 1997) presento distintos modelos de adaptación y concibo finalmente la adaptación como concretización de un hipotexto. En este sentido, la concretización es un acto creativo de interpretación; no se trata, entonces, de "copiar al pie de la letra, sino [de] apropiarse del material que se copia" (Magis Weinberg 2014). No obstante, hay que hacer hincapié en esta oscilación entre imitación, apropiación y adaptación propia de la reescritura. Según Hutcheon (2006: 10), "the form changes with adaptation [...], the content persists", lo que no sucede en el caso de la reescritura, que puede variar la forma y/o el contenido. En este proceso hipertextual, la reescritura puede cambiar el género, pero no el medio, que es siempre literario[1], contrario

---

1   En cuanto al cine no se habla de reescrituras, sino de *remakes*.

a la adaptación, cuyo caso más frecuente es la adaptación de un texto literario al cine.

Por eso me inclino más a insertar la reescritura dentro de la hipertextualidad, término acuñado por Genette (1993) como una subcategoría de la transtextualidad, que se refiere a la relación entre un texto A (hipotexto) y un texto B (hipertexto). Al contrario de la intertextualidad, la hipertextualidad carece de marcas y no 'habla' solo del hipotexto, sino que el hipertexto no podría existir sin el hipotexto –lo que es justamente el caso de la reescritura–. Además, las dos formas hipertextuales destacas por Genette, la transformación del contenido y la imitación del estilo, se encuentran asimismo en la reescritura.

El término sofisticado de la *transfictionnalité*, introducido por Richard Saint-Gelais, es poco preciso y limitado a textos ficcionales. Saint-Gelais (2012: 2) mismo reconoce que "l'hypertextualité genettienne croise souvent, dans les faits, la transfictionnalité", sin aclarar en qué sentido la última se distingue de la hipertextualidad. La definición básica es la siguiente: "il y a transfictionnalité lorsque les éléments fictifs sont repris dans plus d'un texte (en donnant à 'texte' une extension large, valant aussi bien pour la bande dessinée, le cinéma [etc.])" (Saint-Gelais 2012: 6). En este sentido, la transficcionalidad es más extensa que la intertextualidad en cuanto que no es solamente una cita, una alusión, una parodia o un *pastiche* y debe abarcar además varios textos.

En cuanto a la temática de este volumen sería también interesante estudiar las así llamadas "transcodificaciones" con las que Linda Hutcheon (2006) señala el paso de una serie de convenciones a otras, lo que sería particularmente interesante en el caso de un *remake*, práctica frecuente de Hollywood. ¿Qué pasa, por ejemplo, si una película genuinamente argentina como *El secreto de sus ojos* (2009 Juan José Campanella), que es una adaptación de la novela *La pregunta de sus ojos* (2005) de Eduardo Sacheri, se adapta con famosas actrices como Julia Roberts y Nicole Kidman al cine hollywoodense[2]?

En adelante descarto por consiguiente los términos transficcionalización y adaptación y tampoco tengo en cuenta la dimensión histórica, puesto que trabajo con un corpus de cuentos del siglo XX y XXI de Uruguay, Argentina y Estados Unidos y con un drama español. Las reescrituras son de autores argentinos y cubanos que residen dentro y fuera de sus países (el cubano Ronaldo Menéndez y el argentino Patricio Pron viven ambos en España), así que tenemos transferencias a distintos campos culturales de la región, por lo que será interesante ver cómo cada una de estas reescrituras interpreta el texto original.

---

2   *Secret in their eyes* (2015, Billy Ray), ver el estudio de Farrah Roa (2018).

"Pava" (Castillo 2011) es una reescritura de un cuento sumamente cruel de Horacio Quiroga, "La gallina degollada" (1917). En este caso la relación intertextual es solo tenuemente marcada a través del título, pero la semejanza se revela a nivel del contenido atroz. El relato "Menú insular" del autor cubano Ronaldo Menéndez (2005) y la novela *Puerto Belgrano* (Terranova 2017) constituyen ejemplos para la variación del contenido y la imitación de la forma de un hipotexto muy famoso que no necesita marcas para ser reconocido. "El Aleph engordado" de Pablo Katchadjian (2009) es, en cambio, un experimento literario que fue absurdamente llevado a juicio por la viuda de aquel escritor que se deleitaba en juegos intertextuales y escribió, por ejemplo, "Pierre Menard, autor del Quijote". Mientras el mero título "El Aleph engordado" no deja lugar a ninguna duda con respecto a la identidad del hipotexto, el relato "Abejas" de Patricio Pron (2010), reescritura del cuento "Dennis, Walter, Ryan, Will, Buddy, Henry, Trevor" de Anna Kazumi Stahl (1997), ofrece una marca paratextual muy discreta para aclarar esta relación hipertextual. En el caso de *La casa de Bernarda Alba* de Federico García Lorca (1996) y "El cometa Halley" de Reinaldo Arenas (1999) destaca un cambio de género literario, un texto dramático se reescribe en forma de un cuento. Pero elegí este ejemplo por otra razón: es una reescritura transgresiva e irreverente que concretiza carnavalescamente el erotismo reprimido del hipotexto dramático de García Lorca.

Al preguntarse por qué se escriben reescrituras, Magis Weinberg (2014) detecta cierto mecanismo infantil: "nos encanta que nos cuenten la misma historia una y otra vez". Y, algo patético, añade otro motivo: "Creo, firmemente, que la reescritura es un ejercicio de amor". Pero Weinberg menciona también el aspecto lúdico-creativo, que supera el simple acto de imitación: "Las formas rígidas preestablecidas [...] permiten jugar con ellas y pueden convertirse en un juego del ingenio, y creo que ésa es otra razón detrás de la reescritura". De ahí que considere en adelante la reescritura como práctica lúdica y creativa ambigua en el sentido de que funciona como una parodia, que no es solamente una imitación que se burla del hipotexto, sino que es también un *hommage* implícito del hipotexto que requiere un profundo conocimiento del mismo y del género (ver Schlickers 2007: 62). No obstante, una reescritura puede ser un texto irreverente que se burla del hipotexto –presentaré con "El cometa Halley" de Reinaldo Arenas y con "El menú insular" de Menéndez dos ejemplos para estas reescrituras paródicas–. La estrecha relación entre hipotexto e hipertexto cumple siempre una función metaficcional, sea implícita o explícita. Esto indica además que la reescritura es por definición un texto ficcional.

No hay reglas para la reescritura, y, en cuanto que adaptación, hace tiempo que el criterio de la fidelidad ya no es vigente. González (2017: 9), quien estudia las adaptaciones particulares de textos literarios de Albert Serra al cine español, subraya igualmente que el criterio de la fidelidad es sobrepasado:

> Serra lleva a cabo un acto de transficcionalidad al conseguir trasladar la ficcionalidad propia del texto de Cervantes a otro texto, en el sentido amplio de la palabra, ajeno a él. La culminación exitosa de dicha transposición supratextual-fílmica [...] permite afirmar que la notoriedad de una adaptación cinematográfica no reside en la fidelidad a la trama literaria, sino en la captación y extrapolación fílmica de la esencia artística de la obra. (González 2017: 9)

Diría, no obstante, que esta "esencia artística", que fue llamada antaño "espíritu de la obra", es igualmente discutible y subjetiva. De todos modos, igual que cualquier otro texto artístico adaptado, la reescritura debe ser un texto autónomo que funcione también por sí mismo y sin conocimiento del hipotexto. Pero el placer de la lectura aumenta si el texto original se conoce y puede compararse con la adaptación, diría incluso que la gracia y el placer del lector dependen del reconocimiento de la reescritura y del conocimiento del hipotexto.

Parecido a lo que sucede en una adaptación fílmica, el funcionamiento de la reescritura puede concebirse desde la perspectiva del autor de esta manera (cf. Schlickers 1997: 53):

Imagen I:

El autor lee el hipotexto y reconstruye primero la historia del discurso con el cual se topa. Después transforma la historia para su propio texto y la presenta nuevamente en un discurso. Tanto a nivel de la historia (re)construida como a nivel del discurso pueden originarse, entonces, variaciones con respecto al hipotexto.

Para el receptor, este proceso se invierte:

Imagen II:

El lector se topa primero con el hipertexto y reconstruye también, partiendo del discurso de este, la historia subyacente. Debido a las marcas intertextuales compara después el hipertexto con el hipertexto, tanto a nivel del contenido como de la expresión. Y si este receptor es un académico, puede ser que su comparación de los dos textos resulte en un metatexto:

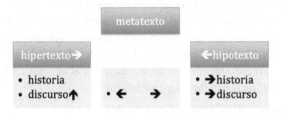

Imagen III:

2. Análisis de algunas reescrituras

Empezamos con Abelardo Castillo, que conozco por sus reescrituras de relatos de Cortázar y de Borges. "Historia para un tal Gaido" es, por ejemplo, una reescritura de "Continuidad de los parques", de Julio Cortázar, con la diferencia de que en el caso de Castillo es la escritura que resulta ser mortal, y no la lectura.[3] En "Pava", Castillo (2011) reescribe un cuento horrible de Quiroga (1917), "La gallina degollada", como ya lo indica el título: en ambos casos se trata de una ave de corral que se utiliza en la alimentación humana, para cuyos fines se mata – dentro de los mundos ficcionales– con un cuchillo de manera muy sangrienta:

> [L]a sirvienta degollaba en la cocina al animal, desangrándolo con parsimonia [...].
> Volvióse, y vio a los cuatro idiotas, con los hombros pegados uno a otro, mirando estupefactos la operación. Rojo... rojo. (Quiroga 1917)

En el caso de Quiroga, los cuatro hijos idiotas de la familia salen de su estupor y se animan, por primera, vez cuando observan este acto cruel del degollamiento de la gallina. En "Pava", Marcela, la joven protagonista analfabeta, tosca y semiidiotizada por una herencia alcohólica, trabaja de sirvienta en una casa de campo y es maltratada por los hijos de la familia. Estos le dan el apodo de Pava para mofarse de su fealdad, y ella se niega de matar a los pavos. Finalmente, el padre de los chicos los mata, y uno de los hijos asusta a Marcela interrumpiendo en su

---

3   Cf. el análisis correspondiente en los cap. 3.1 y 3.2 en Schlickers (2017).

cuarto con la cabeza degollada de uno de los pavos en la mano. La loca cocinera Eusebia suele contar a los chicos historias de miedo y "decir que a veces daban ganas de cocinarlos a ellos metiéndolos en el horno de barro, como a los pollos, o cosas peores" (Castillo 2011).

En el cuento de Quiroga, los cuatro niños son presentados en focalización externa, en la cita anterior en ocularización interna de la sirvienta ("Volvióse, y vio a los cuatros idiotas"), pero el narratario no tiene acceso a sus pensamientos: son "bestias" "inertes" que pasan todos los días sentados inmóviles en un banco del patio. El patio es también el hábitat de Marcela, pero en su caso el narrador tiene acceso a su conciencia, nublada por el alcohol, en la que se mezclan el sueño y el recuerdo familiar traumático:

> –Se ríe dormida. Está borracha igual que los padres.
> Y el padre de Marcela entró al rancho después de abrir la puerta a patadas, y quería vino, y decía que a algunos hijos mejor comérselos, como hacen los chanchos, y le pegaba en la cabeza. [...]

Al final se marca el despertar de Marcela:

> Ruddy le apuntó con su arco. [...] La flecha le pegó en la frente y se despertó, y ahora también recordaba el encargo de la señora Lisa [de preparar la cena]. Por eso, riéndose, Marcela dijo que sí cuando los Alinson volvieron de la ciudad, que la cena estaba lista, y por eso, cuando la señora Lisa preguntó a gritos por los chicos, Marcela siguió diciendo que la cena estaba lista, riéndose, repitiendo que sí. (Castillo 2011: 91)

El narrador impasible no describe los cadáveres infantiles en el horno, así como el narrador de Quiroga tampoco describe el cadáver degollado de la hermana de los idiotas, apuntando tan solo "un mar de sangre" en el piso. En ambos cuentos aparecen las isotopías de locura y crueldad en unos seres supuestamente inferiores e inocentes: en el cuento de Quiroga, los padres son crueles con sus hijos idiotas; en el relato de Castillo, los hijos son crueles con la sirvienta burda. Esta relación se invierte en las peripecias: los hijos retrasados matan a su hermana, que ha sido siempre adorada y preferida por los padres; la sirvienta mata a los hijos malcriados que habían jugado cruelmente con ella al emborracharla. Ambas historias están referidas de un modo imparcial e impasible por narradores hetero-extradiegéticos.

"Menú insular" de Rolando Menéndez (2005) trata de la escasez alimenticia en Cuba. La gente pasa tanta hambre que se come a todos los animales del zoológico. El cuento es una parodia de "El Aleph": cambia la experiencia metafísica del personaje, el "Borges" ficcionalizado, en una visión materialista. Mientras el narrador-protagonista caza "conejos de altura", o sea gatos, mira la luna desde el techo y entonces tiene un momento de epifanía en el que se reconoce muy bien el hipotexto, ya que repite literalmente un fragmento famoso de "El Aleph":

"El Aleph"	"Menú insular"
Arribo, ahora, al inefable centro de mi relato; empieza, aquí, mi desesperación de escritor. Todo lenguaje es un alfabeto de símbolos cuyo ejercicio presupone un pasado que los interlocutores comparten; ¿cómo transmitir a los otros el infinito aleph, que mi temerosa memoria apenas abarca? (mi subrayado)	Arribo, ahora, al inefable centro de mi relato; empieza, aquí, mi desesperación de escritor. Todo lenguaje es un alfabeto de símbolos cuyo ejercicio presupone un pasado que los interlocutores comparten; ¿cómo transmitir a los otros el infinito Menú Insular, que mi temerosa memoria apenas abarca? (mi subrayado)

A mis estudiantes les cuesta siempre reconocer la diferencia dentro de lo mismo, reconocer que el cuento de Menéndez no es un plagio, sino que funciona más bien al modo de "Pierre Menard, autor de Cervantes" de Borges, en el que Menard *escribe* el *Quijote* verdaderamente, aunque se encuentra en el siglo XIX... Pero el cuento de Menéndez es una reescritura, por esto varía el hipotexto, imitando tan solo su estructura:

"El Aleph"	"Menú insular"
Vi el populoso mar, vi el alba y la tarde, vi las muchedumbres de América, vi una plateada telaraña en el centro de una negra pirámide, vi [...].	Vi el populoso mar que rodea la isla, y del mar vi redes y de las redes vi muchedumbres de camarones y langostinos, los vi poblando largas mesas familiares bajo rostros risueños, vi [...]

Muy parecido es un fragmento en la novela *Puerto Belgrano* de Juan Terranova (2017): aquí se trata de una visión horrible de guerras en distintas épocas y lugares durante un desmayo de un hombre que había sido cirujano y capitán a borde del Belgrano en la guerra de Malvinas en 1982. Muchos años después, en 2019, se topa en una reunión del Círculo Naval en Buenos Aires con un exsoldado, Reina, que creía muerto, y quien lleva ahora un uniforme de almirante. Cuando Reina le dice "nos vemos en Malvinas", el capitán pierde la conciencia y "ve" muchas cosas heterogéneas del pasado y del presente, al igual que "Borges"

en "El Aleph", con la diferencia de que aquí son imágenes crueles de guerra y
otros actos de violencia:

> La voz de Reina seguía hablando pero yo estaba en otro lado.
> Toda la culpa, toda la tristeza, todo ese dolor, doctor, va mucho más allá del Belgrano,
> de las islas [...].
> Quise decirle que no entendía. Pero enseguida vi un lobo corriendo por el bosque y sentí
> sus fauces húmedas. Vi un enfermero caminando lento por un campo embarrado, arras-
> trando una camilla sucia. Vi un hombre luchando contra monos. Vi esclavos pidiendo
> agua en el Walhalla y máscaras de gas para caballos, vi hierros oxidados, basura, manos
> y cabezas cercenadas en torres y charcos de sangre en la tierra. Vi el cuello de la camisa
> de un abogado en el congreso de Berlín de 1878. Vi grupos de soldados en África, gru-
> pos de civiles trabajando en minas del norte de Bolivia y científicos de la *Schutzstaffel*
> en Tiahuanaco. Vi un ensayo de *Orfeo y Eurídice* y un Messerschmitt de la *Luftwaffe*
> volando en un cielo azul sin nubes. Y vi un soldado de *Wehrmacht* usando el sobretodo y
> el casco reglamentario rematando con un tiro en la cabeza a un sorprendente dinosaurio
> verde y grande como un tractor que habían (sic) sido abatido con el fuego directo de una
> Maschinegewehr (sic) 42.
> Y entonces, después de eso, volví a escuchar la voz de Reina.
> Ya no tenemos Dios, doctor, la Edad de Hierro es así. (Terranova 2017: 246)

En ambos hipertextos se reescriben tan solo fragmentos del hipotexto y, además,
apuntan solo a un episodio clave del mismo. Distinto es el caso de "El Aleph
engordado" de Katchadjian, que es una reescritura-pastiche que imita el hipotexto entero, tanto su contenido como su forma, que "engorda", es decir, que
ensancha, añadiendo unas 5600 palabras al hipotexto que adopta literalmente.
Transcribo solo el comienzo, indicando en negritas los añadidos, para que pueda
hacerse una idea de este trabajo:

> La candente **y húmeda** mañana de febrero en que Beatriz Viterbo **finalmente** murió,
> después de una imperiosa **y extensa** agonía que se rebajó **ni** un solo instante ni al sen-
> timentalismo ni al miedo **ni tampoco al abandono y la indiferencia**, noté que las
> **horribles** carteleras de fierro **y plástico** de [la] Plaza Constitución, **junto a la boca del
> subterráneo**, habían renovado no sé qué aviso de cigarrillos rubios **mentolados; o sí, sé
> o supe cuáles, pero recuerdo haberme esforzado por despreciar el sonido irritante
> de la marca**; el hecho me dolió, pues comprendí que el incesante y vasto universo ya se
> apartaba de ella, **Beatriz,** y que este cambio era el primero de una serie infinita **de cam-
> bios que acabarían por destruirme también a mí** (Katchadjian 2009).

La viuda de Jorge Luis Borges, María Kodama, llevó a Katchadjian al juicio y lo
procesaron por defraudar "los derechos de propiedad intelectual que le reconoce la legislación vigente a María Kodama [...] en relación con la obra literaria 'El Aleph'" (La Nación 2016). El hecho de que se le acuse de haber escrito
un plagio es un sinsentido absoluto, considerando que plagiar significa "copiar

en lo sustancial obras ajenas, dándolas como propias" (DRAE), lo que implica una intención de engaño que no destaca precisamente en un título que hace referencia literal al hipotexto que es, además, sumamente famoso. Además, en una posdata del 1 de noviembre de 2008, el autor aclara su trabajo de engordamiento: "tuv[e] una sola regla: no quitar ni alterar nada del texto original, ni palabras, ni comas, ni puntos, ni el orden". Y añade con un guiño de ojo: "si bien no intenté ocultarme en el estilo de Borges, tampoco escribí con la idea de hacerme demasiado visible: los mejores momentos, me parece, son esos en los que no se puede saber con certeza qué es de quién". La superposición de dos estados ontológicos, que hace imposible distinguir entre los dos autores, fue ideada obviamente por el propio Borges, en "Borges y yo" (1999: 62):

> Hace años yo traté de librarme de él y pasé de las mitologías del arrabal a los juegos con el tiempo y con lo infinito, pero esos juegos son de Borges ahora y tendré que idear otras cosas. Así mi vida es una fuga y todo lo pierdo y todo es del olvido, o del otro. – No sé cuál de los dos escribe esta página.

Sigo con la reescritura de Patricio Pron. Cuando leí "Abejas" quedé intrigada porque este relato me hizo pensar en otro texto literario, pero no lograba recordar cuál concretamente. Revisé buena parte de mi biblioteca, hojeando antologías y libros de cuentos de autores argentinos – hasta que me fijé finalmente en la dedicatoria de "Abejas": "*Para Anna Kazumi Stahl*" –. Y entonces sí caí en la cuenta de que se trataba del cuento de la autora estadounidense con raíces japonesas y alemanas que vive desde 1995 en Buenos Aires y releí uno de sus cuentos con un título llamativamente largo (una característica, por cierto, de la obra narrativa de Pron): "Dennis, Walter, Ryan, Will, Buddy, Henry, Trevor". El cuento de Kazumi Stahl está ubicado en el campo estadounidense. La reescritura de Patricio Pron, un escritor argentino que ha vivido en Alemania pero que ya desde hace años vive en España, está ubicado en un pueblo en Baden-Wurtemberg, Alemania. El hipotexto trata de una chica que vive con su abuelo que sale con ella a la caza de un perro salvaje. Resulta ser una perra que acaba de parir; el abuelo la golpea cuando está a punto de atacarlos y le ata las patas y el hocico. Se llevan a la perra y a los ocho cachorros para dejarlos con un vecino. Este es un hombre grandote con una numerosa prole de hijos con pelo rojizo y ojos celestes que le miran de un modo extraño a la chica que es a la vez la narradora autodiegética del relato. La esposa del vecino les sirve coca cola que la chica intimidada no se atreve de tomar; cuando se lo regala al hijo menor, la madre le arranca el vaso y lo estrella contra el piso. Concuerdan en que el hijo mayor se quede con la perra y los cachorros; cuando salen hacia fuera, el joven se impone y la desata. Acto seguido, la perra lo ataca y lo muerde; el abuelo la mata de un tiro. Cuando el abuelo y la chica están yéndose poco después, la chica escucha a la madre diciendo a su marido: "Walt, no quiero que venga más con esa vietnamita, te dije que traen mala suerte" (Kazumi Stahl 1997: 87). Ahora se explican (aunque no se entienden, obviamente) las miradas recelosas y la sobrerreacción de la madre para evitar que su hijo menor tome coca cola del vaso de la chica.

En la reescritura de Pron, la perra se sustituye por una colmena que el abuelo quiere regalar al hijo mayor de un vecino para que este no asuste más a sus abejas. En casa del vecino les sirven café y galletas. El hipertexto ofrece la misma situación de enunciación como el hipotexto: aquí también se narra desde una perspectiva infantil autodiegética, la de la nieta, quien intercala, no obstante, una reflexión sobre su padre y ella misma que abre una pista hacia el final sumamente cruel: el padre fallecido era árabe, y ella "nunca había llegado a aprender el alemán" (Pron 2010: 203). Y al principio hubo otra alusión: el hijo mayor que invade su jardín, "a menudo lideraba la banda de los que me insultaban en la escuela" (Pron 2010: 200). Cuando el abuelo cuelga la colmena, el hijo menor de los vecinos asusta las abejas corriendo alrededor de la colmena y no deja de moverse cuando el abuelo se lo ordena. Las abejas lo pican y el abuelo los mata con humo. Tal como en el hipotexto, la culpa del accidente la tiene entonces alguien ajeno a la propia familia. Cuando el abuelo está yéndose con su nieta, la madre del hijo picado le dice a su marido: "Dile que se lleve sus abejas a otra parte. Y también a esa turca de mierda" (Pron 2010: 204). La comparación de estos dos textos es interesante porque demuestra la transferencia de la historia a un contexto cultural completamente distinto donde reinan, empero, los mismos prejuicios xenófobos.

Mi último ejemplo es "El cometa Halley" de Reinaldo Arenas, según Maris Weinberg sería un *spin-off* de *La casa de Bernarda Alba*, es decir una historia nueva elaborada a partir de unos personajes del texto original –pero el término no me parece muy adecuado, ya que connota una finalidad económica dudable y una calidad estética secundaria–. El cuento de Arenas es, en cambio, una reescritura original que trata de las hijas de Bernarda Alba que huyeron de su madre en 1891 yéndose a Cuba, donde viven durante muchos años como unas monjas. Tan solo Adela tiene muchos amantes y da a luz a un hijo. Sus cuatro hermanas lo educan durante 19 años. Cuando se acerca el fin del mundo con el acercamiento del cometa Halley a la Tierra en una noche del año 1910 –razón por la cual el autor implícito retrocede el tiempo ficcional de su historia por varias decenas de años con respecto al drama de García Lorca–, reaparece Adela, decidida como el resto de los cubanos a disfrutar plenamente de su última noche de vida. Trae vino, canta y baila con su hermana Martirio: "Martirio conducía a Adela, quien en ese momento, desprendiéndose de la blusa, confesaba que nunca se había acostumbrado al calor del trópico. –No fue por amor a Pepe el Romano por lo que te delaté ante mamá –le dijo Martirio–, sino por ti" (Arenas 1999). Esta confesión de amor incestuoso-lesbiánico concretiza una pista del hipotexto, donde Martirio persigue siempre a Adela, quien se queja: "Me sigue a todos lados. A veces se asoma a mi cuarto para ver si duermo. No me deja respirar" (García Lorca 1996: 154). Por esto hay que dudar de la exclamación ("dramática") de Martirio de que quiere impedir el reencuentro de Adela con Pepe el Romano porque ella también lo ama (García Lorca 1996: 195). En el cuento de Arenas, este conflicto se resuelve sin problema: "–Siempre lo sospeché– le respondió Adela. Y ambas mujeres se abrazaron" (Arenas 1999). A partir de ahí el relato se vuelve muy carnavalesco: la velada estalla en una gran orgía en la que todos follan durante toda la noche sin discriminación, las cinco hermanas con el sobrino, con el chófer de Adela y con los campesinos en la calle. Al día siguiente, Adela pone una placa en la puerta, que ostenta el nombre *El Cometa Halley*, que "fue uno de los más famosos y prestigiosos prostíbulos de [...] toda Matanzas" (Arenas 1999).

A modo de conclusión quisiera destacar los distintos tipos de reescritura de esta contribución que podrían desarrollarse tal vez para una tipología: "Pava" (Castillo 2011) y "Abejas" son reescrituras clásicas, pero solo la segunda lo marca explícitamente, aunque de modo discreto, a través de la dedicatoria. "Menú insular" es una reescritura paródica fácilmente reconocible de "El Aleph", pero a la vez una sátira político-social; "Puerto Belgrano" revela el mismo mecanismo de reescribir tan solo un fragmento del hipotexto, pero en este caso la visión otorga imágenes horribles de la guerra que se ubican en la experiencia del personaje todavía traumatizado que había estado a bordo de un buque de guerra que se hundió en la guerra de Malvinas. "El Aleph engordado" es una reescritura-*pastiche* o un experimento literario estéticamente tal vez no muy logrado, teniendo en cuenta el estilo minimalista de Borges, pero de todos modos ningún fraude de los derechos de autor. "El cometa Halley" (Arenas 1999), finalmente, es una reescritura carnavalesca que cambia además el género del hipotexto.

Bibliografía

Arenas, R. (1999) "El cometa Halley", en Garrandés, A. (ed.) *En Aire de Luz. Cuentos cubanos del siglo XX*, 261–273. La Habana: Letras Cubanas.

Borges, J. L. (1989 [1941]) "Pierre Menard, autor de Cervantes", en *Ficciones*, 47–59. Madrid: Alianza.

Borges, J. L. (1984 [1949]) "El Aleph", en *Narraciones*, 173–188. Madrid: Cátedra.

Borges, J. L. (1999 [1960]) "Borges y yo", en *El hacedor*, 61–62. Madrid: Alianza.

Castillo, A. (2011 [1993]) "Historia para un tal Gaido", en *Las otras puertas*, 95–102. Buenos Aires: Emecé.

Castillo, A. (2011 [2005]) "Pava", en *El espejo que tiembla*, 79–91. Buenos Aires: Seix Barral.

Cortázar, J. (1998 [1964]) "Continuidad de los parques", en *Cuentos completos* vol. 1, 291–292. Madrid: Alfaguara.

Farrah Roa, A. (2018) "De la compasión a la culpa: la traducción cultural de *El Secreto de sus ojos*", *Estudios transdisciplinarios de cine* 27, 147–155.

García Lorca, F. (1996 [1936]) *La casa de Bernarda Alba*. Madrid: Cátedra.

Genette, G. (1993 [1982]) *Palimpseste. Die Literatur auf zweiter Stufe*. Frankfurt: Suhrkamp, 1993.

González de Canales Carcereny, J. (2017) "El cine de Albert Serra: apropiación y reinterpretación fílmica de los clásicos literarios", *Fotocinema. Revista científica de cine y fotografía* 14, 83–98.

Hutcheon, L. (2006) *A theory of adaptation*. New York: Routledge.

Katchadjian, P. (2009) *El Aleph engordado*. Buenos Aires: Imprenta Argentina de Poesía, consultado en http://tallerdeexpresion1.sociales.uba.ar/wp-content/uploads/sites/123/2012/04/El-Aleph-Engordado.pdf

Kazumi Stahl, A. (1997) "Dennis, Walter, Ryan, Will, Buddy, Henry, Trevor", en *Catástrofes naturales*, 75–87. Buenos Aires: Sudamericana.

Magis Weinberg, A. L. (2014) "¿Qué es la reescritura?", consultado en http://www.lauramagis.com/ensayo/reescritura.

Menéndez, R. (2005) "Menú insular", en Menéndez et al. (eds.) *Pequeñas resistencias 4. Antología del nuevo cuento norteamericano y caribeño*, 225–231. Madrid: Páginas de espuma.

La Nación (2016) "Procesan al autor de El Aleph engordado por 'defraudación'", *La Nación* (23.11.2016), consultado en https://www.lanacion.com.ar/cultura/procesan-al-autor-de-el-aleph-engordado-por-defraudacion-nid1958635/.

Pron, P. (2010) "Abejas", en *El mundo sin la personas que lo afean y lo arruinan*, 199–204. Barcelona: Mondadori.

Quiroga, H. (1917) "La gallina degollada", en *Cuentos de amor de locura y de muerte*, 13–21. Montevideo: Biblioteca 100x100.

Rajewsky, I. O. (2002) *Intermedialität*. Tübingen/Basel: Francke (UTB).

Saint-Gelais, R. (2007) "Contours de la transfictionnalité", en Audet, R. / Saint-Gelais, R. (eds.) *La fiction, suites et variations*, 5–25. Montréal: Éditions Nota bene.

Saint-Gelais, R. (2012) "La fiction à travers l'intertexte", *Colloques fabula (décembre 1999: Frontières de la fiction)*, consultado en https://www.fabula.org/colloq ues/document7593.php.

Schlickers, S. (1997) *Verfilmtes Erzählen: Narratologisch-komparative Untersuchung zu "El beso de la mujer araña" (Manuel Puig/Héctor Babenco) und "Crónica de una muerte anunciada" (Gabriel García Márquez/Francesco Rosi)*. Frankfurt: Vervuert.

Schlickers, S. (2007) *"Que yo también soy poeta". La literatura gauchesca rioplatense y brasileña (siglos XIX-XX)*. Madrid: Iberoamericana/Vervuert.

Schlickers, S. (2017) *La narración perturbadora: un nuevo concepto narratológico transmedial*. Madrid: Iberoamericana/Vervuert.

Terranova, J. (2017) *Puerto Belgrano*. Buenos Aires: Literatura Random House.

Vásquez, J. G. (2015) *La forma de las ruinas*. Bogotá: Alfaguara.

Printed by
CPI books GmbH, Leck